Gesellschaftsrechtliche Vereinigung (Hrsg.)

Gesellschaftsrecht in der Diskussion 2010

Jahrestagung der Gesellschaftsrechtlichen Vereinigung

Schriftenreihe der Gesellschaftsrechtlichen Vereinigung

(Hrsg.)

Band 16

Gesellschaftsrecht in der Diskussion 2010

Jahrestagung der Gesellschaftsrechtlichen Vereinigung (VGR)

herausgegeben
von der Gesellschaftsrechtlichen Vereinigung

mit Beiträgen von

Jun.-Prof. Dr. Heribert M. Anzinger
Juniorprofessor, Darmstadt

Prof. Dr. Lorenz Fastrich
Universitätsprofessor, München

Prof. Dr. Wulf Goette
Vorsitzender Richter am Bundesgerichtshof a.D., Ettlingen

Prof. Dr. Uwe Hüffer
em. Universitätsprofessor, Rechtsanwalt, Mannheim

Dr. Joachim Tebben
LL.M. (Michigan)
Notar, Pulheim

Dr. Laurenz Wieneke
LL.M. (Cantab.)
Rechtsanwalt, Frankfurt am Main

2011

Verlag
Dr. Otto Schmidt
Köln

Bibliografische Information
der Deutschen Nationalbibliothek

Die Deutsche Nationalbibliothek verzeichnet diese Publikation in der Deutschen Nationalbibliografie; detaillierte bibliografische Daten sind im Internet über http://dnb.d-nb.de abrufbar.

Verlag Dr. Otto Schmidt KG
Gustav-Heinemann-Ufer 58, 50968 Köln
Tel. 02 21/9 37 38-01, Fax 02 21/9 37 38-943
info@otto-schmidt.de
www.otto-schmidt.de

ISBN 978-3-504-62716-4

Das verwendete Papier ist aus chlorfrei gebleichten Rohstoffen hergestellt, holz- und säurefrei, alterungsbeständig und umweltfreundlich.

Einbandgestaltung nach einem Entwurf von:
Jan P. Lichtenford
Satz: A. Quednau, Haan
Druck und Verarbeitung: Betz, Darmstadt
Printed in Germany

Vorwort

Die 13. Jahrestagung der Gesellschaftsrechtlichen Vereinigung hat am 12. November 2010 mit wiederum fast 400 Teilnehmern in Frankfurt am Main stattgefunden. Wie in jedem Jahr widmete sich die Tagung aktuellen Themen aus Gesetzgebung, Wissenschaft und Praxis des Unternehmens- und Gesellschaftsrechts.

Traditionsgemäß stand am Beginn der Bericht über die Rechtsprechung des II. Zivilsenats des BGH, der zum letzten Mal durch den kurz vor der Tagung in den Ruhestand getretenen bisherigen Vorsitzenden, Herrn Prof. Dr. *Wulf Goette*, erstattet wurde. Die VGR ist Herrn Prof. Dr. Goette für seine langjährige Referententätigkeit zu besonderem Dank verpflichtet. Die zweite Abteilung befasste sich mit der Anfechtbarkeit von Hauptversammlungsbeschlüssen wegen Abweichung von der Entsprechenserklärung. Hier widmete sich Herr Prof. Dr. *Uwe Hüffer* der Frage, ob unbeachtete Empfehlungen des Deutschen Corporate Governance Kodex zur Anfechtungsgefahr werden können, wenn wegen der empfehlungswidrigen Handlungsweise zugleich ein Verstoß gegen § 161 AktG vorliegt; die Frage ist nicht nur im Hinblick auf Entlastungsbeschlüsse, sondern auch bei der Wahl von Aufsichtsratsmitgliedern und anderen HV-Beschlüssen von hoher praktischer Bedeutung. Anschließend referierte Herr Dr. *Laurenz Wieneke* zu den Leitungsstrukturen bei der Integration deutscher Gesellschaften in internationale Konzerne und nahm dabei insbesondere das Spannungsfeld zwischen der betriebswirtschaftlichen Organisation und der rechtlichen Struktur einer Unternehmensgruppe in den Blick. In der vierten Abteilung berichtete Herr Prof. Dr. *Lorenz Fastrich* über erste Erfahrungen mit der UG (haftungsbeschränkt). Dabei wertete er nicht nur das bislang vorliegende statistische Material zu dieser GmbH-Sonderform aus, sondern nahm auch kritisch zu der Fülle von – vielfach noch nicht abschließend geklärten – Rechtsfragen Stellung, die sich von der Gründung der Unternehmergesellschaft über den Gläubigerschutz bis hin zu insolvenzbezogenen Aspekten erstrecken. Die fünfte Abteilung hatte mit dem Treuhandkommanditisten ein personengesellschaftrechtliches Thema zum Gegenstand, wobei sich der Referent Herr Dr. *Joachim Tebben* auf Haftungsfragen im Zusammenhang mit Anlagegesellschaften in der Rechtsform der KG konzentrierte. In der sechsten und abschließenden Abteilung beleuchtete Herr Jun.-Prof. Dr. *Heribert Anzinger* mit dem „Anschleichen" an börsennotierte Unternehmen ein besonders aktuelles

Thema, das auch Gegenstand des derzeit im Gesetzgebungsverfahren befindlichen Anlegerschutz- und FunktionsverbesserungsG ist. Neben rechtstatsächlichen, rechtsmethodischen und legislatorischen Aspekten wurde dabei insbesondere die Frage nach einer „optimalen" Kapitalmarkttransparenz aufgeworfen.

Vorstand und Beirat der VGR danken allen, die zum Gelingen der 13. Jahrestagung beigetragen haben, insbesondere den Referenten, den Diskussionsleitern und -teilnehmern und den Verfassern der Diskussionsberichte. Vorbereitung und Organisation der Tagung lagen im VGR-Sekretariat wie immer in den bewährten Händen von Frau *Heike Wieland*.

Düsseldorf, im Februar 2011

Für Vorstand und Beirat
der Gesellschaftsrechtlichen Vereinigung
Gerd Krieger

Inhalt*

* Ausführliche Inhaltsverzeichnisse jeweils zu Beginn der Beiträge.

Die aktuelle gesellschaftsrechtliche Rechtsprechung des BGH

Prof. Dr. Wulf Goette
Vorsitzender Richter am Bundesgerichtshof a. D., Ettlingen

I. Einleitung – Ausblick auf die kommenden Monate

Herzlichen Dank dem Herrn Vorsitzenden unserer Vereinigung, der mir – obwohl seit einigen Wochen aus dem Amt geschieden – das Mikrophon zur Erstattung des traditionellen Jahresberichts überlassen hat.

Stürmische Zeiten mit wiederholtem Wechsel auf der Richterbank liegen hinter dem II. Zivilsenat. Es ist zu hoffen, dass nach der Wiederbesetzung der Vorsitzendenstelle mit dem im Gesellschaftsrecht aus früherer Anwaltstätigkeit beim Bundesgerichtshof bestens vertrauten Herrn Dr. *Bergmann* nun eine gewisse Ruhe eintritt, der Senat sich neu finden und die schwierigen vor ihm liegenden Fälle sachgerecht und zukunftsweisend bewältigen kann.

Zu diesem anstehenden Arbeitsprogramm ein kurzer Vorausblick: In diesem Jahr wird der Senat noch in zwei größeren Komplexen zu verhandeln und zu entscheiden haben. Es geht am 22.11.2010 zum einen um eine Reihe von KG-Fondsfällen,[1] in denen der Insolvenzverwalter offenbar Hunderte von Kommanditisten aus wieder aufgelebter Kommanditistenhaftung in Anspruch nehmen will, wobei er nicht nur aus eigenem, sondern auch aus abgetretenem Recht der Treuhänderinnen vorgeht. Ob diese einen abtretbaren Freistellungsanspruch haben, ob er ggfs. verjährt ist und ob die Anleger u. U. mit Schadensersatzansprüchen wegen vorvertraglicher Verletzung von Aufklärungspflichten die Aufrechnung erklären können, sind Fragen, die von mehreren beteiligten Oberlandesgerichten unterschiedlich beantwortet worden sind. Zwei Wochen später[2] wird der Senat darüber zu befinden haben, ob der Beitritt zu einer Genossenschaft ein verbundenes Geschäft im Sinne von § 358 BGB sein kann. In einer größeren Zahl von bereits vorberatenen Fällen wird im Frühjahr mündlich verhandelt werden; dazu gehören mehrere Fälle,[3] in denen der Senat sich darüber klar werden muss, ob – wie manche Oberlandesgerichte gemeint haben – das neue Verständnis von der BGB-Gesellschaft[4] dazu nötigt, die bisherige Senatsrechtsprechung[5] zur quotalen Haftung aufzugeben; die Antwort auf diese

1 II ZR 224/08; 271/08; 174/09; 215/09 – 218/09.
2 Verhandlungstermin vom 6.12.2010: II ZR 297/08 – 298/08, 90/09, 91/09 und 93/09.
3 II ZR 221/09, 243/09, 263/09 und 300/08, weitere Verfahren zu demselben Fragenkomplex sind anhängig, aber noch nicht beraten.
4 Vgl. „ARGE WEISSES ROSS", BGHZ 146, 341.
5 BGHZ 134, 224 ff.

Frage wird von den Instanzgerichten im Zusammenhang mit der Lösung der gescheiterten Immobilienfonds sehnsüchtig erwartet. Weitere Verhandlungssachen, um nur einige zu nenen, betreffen Fragen der Prospekthaftung,[6] die Pflicht zur Herausgabe der Gesellschafterliste in einer Fonds-Gesellschaft,[7] das Ausmaß der Treupflicht bei der Sanierung einer Immobilienfondsgesellschaft,[8] die Prozessstandschaft einer „Sanierungs-GbR",[9] das Verfahren BABCOCK[10] oder die Klage der Telekom gegen die Bundesrepublik.[11]

Unter den Beratungssachen will ich neben den beiden ausstehenden Entscheidungen betreffend die Vorlagen zur Bestimmung des maßgeblichen Zeitpunkts für die börsenkursorientierte Abfindung[12] nur auf eine für den 6.12.2010 terminierte Sache hinweisen,[13] in welcher es nach „GERRESHEIMER GLAS"[14] abermals darum geht, dass ein Squeeze-out-Beschluss zu früh, nämlich vor Ablauf der Anfechtungsfrist eingetragen worden ist und die – wirksam ausgeschlossenen – Minderheitsaktionäre nicht hinnehmen wollen, dass ihnen mit der verfrühten Handelsregistereintragung das Klagerecht genommen werden soll. Die 3. Kammer des 1. Senats des Bundesverfassungsgerichts[15] hatte hierzu in dem genannten Fall „GERRESHEIMER GLAS" Ende 2009 einen durchaus irritierenden Beschluss gefasst, der als eine der möglichen Lösungen eine Rückabwicklung der eingetragenen und damit wirksam gewordenen Maßnahme in den Raum gestellt hatte.

II. Personengesellschaftsrecht

In den das Personengesellschaftsrecht betreffenden Fällen steht nach wie vor[16] die Bewältigung der Schieflage auf dem Immobilienmarkt auf der Tagesordnung. Nach dem Prinzip von Versuch und Irrtum erproben die Immobilien-Fondsgesellschaften und ihre geschäftsführenden Gesell-

6 II ZR 137/09 und 138/09.
7 II ZR 187/09.
8 II ZR 122/09.
9 II ZR 197/09.
10 II ZR 157/09.
11 II ZR 141/09.
12 II ZB 2/10 (= 20 W 2/08, OLG Stuttgart) und II ZB 10/10 (= 5 W 32/09, OLG Frankfurt).
13 II ZR 229/09.
14 Vgl. II ZR 48/05 und dazu *W. Goette* in FS Karsten Schmidt, 2009, S. 469 ff.
15 1 BvR 1542/06 v. 9.12.2009, WM 2010, 170.
16 Vgl. *W. Goette*, Gesellschaftsrecht in der Diskussion 2009, S. 4 ff.

schafter, wie weit sie das Trittbrettfahrertum der nicht sanierungswilligen Gesellschafter zurückdrängen und auch gegen deren Widerstand zu neuen Ufern aufbrechen können. Der im vergangenen Jahr eingehend diskutierte Fall „SANIEREN ODER AUSSCHEIDEN“[17] markiert nur den Anfang der Entwicklung von Lösungen, bei denen es gilt, die Balance zwischen den verschiedenen Interessen zu finden. Die weithin konsentierte, wenngleich nicht gänzlich unangefochtene Rechtsprechungslinie zur Prospekthaftung eröffnet dem Anleger eine Perspektive des Ausstiegs mit ex-tunc-Wirkung, weil mit der Zug-um-Zug zu vollziehenden Übertragung des Gesellschaftsanteils die belastenden Wirkungen der Regeln über die fehlerhafte Gesellschaft nicht für den durch einen fehlerhaften Prospekt zum Beitritt veranlassten Anleger gelten. Anders ist dies in den Fällen, in denen ein Gesellschafter in einer Haustürsituation beigetreten ist: Hier ist inzwischen geklärt, dass die Regeln der fehlerhaften Gesellschaft[18] anzuwenden sind, der durch das Haustürrecht geschützte Anleger also nur mit Wirkung ex nunc die Gesellschaft verlassen kann.

1. II ZR 292/06 („FRIZ II“)[19]

Im vergangenen Jahr hatte ich im Hinblick auf die Schlussanträge der Frau Generalanwältin[20] der Hoffnung Ausdruck gegeben, dass der Appell des II. Zivilsenats an die Richter in Luxemburg, die Frage, ob das Haustürwiderrufsrecht bewährte gesellschaftsrechtliche Modelle aushebeln darf, mit Vernunft und Augenmaß angehen wird.[21] Diese Hoffnung hat, mag man auch die gedankliche Stringenz der Luxemburger Entscheidung[22] durchaus kritisch betrachten, jedenfalls im Ergebnis nicht getrogen. Der Senat hat deswegen, nachdem der EuGH den Weg frei gegeben hatte, in Haustürfällen die bewährten Regeln der fehlerhaften Gesellschaft heranzuziehen, das Austrittsrecht des in einer Haustürsituation einer Immobilien-BGB-Gesellschaft beigetretenen Gesellschafters anerkannt, ihm aber versagt, mit Rückwirkung die Gesellschaft verlassen und seine Einlage zurückfordern zu dürfen, sondern hat ihn im Gegen-

17 Vgl. *W. Goette*, Gesellschaftsrecht in der Diskussion 2009, S. 5 ff.
18 Vgl. auch XI ZR 465/07 v. 20.7.2010, DStR 2010, 2198: Die Regeln gelten auch bei einer – wegen Verstoßes gegen das RBeratG – nichtigen Übertragung von BGB-Gesellschaftsanteilen einer Immobilien-GbR.
19 Vgl. *W. Goette*, DStR 2010, 1681; *Podewils*, EWiR 2010, 561.
20 ZIP 2009, 1902 ff.
21 Vgl. *W. Goette*, Gesellschaftsrecht in der Diskussion 2009, S. 3 f.
22 Vgl. EuGH, Urt. v. 15.4.2010 – C-215/08, DStR 2010, 878 m. Anm. *W. Goette*.

teil verurteilt, an die Gesellschaft denjenigen Betrag zu zahlen, der bezogen auf den Tag des Ausscheidens zur Deckung der auf ihn entfallenden Verluste (§ 739 BGB) erforderlich war.

2. II ZR 269/07 (FRIZ-Problematik und KG-Außenhaftung)[23]

Nach denselben Grundsätzen ist der Senat – ohne erneut das Vorabentscheidungsverfahren zu betreiben, weil der acte-clair-Grundsatz greift – gegenüber einer Kommanditistin verfahren, die von der Verwalterin einer insolventen Immobilienfonds GmbH & Co. KG auf Zahlung der restlichen Haftsumme in Anspruch genommen wurde. Er hat auch hier, wie schon das Berufungsgericht, den Einwand nicht gelten lassen, die Beklagte sei dem Fonds in einer Haustürsituation beigetreten. Auf den entsprechenden Hinweisbeschluss hat die Beklagte ihre vom Oberlandesgericht zugelassene Revision zurückgenommen.

3. II ZR 133/09 (RA-Sozietät Abfindung)[24]

Das Ausscheiden von Freiberuflern aus der Gesellschaft führt immer wieder zu Streitigkeiten, die nach meinem Eindruck nicht selten dadurch verursacht sind, dass die entsprechenden gesellschaftsvertraglichen Regeln unklar sind oder die Belastungen nicht gleichmäßig verteilen und die „Jungen" beim Eintritt in die Sozietät nicht die Härte aufbringen, diesem Missstand abzuhelfen.

Das Nichtzulassungsbeschwerdeverfahren II ZR 133/09 ist ein schönes Beispiel hierfür: Die beiden Beklagten waren sieben bzw. zwei Jahre als Rechtsanwälte in der als Partnerschaftsgesellschaft organisierten Klägerin tätig und sind ausgeschieden und haben nach dem Ertrag Anspruch auf eine Buchwertabfindung. Sie waren gegen „Eintrittsgeld" als Partner aufgenommen worden und hatten vom ersten Tag an die Versorgungslasten der alten Sozien – die Kanzlei besteht sei 1964 – mit zu tragen. Die Klägerin macht mit der Klage ein negatives Auseinandersetzungs-„Guthaben", also einen Verlustausgleichanspruch geltend. Dieser negative Betrag geht im wesentlichen auf die Einstellung von Pensionsrückstellungen in die Auseinandersetzungsbilanz zu Lasten der Beklagten zurück. Über die Berechtigung dieser Rückstellungen haben die Parteien gestritten.

---

23 *W. Goette*, DStR 2010, 2047.

24 Beschl. v. 21.6.2010, DStR 2010, 1898.

Das LG hat ein verfahrensfehlerhaftes, der Klage dem Grunde nach stattgebendes Teilurteil erlassen, das vom Berufungsgericht aufgehoben worden ist. Gegen die Zurückverweisungsentscheidung hat die Klägerin Nichtzulassungsbeschwerde eingelegt, die der Senat zurückgewiesen hat. Er hat dies zwar nicht ausdrücklich ausgesprochen, aber man wird in der Sache schwerlich billigen können, dass die beiden in jungen Jahren als Partner eingetretenen Beklagten sich die volle Versorgungslast als Äuqivalent dafür sollen anrechnen lassen müssen, dass sie als Partner – im Übrigen gegen Zahlung eines „Eintrittspreises" – aufgenommen worden sind und dadurch die Chance erhalten haben, an den Erfolgen der Partnerschaftsgesellschaft auch finanziell teilzuhaben. Sachgerecht könnte wohl nur ein Ergebnis sein, bei dem – die Kürzung der Buchwertabfindung als möglich unterstellt – die ausgeschiedenen Anwälte pro rata temporis ihrer Mitgliedschaft in der Klägerin an den Versorgungslasten der anderen Partner beteiligt werden können. Der II. Zivilsenat hat seinen Zurückweisungsbeschluss – über diese skizzierte Lösung hinausgehend – mit dem Hinweis ergänzt, dass viel für die von dem Berufungsgericht in Betracht gezogene Annahme spreche, dass die von der Klägerin vertretene Interpretation der in Rede stehenden gesellschaftsvertraglichen Klauseln zu deren Unwirksamkeit führen müsse, weil sie die jungen Partner entgegen § 723 Abs. 3 BGB derart an die Gesellschaft fessele, dass sie sich selbst an einer Kündigung aus wichtigem Grund gehindert sehen könnten, weil die finanziellen Folgen eines solchen Schrittes zu nicht tragbaren Konsequenzen führen würden.

4. II ZR 56/07[25] und XII ZR 146/07[26] (Gesamtvertretung BGB-Gesellschaft)

Zwei Fälle aus jüngerer Zeit belegen, dass in der Praxis offenbar eine gewisse Unklarheit über das die BGB-Gesellschaft beherrschende Prinzip der Gesamtvertretung besteht.

a) In dem von dem II. Zivilsenat entschiedenen Fall scheiterte – erst in 3. Instanz – die Klage eines in der Rechtsform einer BGB-Gesellschaft geführten Immobilienfonds gegen einen Teil ihrer Gesellschafter, weil die Klage nicht von allen, sondern nur von einer Gesellschafterin erhoben worden war und deswegen ein von Amts wegen zu berücksichtigender organschaftlicher Vertretungsmangel vorlag. Der Senat hat im

25 Urt. v. 19.7.2010, DStR 2010, 2044.
26 Urt. v. 16.11.2009, DStR 2010, 391.

Vorfeld der späteren mündlichen Verhandlung auf diesen Mangel hingewiesen, um den anderen Gesellschaftern die Möglichkeit der Heilung dieses Vertretungsmangels durch Eintritt in den Prozess und Genehmigung der bisherigen Prozessführung zu ermöglichen. Nicht überraschend angesichts der Zerstrittenheit der Mitglieder der klagenden Gesellschaft haben die anderen Gesellschafter von dieser Option keinen Gebrauch gemacht, und der Senat hat die Erklärung des Prozessbevollmächtigten der Klägerin, er gebe namens der übrigen Gesellschafter diese Genehmigungserklärung ab, nicht gelten lassen, weil es an einem Nachweis der – bestrittenen – Vollmacht fehlte: Auch das von einer Gesellschafterin für die Klägerin erteilte Prozessmandat leidet an demselben Vertretungsmangel wie die gesamte Klage.

b) Die Frage der Gesamtvertretungsmacht zweier BGB-Gesellschafter hat auch in dem anderen vom XII. Zivilsenat entschiedenen Fall eine Rolle gespielt. Der eine der beiden Beklagten war nicht nur Mitglied einer BGB-Gesellschaft, die als Vermieterin fungierte, sondern auch einer der beiden gesamtschuldnerisch haftenden Mieter. Die beiden Mieter hatten mit der vermietenden BGB-Gesellschaft, wobei diese nur von dem Gesellschafter-Mieter vertreten wurde, vereinbart, die Gesamt- in eine Teilschuld umzuwandeln. Das wollte der andere Gesellschafter nicht gelten lassen, weil die BGB-Gesellschaft bei Abschluss der Vereinbarung nicht ordnungsgemäß vertreten war. Das hat der XII. Zivilsenat ausdrücklich gebilligt und auch eine konkludente Genehmigung des übergangenen gesamtvertretungsberechtigten Gesellschafters verneint, weil auch hierfür dessen Kenntnis maßgeblich war, eine Wissenszurechnung der Kenntnis seines Mitgesellschafters, der ein verbotenes Insichgeschäft nach § 181 BGB vorgenommen hatte, aber ausscheiden muss.

5. II ZR 264/08 (Auskunftspflicht)[27]

In Immobilienfonds-Gesellschaften – ich erwähnte dies schon – gibt es mancherlei Gründe dafür, warum zur Enttäuschung der Anleger die Entwicklung nicht so, wie versprochen oder erhofft, verläuft. Neben Prospektfehlern, schlechter gesamtwirtschaftlicher Entwicklung oder Problemen auf dem Immobilienmarkt gibt es natürlich auch schlichte Managementfehler, aus denen Schadenersatzansprüche erwachsen kön-

27 Beschl. v. 21.9.2009, DStR 2010, 65; *Voigt/Sester*, NZG 2010, 375; vgl. dazu demnächst II ZR 187/09.

nen. Die Tatsachen zu klären, der geschäftsführenden Gesellschafterin Einhalt zu gebieten oder gar Schadenersatzansprüche zu verfolgen, kann – vor allem bei einer großen Zahl von Geldgebern – zu Schwierigkeiten führen, weil man die in der Personengesellschaft u.U. notwendigen Mitstreiter nicht kennt.

Vor diesem Hintergrund ist der folgende Fall zu sehen: Die Klägerin ist Gesellschafterin eines in der Form einer BGB-Gesellschaft geführten Immobilienfonds, dessen wirtschaftliche Entwicklung hinter den Erwartungen zurückblieb. Sie wollte deswegen mit den Mitgesellschaftern Kontakt mit dem Ziel der Vermeidung eines Totalverlustes aufnehmen und in diesem Zusammenhang ggfs. zu einer Gesellschafterversammlung einladen. Die beklagte geschäftsführende Gesellschafterin verweigerte die Auskunft über die Namen und die Anschriften der Mitgesellschafter unter Hinweis auf deren Geheimhaltungsinteresse, wobei eine Rolle spielte, dass nach § 28 des Gesellschaftsvertrages ein elektronisches Mitgliedschafts-Register zu führen war, aus dem die Geschäftsführende Gesellschafterin nur unter genau bestimmten Voraussetzungen Auskunft erteilen durfte. Das LG als Berufungsgericht hat diese Regelung für unwirksam gehalten, weil sie dem Wesen einer Personengesellschaft widerspreche und weil im Übrigen zahlreiche Gesellschafterrechte nicht wahrgenommen werden können, wenn die Mitgesellschafter, wie die Beklagte für richtig gehalten hat, anonym bleiben dürfen. Von der durch die Zulassung der Revision eröffneten Möglichkeit der Revisionseinlegung hat die Beklagte Gebrauch gemacht und geltend gemacht, das Berufungsgericht habe die Bedeutung von § 716 BGB verkannt, weswegen die Klägerin erst einmal Einsicht in die Bücher nehmen müsse und dann erst unter näherer Substantiierung der Notwendigkeit ergänzende Auskünfte verlangen dürfe.

Der II. Zivilsenat hat einen Hinweisbeschluss nach § 552a ZPO erlassen, also deutlich gemacht, dass er eine entscheidungserhebliche Grundsatzfrage nicht sieht und das angefochtene Urteil für zutreffend hält, und dies damit begründet, dass die Namen und Anschriften der Gesellschafter einer BGB-Gesellschaft eine „Angelegenheit" der Gesellschaft im Sinne von § 716 BGB ist, dass die Gesellschafter nicht auf eine Bucheinsicht verwiesen werden können, sondern Anspruch auf einen Computerausdruck haben, wenn die Gesellschaft die Informationen in einer Datenbank zusammengefasst hat, und dass eine Geheimhaltungsregelung im Gesellschaftsvertrag hinsichtlich dieser Gegenstände unwirksam ist. Mit dieser Entscheidung ist klargestellt, dass sich die geschäftsführenden Gesellschafter solcher Fonds – oft gehören sie zum Kreis der Gründer oder Initiatoren – nicht durch Schaffung derartiger Geheimhaltungsklauseln die Gesellschafter, in deren Interesse sie ja tätig werden müssen, „vom Halse halten", deren eigenständige Interessenverfolgung also nicht behindern oder unmöglich machen dürfen.

III. GmbH-Recht

1. II ZR 208/08 (Wettbewerbsverbot)[28]

Probleme mit Wettbewerbsverboten haben den II. Zivilsenat in der Vergangenheit immer wieder beschäftigt,[29] sie begegnen vor allem bei der Auseinandersetzung von Freiberuflersozietäten, wenn der ausscheidende Partner eine Abfindung begehrt, gleichwohl aber den unbeschränkten Zugriff auf die Mandanten der bisherigen Sozietät beansprucht. Ähnliche Fälle können auch im GmbH-Recht auftreten, vor allem wenn die Gesellschaft – wie dies der gesetzliche Regeltyp ist – eine personalistische Struktur hat.

In diesen Rahmen fügt sich der folgende, vom Senat am 30.11.2009 entschiedene Fall ein: Die Beklagte war zu rund einem Drittel an der klagenden GmbH beteiligt, in deren Diensten als angestellte Kraft sie stand, nachdem ihr Geschäftsführeramt beendet worden war. Unternehmensgegenstand der Klägerin waren die biotechnische Forschung, die Entwicklung, die Produktion und der Verkauf von Spezialreagenzien. Die Beklagte hatte mit Schreiben vom 21.9.2005 den Austritt aus der Gesellschaft aus wichtigem Grund erklärt und auch ihr Dienstverhältnis fristlos gekündigt. Die Gesellschafterversammlung der Klägerin hat sie durch Beschluss vom 21.10.2005 – gestützt auf entsprechende Gesellschaftsvertragsklauseln – zur Übertragung ihres Geschäftsanteils an die Mitgesellschafterin verpflichtet. Mit ihr liegt die Beklagte seither im Streit um die Höhe der von ihr zu beanspruchenden Abfindung.

---

28 Urt. v. 30.11.2009, DStR 2010, 388; *Podewils*, EWiR 2010, 405; *Wilsing/Ogorek*, NZG 2010, 379.

29 Vgl. BGHZ 91, 1 (5 f.); Urt. v. 28.4.1986 – II ZR 254/85, ZIP 1986, 1056 (1058); v. 14.7.1986 – II ZR 296/85, WM 1986, 1282; v. 16.10.1989 – II ZR 2/89, ZIP 1990, 586 (588); v. 14.7.1997 – II ZR 238/96, DStR 1997, 1413 m. Anm. *W. Goette*; v. 8.5.2000 – II ZR 308/98, DStR 2000, 1021 m. Anm. *W. Goette*; v. 29.9.2003 – II ZR 59/02, ZIP 2003, 2251 (2252); v. 18.7.2005 – II ZR 159/03, DStR 2005, 1657 – jeweils zum nachvertraglichen Wettbewerbsverbot.

Zwei Tage vor der Austrittserklärung ist die R. GmbH gegründet worden, unter deren Namen die Beklagte dann im Geschäftsverkehr aufgetreten ist. Unternehmenszweck dieser Gesellschaft ist die biotechnologische Forschung sowie die Entwicklung, Produktion und Vermarktung von Feinchemikalien. Die Klägerin hat hierin einen Verstoß gegen das gesellschaftsvertraglich vereinbarte, während des Bestehens der Gesellschafterstellung geltende Wettbewerbsverbot gesehen, weil die Beklagte mangels Zahlung der Abfindung nach wie vor Gesellschafterin der Klägerin sei. Sie hat dementsprechend die Beklagte auf Unterlassung in Anspruch genommen, unmittelbar oder mittelbar auf den Gebieten der biotechnologischen Forschung und Entwicklung sowie Synthese von Feinchemikalien und deren Vertrieb Geschäfte zu betreiben und abzuschließen oder der Klägerin auf andere Weise Konkurrenz zu machen; im Wege der Stufenklage hat sie Auskunft darüber verlangt, welche Geschäfte dieser Art die R. GmbH in der Zeit vom 19.9.2005 bis zum Ausscheiden der Beklagten als Gesellschafterin der Klägerin geschlossen hat, sowie für die zweite Stufe noch zu beziffernde Schadensersatzansprüche angekündigt.

Das LG hat der Stufenklage in der Auskunftsstufe hinsichtlich derjenigen Geschäfte der R. GmbH entsprochen, an denen die Beklagte in der Zeit vom 19.9.2005 bis zum 7.10.2005 ursächlich mitgewirkt hat, den Unterlassungsantrag aber abgewiesen. Das Berufungsgericht hat die Beklagte zur weiteren Auskunftserteilung bis zu ihrem Ausscheiden als Gesellschafterin verurteilt und dem Unterlassungsbegehren stattgegeben. Der II. Zivilsenat hat das landgerichtliche Urteil weitgehend – lediglich dem Auskunftsanspruch ist bis zur Entscheidung der Gesellschafterversammlung über den Austritt weiter gehend entsprochen worden – wieder hergestellt.

Die Mitgesellschafterin hat sich – zu Unrecht[30] – die auf BGHZ 9, 157 ff. zurückgehende Ansicht zunutze gemacht, dass ein aus einer GmbH ausscheidender Gesellschafter seine mitgliedschaftliche Stellung so lange behalte, bis ihm die geschuldete Abfindung gezahlt worden ist: Indem die Mitgesellschafterein, die nunmehr den Geschäftsführer stellt, die Auszahlung der Abfindung verzögert, perpetuiert sie die Bindungen des Wettbewerbsverbots und verhängt der Sache nach ein Berufsverbot über die Beklagte. Dieser Strategie ist der II. Zivilsenat begegnet, indem er das vertragliche Wettbewerbsverbot im Lichte des Grundgesetzes aus-

30 Vgl. näher *W. Goette* in FS Lutter, 2000, S. 399 ff.

gelegt und entschieden hat, dass die wettbewerbliche Bindung mit der Annahme der Austrittserklärung durch die Gesellschafterversammlung der Klägerin endete. Zwar bleibt die Beklagte auch nach Annahme ihrer Austrittserklärung Gesellschafterin, weil es an der – im Übrigen nach ausdrücklicher Satzungsregelung erforderlichen – Umsetzung fehlt, daraus den Schluss zu ziehen, dass dann auch sämtliche gesellschafterlichen Pflichten unbeschränkt fortbestehen, setzt sich aber darüber hinweg, dass ein gesellschaftsvertragliches Wettbewerbsverbot kein Selbstzweck ist, vor allem nicht zu einem den in die allgemeinen Vorschriften des BGB ausstrahlenden Leitideen der Verfassung widersprechenden Berufsverbot wird. Aus diesem Grund hat die höchstrichterliche Rechtsprechung seit jeher eine Interessenabwägung vorgenommen, bei der der Legitimationsgrund für die wettbewerbliche Beschränkung mit den Freiheitsinteressen der betroffenen Gesellschafter in Einklang gebracht worden ist. Für die Beklagte des entschiedenen Falles war dabei von Bedeutung, dass sich nach ihrem von der Gesellschafterversammlung akzeptierten Austritt die mitgliedschaftlichen Bindungen auf die für die Bemessung der Abfindung bedeutsamen vermögensrechtlichen Beziehungen beschränkten, während ihr versagt war, weiterhin bei Angelegenheiten der Gesellschaft mitzusprechen und auf deren künftige Entwicklung Einfluss zu nehmen. Unter diesem Aspekt wird das an sich im Ansatz berechtigte Anliegen der verbleibenden Gesellschafter, die illoyale Ausnutzung früherer Verbindungen und Kenntnisse zu vermeiden, zweckwidrig eingesetzt, um eine unerwünschte Wettbewerberin auszuschalten.

2. II ZR 61/09 (Mantel-/Vorratsgesellschaft)[31]

Die offene Gründung von Vorratsgesellschaften ist seit langem anerkannt; sie sind streng zu unterscheiden von sog. „Mantelgesellschaften", die bereits früher operativ tätig gewesen, nunmehr aber unternehmens- und vermögenslos sind und deswegen nur noch als leere Hülse „existieren". Bei beiden Erscheinungsformen wird nach der gefestigten höchstrichterlichen Rechtsprechung[32] der Rechtsverkehr besonders gefährdet, wenn eine solche Vorrats- oder Mantelgesellschaft erst-

31 Urt. v. 18.1.2010, DStR 2010, 763 m. Anm. *W. Goette*; *Lieder*, NZG 2010, 410; *Hermanns*, ZNotP 2010, 242; *Ulrich*, GmbHR 2010, 475; *Werner*, GmbHR 2010, 804; *Apfelbaum*, MittBayNot 2010, 328; *Vossius*, NotBZ 2010, 337; *Göb*, NZI 2010, 395–398; *K. Schmidt*, ZIP 2010, 857.

32 BGHZ 153, 158; 155, 318.

mals oder wieder – wie es der II. Zivilsenat einmal ausgedrückt hat – mit einem Unternehmen ausgestattet wird, also das eintritt, was man mitunter – beschreibend, nicht definierend – eine „wirtschaftliche Neugründung"[33] nennt. Dann ist dieser Vorgang unter Beifügung der Versicherung des Geschäftsführers nach § 8 Abs. 2 GmbHG bei dem Handelsregister anzumelden bzw. offenzulegen, damit das Registergericht in die im Interesse der Wahrung des präventiven Kapitalschutzes unerlässliche, im vorhinein anzustellende (Mit-)Prüfung eintreten kann, ob tatsächlich dem Geschäftsführer zu diesem Zeitpunkt das statutarische Kapital der Gesellschaft zur endgültig freien Verfügung steht. Werden diese Formalien nicht beachtet, greifen zu Lasten der Gesellschafter die entsprechend heranzuziehenden Regeln der Unterbilanzhaftung und zwar so lange, bis die Anmeldung bzw. Offenlegung nachgeholt worden ist. Der durch Beschluss vom 18.1.2010 entschiedene Fall zeigt, dass die Praxis beim Umgang mit diesen Rechtsfiguren nach wie vor Schwierigkeiten hat:

Der klagende Insolvenzverwalter hat den zu 50 % an der Schuldnerin beteiligten Beklagten aus Unterbilanzhaftung auf einen Teilbetrag in Anspruch genommen. Die GmbH – der Beklagte hatte seine Einlagepflicht ordnungsgemäß erfüllt – ist im Mai 2003 in das Handelsregister eingetragen worden; sie hat – nach längerer Vorbereitung – ihre Geschäftstätigkeit (Sprachenschule) aber erst im November 2003 aufgenommen, nachdem sie die A GmbH – samt Arbeits- und Mietverträgen – übernommen hatte. Wegen dieser langen Zeitspanne – so hat der Insolvenzverwalter gemeint – handele es sich nicht mehr um die Verwirklichung der ursprünglich gesetzten Ziele, vielmehr liege eine auf diesen Zeitpunkt zu beziehende „wirtschaftliche Neugründung" in Gestalt einer „Mantelverwendung" vor mit der Folge der Anwendbarkeit der GmbH-rechtlichen Gründungsvorschriften.

Das LG und das OLG haben die Klage abgewiesen, wobei sich das Berufungsgericht auf die Erwägung gestützt hat, die genannte Rechtsfigur sei von vornherein nicht anwendbar, weil es nicht um eine wirtschaftliche Neugründung, sondern allein um die – zeitversetzte – Umsetzung des von Anfang an bestehenden Konzepts gegangen sei. Wegen der Klärung des Zeitraums der „Leere" des Mantels vor Neugründung – das war allerdings nach der skizzierten Begründung des OLG gar nicht Gegenstand der Entscheidung – hat es die Revision zugelassen.

33 S. dazu *W. Goette* DStR 2004, 461 ff.

Der II. Zivilsenat hat die für die Durchführung des Revisionsverfahrens nachgesuchte Prozesskostenhilfe verweigert, weil der Senat in einem dann durchzuführenden Revisionsverfahren nach § 552a ZPO hätte verfahren müssen: Nach dieser Vorschrift ist eine zugelassene Revision – nach vorherigem Hinweis – durch einstimmigen Beschluss zurückzuweisen, wenn die Revision vom Berufungsgericht zu Unrecht zugelassen worden ist und die gefällte Entscheidung richtig ist. Diese Voraussetzungen hat der II. Zivilsenat des Bundesgerichtshofes bejaht.

Die Frage, wie lange ein Gesellschaftsmantel „leer" sein muss, um ihn als „leere Hülse" im Sinne der höchstrichterlichen Judikatur zur sog. Mantelverwendung anzusehen, war nicht entscheidungserheblich. Denn es fehlte schon an dem Merkmal der „leeren Hülse", die konstitutiv für die Heranziehung der Regeln über die Mantelverwendung ist. Macht man sich diesen Ausgangspunkt klar, kann nicht zweifelhaft sein, dass die von dem Insolvenzverwalter herangezogene Rechtsfigur schon im Ansatz nicht passt, weil die neu gegründete Gesellschaft niemals in einer Weise aktiv gewesen war, dass man von einer Mantelgesellschaft sprechen kann; im Übrigen fehlte es – auch wenn Teile des eingezahlten Stammkapitals für die Ingangsetzung der Gesellschaft verwendet worden waren – an der „leeren Hülse".

In Wahrheit dürfte der Kläger, dessen Klageantrag im Übrigen dem Umstand nicht Rechnung getragen hat, dass er nicht nochmalige Einzahlung der Einlagen verlangen kann, sondern auf die Geltendmachung von Unterbilanzhaftungsansprüchen verwiesen ist, etwas anderes gemeint haben, wenn er den topos von der „wirtschaftlichen Neugründung" für sein Klagebegehren ins Feld geführt hat: Wegen des nach seiner Ansicht zu langen Zeitabschnitts zwischen der Gründung und Eintragung der Schuldnerin und der tatsächlichen Aufnahme der Geschäfte scheint er angenommen zu haben, die mit dem Ziel des Betriebs einer Sprachenschule gegründete GmbH sei zu einer Vorratsgesellschaft mutiert, die dann im Zeitpunkt der tatsächlichen Geschäftsaufnahme mit einem Unternehmen ausgestattet und damit „wirtschaftlich neu gegründet" worden sei. Grundsätzlich kann man sich eine solche Mutation mit den entsprechenden Folgen vorstellen, so dass dann auf die neue Organisation die von der höchstrichterlichen Rechtsprechung entwickelten Regeln – Anmeldung bzw. Offenlegung und Geschäftsführerversicherung nach § 8 GmbHG bzw. bei eine Geschäftsaufnahme ohne diese Handlungen: die Regeln der Unterbilanzhaftung – anwendbar wären. Das würde aber eine Geschäftszweckänderung hin zur Verwaltung eigenen Vermögens und später dann zur Umsetzung des neuen Gesellschaftszwecks voraussetzen. An alledem fehlte es in dem entschiedenen Fall, denn die Gesellschafter haben geplant eine GmbH mit dem Unternehmensgegenstand „Betrieb einer Sprachenschule" zu gründen, sie haben diese Gesellschaft gegründet, sie eintragen lassen und dann sogleich mit der Umsetzung ihrer Pläne begonnen. Dass sich die eigentliche Geschäftsaufnahme dann verzögert hat, ändert an den ursprünglichen Zielen nichts und nimmt der Schuldnerin auch nicht den Charakter einer GmbH, die eine Sprachenschule betreiben soll; es kann auch keinesfalls anerkannt werden, dass ein Gründungsvorgang in dem von dem Kläger für richtig gehaltenen Zeitrahmen zum Abschluss gebracht werden muss, vielmehr lassen sich mannigfache Fallgestaltungen denken, die einer sofortigen oder auch nur baldigen Geschäftsaufnahme entgegenstehen; entscheidend ist allein, ob die ursprüngliche Planung fortgeführt oder mit der Folge einer Gesellschaftszweckänderung abgebrochen und aufgegeben wird.

3. II ZR 4/09 (Schuldrechtliche Nebenabrede)[34]

Der Umgang mit schuldrechtlichen Nebenabreden der Gesellschafter einer GmbH ist in der Vergangenheit mehrfach[35] Gegenstand von Entscheidungen des II. Zivilsenats und kontroverser Erörterungen im Schrifttum gewesen.[36] In dem durch Beschluss vom 18.1.2010 entschiedenen Fall hat sich der II. Zivilsenat nach längerer Zeit abermals mit diesem Problemkreis befassen müssen.

Der Kläger ist als Geschäftsführer der Beklagten abberufen worden, zeitgleich ist die statutarische Kaduzierung seines Geschäftsanteils beschlossen worden. Dagegen hat er Klage erhoben, die wirtschaftlich teilweise dadurch überholt worden ist, dass der Kläger den Geschäftsanteil gegen Zahlung einer Abfindung zum Nominalwert übertragen hat, sich aber die Weiterverfolgung seines überschießenden Abfindungsanspruchs – nach der Satzung ist eine Art von Verkehrswertabfindung geschuldet – vorbehalten hat. Im Jahr 2002 war ein Gesellschafterbeschluss – nach dem Vortrag der Beklagten: auf Initiative des Klägers – gefasst worden,

34 Beschl. v. 18.1.2010, DStR 2010, 1850 m. Anm. *W. Goette*; dazu *Noack*, NZG 2010, 1017; *Podewils*, GmbHR 2010, 982.

35 Urt. v. 20.1.1983 – II ZR 243/81, ZIP 1983, 297; v. 27.10.1986 – II ZR 240/85, ZIP 1987, 293 m. Anm. *Riegger*, EWiR 1987, 53.

36 Vgl. die Beiträge in RWS-Forum 8, 1995; *Habersack*, ZGR 1994, 354; *Priester*, ZHR 151 (1987), 40; *Zöllner* in FS Priester, 2007, S. 879 ff.

Inhalts dessen ausscheidende Gesellschafter, anders als in der Satzung niedergelegt, zum Nominalwert abgefunden werden sollen. Hintergrund dieses Beschlusses sollen hohe Abflüsse von finanziellen Mitteln beim Ausscheiden anderer Gesellschafter und die dadurch entstandene Sperre für den Neueintritt von leitenden Mitarbeitern in die Gesellschafterstellung gewesen sein, weil die Beklagte nach einem sog. „Mitarbeitermodell"[37] strukturiert gewesen sei. Der genannte Beschluss ist weder notariell beurkundet – angeblich soll der Kläger das als unnötig hingestellt haben – noch in das Handelsregister eingetragen worden.

Das Berufungsgericht hat diesen „satzungsdruchbrechenden Beschluss mit Dauerwirkung", dessen Nichtigkeit/Anfechtbarkeit nicht unmittelbar im Streit stand, durch sein Verständnis des angegriffenen „Einziehungsbeschlusses" in den vorliegenden Rechtsstreit hineingezogen. Da es den Anspruch der Beklagten auf Gewährung rechtlichen Gehörs verletzt hat, hat der Senat das zugunsten des Klägers ergangene Berufungsurteil durch Beschluss gemäß § 544 Abs. 7 ZPO aufgehoben und die Sache an einen anderen Senat des OLG zurückverwiesen. In der Begründung dieses Beschlusses ist noch einmal bekräftigt worden, dass satzungsdurchbrechende Beschlüsse Bindungswirkung allein zwischen den jeweiligen Vertragsparteien entfalten können, so dass die am Rechtsstreit als Beklagte beteiligte GmbH als Nichtvertragspartei den gegen sie erhobenen Anspruch an sich nicht abwehren kann. Allerdings hat der Senat – aufgrund revisionsrechtlicher Unterstellung – für denkbar erachtet, dass es sich bei jener der Satzung widersprechenden Abrede um einen Anwendungsfall von § 328 Abs. 1 BGB handelt, die Beklagte also als begünstigte Dritte eigene, die Wahrung ihres Charakters als „Mitarbeitergesellschaft" gewährleistende Rechte aus ihr ableiten kann. Dass in solchen ein Mitarbeitermodell verfolgenden Gesellschaften weitgehende Abfindungsbeschränkungen möglich sind, hat der Senat abermals bestätigt und deswegen den Einwand zurückgewiesen, eine solche durch Gesellschafterbeschluss geschaffene Abfindungsbeschränkung sei nichtig. Schließlich ist dem Berufungsgericht aufgeben worden zu prüfen, ob sich der Kläger nicht widersprüchlich verhält, wenn er nunmehr die nach der Satzung geschuldete Abfindung verlangt, früher aber selbst darauf hingewirkt hat, dass im Interesse des besonderen Charakters der GmbH der Beschluss zur Herabsetzung der Abfindung unter jenen Wert getroffen wurde.

37 Vgl. BGHZ 164, 107 und 164, 98.

4. II ZR 12/08 („ADCOCOM“)[38]

In der im vergangenen Jahr erörterten Entscheidung „CASH POOL II“ hatte der Senat die Frage offen lassen können, ob die in § 19 Abs. 4 GmbHG niedergelegte und nach § 3 Abs. 4 EGGmbHG mit Rückwirkung ausgestattete gesetzliche Regelung der Folgen einer verdeckten Sacheinlage verfassungsrechtlicher Kontrolle im Hinblick auf das Rückwirkungsverbot Stand hält. In dem am 22.3.2010 entschiedenen Fall „ADCOCOM“ hingegen war sicher, dass ein anrechenbarer Wert des verdeckt eingebrachten Gegenstandes vorhanden war, so dass der Senat die verfassungsrechtliche Frage hier entscheiden musste.

Die Beklagte, Alleingesellschafterin der späteren Schuldnerin, der AdCoCom GmbH, wollte ihren Geschäftsanteil im Zuge eines „management buy-out“ an die zur Weiterführung der Gesellschaft entschlossene Geschäftsleitung der Schuldnerin veräußern. In Absprache mit der Bank, die die Schuldnerin künftig begleiten sollte, wurde ein Vertragswerk geschlossen, nach dem im Februar 2003 das Stammkapital um 739 241,14 Euro auf 1 Mio. Euro erhöht und 3 Mio. Euro von der Beklagten in die Kapitalrücklage eingezahlt werden und die Schuldnerin von der Beklagten für 3,99 Mio. Euro Lizenzen kaufen sollte. Diese Vorgänge wurden absprachegemäß umgesetzt, danach befand sich das Konto der Schuldnerin im Minus. Nachdem die Beklagte weitere eingegangene Verpflichtungen – u.a. ging es um einen Verzicht auf Forderungen – erfüllt hatte, übertrug sie ihren Geschäftsanteil im Wert von 1 Mio. Euro für 1 Euro rückwirkend zum 1.1.2003 an die Geschäftsleitung der Schuldnerin. Über deren Vermögen wurde am 1.1.2005 das Insolvenzverfahren eröffnet; der klagende Insolvenzverwalter hat die Beklagte auf nochmalige Leistung ihrer Einlage von 739 241,14 Euro sowie nach §§ 30, 31 GmbHG – hilfsweise aus dem Gesichtspunkt der Insolvenzanfechtung – auf Erstattung der in die freie Kapitalrücklage geleisteten Zahlung in Höhe 3 Mio. Euro, insgesamt also in Höhe von 3 739 241,41 Euro in Anspruch genommen. Er hat u.a. behauptet, die Schuldnerin sei Ende 2002 überschuldet und die Lizenzen seien wertlos gewesen. Das LG hat die Klage abgewiesen, das Berufungsgericht hat die Berufung des Klägers zurückgewiesen. Der II. Zivilsenat hat die Revi-

38 Urt. v. 22.3.2010, DStR 2010, 1087 m. Anm. *W. Goette*; *Illhardt*, DZWIR 2010, 346; *Wenzel*, EWiR 2010, 421; *Pentz*, GmbHR 2010, 673; *Bayer/Fiebelkorn*, LMK 2010, 304927; *Altmeppen*, NJW 2010, 1955; *Göb*, NZI 2010, 558; *Wachter*, ZNotP 2010, 324.

sion des Klägers zugelassen und die Sache unter Aufhebung des angefochtenen Urteils an das Berufungsgericht zurückverwiesen.

Diese Zurückverweisung beruht darauf, dass das Berufungsgericht noch eine Reihe offener Fragen zu klären hat, der Senat aber dazu den rechtlichen Rahmen abzustecken hatte, wozu hier gehört, dass gesagt wird, welche Normen denn des Oberlandesgericht seiner Prüfung zugrunde zu legen hat. Dass die Einzahlung des Kapitalerhöhungsbetrages im Hinblick auf den fast zeitgleichen Verkauf der Lizenzen an die Schuldnerin eine verdeckte Sacheinlage war, die nach dem neuen § 19 Abs. 4 GmbHG in Verbindung mit § 3 Abs. 4 EGGmbHG zu einer Anrechnung des Wertes der Lizenzen auf die offene Einlageschuld führen musste, unterliegt keinem Zweifel. Da die Lizenzen kurz vor der Übertragung von einem Wirtschaftsprüfer bewertet worden waren, konnte der Senat entgegen den Vorstellungen des Klägers nicht davon ausgehen, dass sie mit „0" anzusetzen waren, und deswegen war hier die Frage der Zulässigkeit rückwirkender Inkraftsetzung der neuen Vorschrift entscheidungserheblich.

Wie sich aus den eingehenden Ausführungen des Senats unter Tz. 21 ff. ergibt, hat er die Überzeugung gewonnen, dass keine verbotene Rückwirkung vorliegt, wenn der Gesetzgeber des MoMiG (und nunmehr des ARUG) rückwirkend das Verpflichtungs- und das Erfüllungsgeschäft, das dem verdeckten Einbringungsvorgang zugrunde liegt, für wirksam erklärt und damit zugleich mit Rückwirkung in die sachenrechtliche Lage eingreift. Diesen Eingriff erachtet der II. Zivilsenat als sachlich gerechtfertigt, weil der im ersten Anlauf unter der Geltung des alten Rechts gescheiterte Kapitalaufbringungsvorgang nicht abgeschlossen ist – der Inferent schuldete ja seine versprochene Einlage weiterhin, konnte aber den verdeckt eingebrachten Gegenstand zurückfordern – und weil der Gesetzgeber deswegen nicht denselben strengen Regeln bei der rückwirkenden Änderung der Rechtslage unterlag, als läge ein Fall echter Rückwirkung vor. Es ist in der Tat nicht einzusehen, aus verfassungsrechtlichen Gründen auch in den nicht abgeschlossenen Fällen weiterhin die Verfehlung der formellen Erfordernisse einer Kapitalaufbringung auf dem Wege der Sacheinlage mit der – vor allem bei einer Insolvenz der Gesellschaft – besonders drakonischen Folge des gänzlichen Scheiterns der Kapitalaufbringung zu sanktionieren. Aus der Sicht der Gläubiger der Gesellschaft, der Gesellschaft und der anderen Gesellschafter reicht es aus, dass das verdeckte Geschäft als gültig anerkannt wird, wenn und soweit der verdeckt eingebrachte Gegenstand werthaltig ist, und dass im Übrigen der Gesellschafter gezwungen wird, sein „Rest"-Einlageversprechen zu erfüllen; der Inferent selbst ist nicht schutzwürdig, weil er nur an dem festgehalten wird, was er selbst willentlich durch die Substitution der Bareinlage durch eine andere Leistung ins Werk gesetzt hat.

Das Berufungsgericht hat nun die Aufgabe, den Wert der verdeckt eingebrachten Lizenzen zu ermitteln. Ist er so hoch, wie im Kaufvertrag vereinbart, ergeben sich keine Probleme für die Anrechnung. Anders ist dies jedoch, wenn der gezahlte Kaufpreis höher als der Wert der Rechte war; dann – das folgt aus dem Grundsatz der realen Kapitalaufbringung – muss vor einer Anrechnung von dem ordnungsgemäß ermittelten Wert der Lizenzen die Differenz zwischen dem gezahltem Kaufpreis und der Einlageschuld abgezogen werden, und nur der Restbetrag steht für die nach dem Gesetz vorgeschriebene Anrechnung zur Verfügung – u. U. kann sich auch ergeben, dass überhaupt kein anrechnungsfähiger Betrag verbleibt.

Und schließlich zu dem vom Kläger geltend gemachten Erstattungsanspruch nach §§ 30, 31 GmbHG: Soweit die Schuldnerin durch die Kaufpreiszahlung in eine Unterbilanz geraten ist oder ein solcher Zustand vertieft worden ist, kann nach „ADCOCOM" als zu erstattender Betrag allenfalls die Differenz zwischen Kaufpreis und Einlagebetrag in Betracht kommen; er ist aber dann um den tatsächlichen Wert der Lizenzen zu reduzieren, weil nur insofern eine kapitalerhaltungsschädliche Auszahlung in Betracht kommt.

5. II ZR 78/09 („DOBERLUG")[39]

Wenn der Geschäftsführer einer GmbH seiner – nun – in § 15a InsO niedergelegten Pflicht, unverzüglich, längstens aber binnen drei Wochen Insolvenzantrag zu stellen, nicht nachkommt, ergeben sich für ihn nach der gefestigten,[40] wenn auch nicht unangefochtenen[41] Rechtsprechung

39 Urt. v. 20.9.2010, DStR 2010, 2090; ablehnend, weil zu weitgehend: *Altmeppen*, ZIP 2010, 1973; kritisch, weil nicht weit genug gehend: *Schürnbrand*, NZG 2010, 1207; zustimmend *Stöber*, BB 2010, 2659; *Flitsch*, GWR 2010, 496; *Weller* GWR 2010, 541; *E. Vetter*, EWiR 2010, 713; *Poertzgen*, NZI 2010, 913.

40 Vgl. BGHZ 126, 181; 146, 264; Urt. v. 26.3.2007 – II ZR 310/05, DStR 2007, 1003; zur Massesicherungspflicht *W. Goette* in FS Gerhart Kreft, 2004, S. 53 ff.

41 S. nur *Altmeppen*, ZIP 2010, 1973 mit zahlreichen Nachw.; *K. Schmidt*, ZHR 168 (2004), 637 (650 ff.).

des II. Zivilsenats zwei Haftungsgefahren: Er kann von den sog. Neugläubigern auf Ersatz des negativen Interesses belangt werden, weil sie an eine insolvenzreife Gesellschaft noch kreditweise Leistungen erbracht haben (§ 823 Abs. 2 BGB i. V. m. § 15a InsO), oder von dem später eingesetzten Insolvenzverwalter wegen Verletzung der Massesicherungspflicht auf Erstattung des Geleisteten in Anspruch genommen werden. Der Fall „DOBERLUG" eröffnet insofern ein neues Feld, als es hier um die Haftbarmachung des – fakultativen – Aufsichtsrates der insolvenzreifen GmbH für masseschädliche Zahlungen ging, die der Geschäftsführer, ungehindert durch das Überwachungsorgan vorgenommen hatte.

Der klagende Insolvenzverwalter der Stadtwerke Doberlug-Kirchhain GmbH i.L. hat nicht den Geschäftsführer, sondern die Mitglieder des fakultativen Aufsichtsrats der Schuldnerin auf Schadenersatz mit der Begründung in Anspruch genommen, sie hätten es pflichtwidrig und schuldhaft zugelassen, dass der Geschäftsführer nach Eintritt der Insolvenzreife der Schuldnerin noch „Zahlungen" im Sinne des § 64 Abs. 2 GmbHG a. F. bewirkt habe. Revisionsrechtlich ist davon auszugehen, dass die Mitglieder dieses fakultativen Aufsichtsrates – es handelt sich u. a. um den Bürgermeister der Gemeinde und um Mitglieder des Gemeinderates – erkennen konnten, dass die Schuldnerin in einer Schieflage war, nachdem sie der Gemeinde 35 „überzählige" Arbeitnehmer abgenommen hatte, die als Kompensation gedachten Zahlungen für erteilte Aufträge bei der Schuldnerin aber über längere Zeit ausgeblieben waren.

Das LG hat die Klage abgewiesen. Das Berufungsgericht hat die Beklagten mit Rücksicht auf ihre unterschiedlich lange Mitgliedschaft in dem Überwachungsgremium in unterschiedlicher Höhe zum Schadenersatz, nämlich zwischen gut 900 000 Euro und gut 21 000 Euro verurteilt. Der II. Zivilsenat hat das klageabweisende erstinstanzliche Urteil wieder hergestellt.

Die in der mündlichen Verhandlung ausführlich geführte Diskussion, ob die Schuldnerin in dem maßgebenden Zeitraum insolvenzreif war und vor allem, ob die Beklagten als die Mitglieder des Aufsichtsrates dies und außerdem die Verletzung der Massesicherungspflicht durch den Geschäftsführer haben erkennen und durch entsprechende aufsichtliche Maßnahmen diese schädlichen Zahlungen haben verhindern können – nur wenn alles dies feststeht, kann ja überhaupt eine Haftung wegen Überwachungsverschuldens in Betracht kommen – hat in dem Senaturteil nur am Rande in Gestalt eines obiter dictum (Tz. 13) eine

Rolle gespielt, in dem der Senat darauf hinweist, dass die Beschäftigung von Arbeitnehmern und die Fortführung des Unternehmens in der insolvenzrechtlichen Krise einen Anhaltspunkt für den Aufsichtsrat geben kann, dass die Massesicherungspflicht verletzt wird; zwingend ist es allerdings keineswegs, dass dann der Geschäftsführer auch die Löhne und die nicht privilegierten Arbeitnehmeranteile zur Sozialversicherung zahlt – die gerichtliche Praxis bietet für das Gegenteil durchaus Anschauungsmaterial –, immerhin wird aber der Aufsichtsrat bei solchen Rahmenbedingungen seine Überwachungsanstrengungen steigern müssen.

Von über den entschiedenen Fall hinausgehender Bedeutung ist allerdings, dass der Senat nicht nur seine bisherige Linie zur unterschiedlichen Behandlung von Neugläubiger- und von Masseschädigungen beibehalten hat, sondern wegen des Umstandes, dass der Aufsichtsrat nach dem Gesetz selbst nicht massesicherungspflichtig ist, sich mit der Grundlage der Haftung seiner Mitglieder – in Abgrenzung zu den Leitungsorganen, die Masseschmälerungen unterlassen müssen – näher hat auseinandersetzen müssen. § 116 AktG, als die maßgebliche Haftungsnorm für die Aufsichtsratsmitglieder verlangt prinzipiell, dass der Gesellschaft, für die der Aufsichtsrat tätig ist, durch schuldhaft pflichtwidriges Verhalten ein Schaden im Sinne der allgemeinen bürgerlichrechtlichen Vorschriften zugefügt worden ist. Bei einer Verletzung der Massesicherungspflicht fehlt es indessen regelmäßig an diesem Schaden, und der II. Zivilsenat hat deswegen bewußt § 64 Abs. 2 GmbHG a.F. als Ersatzanspruch eigener Art[42] bezeichnet, weil dem Abfluss der baren Mittel, wenn der Gesellschafter an einen Gesellschaftsgläubiger Zahlungen erbringt, eine entsprechend hohe Befreiung von einer Verbindlichkeit gegenübersteht. U.a. dieser Gesichtspunkt ist es gewesen, der den Senat bislang davon abgehalten hat, auf das bereits erwähnte, schadenersatzrechtlich orientierte andere Konzept der sog. Insolvenzverschleppungshaftung einzugehen, weil dann nämlich die die insolvenzrechtlichen Anfechtungsvorschriften flankierende Mithaftung des Leitungsorgans weithin leer liefe und dem gesetzlichen Konzept zuwider die Massesicherungspflicht zu einem „zahnlosen Tiger" gemacht würde.

Für das Aktienrecht indessen findet sich in § 93 Abs. 3 Nr. 6 AktG die Aussage, dass als Schadenersatzleistung, die der Vorstand schuldet, „namentlich" Zahlungen gelten, die dem Verbot des § 92 Abs. 2 AktG

42 Vgl. z.B. BGHZ 146, 264 (278).

entgegen geleistet werden. Wie ein Blick in die Entstehungsgeschichte belegt, handelt es sich – anders als etwa bei § 130a HGB[43] – nicht um eine redaktionelle Ungenauigkeit des Gesetzgebers, vielmehr war den Gesetzesverfassern seinerzeit sehr wohl bewusst, dass nicht die Aktiengesellschaft durch diese verbotenen Zahlungen im allgemeinen schadensersatzrechtlichen Sinn geschädigt wird, sondern dass der Schaden bei der Gesamtheit der Gläubiger eintritt, weil einzelne von ihnen in der insolvenzrechtlichen Krise noch in vollem Umfang für ihre Forderungen Befriedigung erhalten und sich dadurch der zur Verteilung an die übrigen verbleibende „Kuchen" verkleinert, diese Gruppe also eine Quotenverminderung hinnehmen muss. In Kenntnis dieses Umstandes hat der Gesetzgeber gleichwohl für den Vorstand wie für die Mitglieder des Überwachungsorgans die Schadenersatzpflicht angeordnet und dabei statuiert, dass der Masseschmälerungsschaden der Gläubiger zugleich ein Schaden der Gesellschaft ist, deren Vorstand und/oder Aufsichtsrat bei der Erfüllung ihrer Massesicherungs- bzw. ihrer Überwachungspflicht schuldhaft versagt haben.

Hergeleitet aus der Entstehungsgeschichte sieht der Senat diese Voraussetzung indessen nicht als erfüllt an, wenn es sich wie im entschiedenen Fall um einen fakultativen Aufsichtsrat ohne in der Satzung zusätzlich eingeräumte Befugnise handelt. Dieser hat keine anderen Aufgaben als die Gesellschafterversammlung, für die er lediglich bestimmte Aufgaben als kleineres und flexibler einsetzbares Gremium erfüllt. Auf diese Weise ist immerhin den – regelmäßig ehrenamtlich tätigen – Mitgliedern fakultativer Aufsichtsräte von kommunalen Gesellschaften mbH ein wenig von der Sorge genommen, der typisch deutsche Gedanke, dass eine Pflichtverletzung unter allen Umständen einen Schadenersatzanspruch auslösen muss, werde in jedem Fall auch zu ihren Lasten umgesetzt.

Wenn sich die Insolvenzverwalter darüber auch nicht freuen werden, so haben sie aber umso größeren Anlass, „Glücksgefühle" zu entwickeln, weil diese Restriktionen eben nur für einen gesetzestypischen fakultativen Aufsichtsrat einer GmbH gelten, im Übrigen aber § 116 AktG und § 93 AktG in ihrer vollen Breite Anwendung finden. Selbst wenn man nicht der etwas platten Vorstellung folgt, dass eine schuldhafte Überwachungspflichtverletzung durch den Aufsichtsrat bei Eintritt der insolvenzrechtlichen Krise immer die umfängliche Haftung für die Folgen

43 Vgl. dazu Urt. v. 26.3.2007 – II ZR 310/05, DStR 2007, 1003 (Tz. 7).

eintreten lässt, die dadurch entstehen, dass der Aufsichtsrat nicht für eine rechtzeitige Insolvenzantragstellung gesorgt hat, gilt es sich doch vor Augen zu führen, dass mit der in „DOBERLUG" eingeschlagenen Linie das Haftungsrisiko für Aufsichtsräte von insolvenzreifen Gesellschaften deutlich erhöht worden ist, ein Umstand, der die Gerichte veranlassen muss, sich vor Augen zu führen, dass die Mitglieder dieses Gremiums Überwachung schulden, aber nicht selbst zum Handeln an Stelle der Leitungsorgane aufgerufen sind, und dass sie typischerweise viel weniger Einblick in die maßgebenden Vorgänge haben als die Geschäftsführer oder Vorstände. Es wird deswegen darauf ankommen, mit großer Sorgfalt – und natürlich ex ante – die Erkenntnismöglichkeiten der Betroffenen und daran anknüpfend Pflichtverletzung und Verschulden zu prüfen und sich vor Automatismen[44] zu hüten.

6. II ZR 296/08 (STAR 21)[45]

Patronatserklärungen[46] werden in der unternehmerischen Praxis offenbar häufiger abgegeben, gerichtliche Entscheidungen hingegen sind eher rar. Um so eher verdient das kürzlich ergangene Urteil STAR 21 Aufmerksamkeit.

Der klagende Insolvenzverwalter über das Vermögen der STAR 21 GmbH & Co. KG wollte sich nicht damit zufrieden geben, dass die Beklagte – sie ist durch eine mehrstufige Beteiligung von einhundertprozentigen Tochter- und Enkelgesellschaften mittelbare Gesellschafterin der Schuldnerin – nach Kündigung einer „Patronatserklärung" und des parallel geführten cash-pool-Vertrages nur die bis zur Kündigung aufgelaufenen Verbindlichkeiten der Schuldnerin begleichen wollte; er nahm für sich vielmehr in Anspruch, die Beklagte auf den gesamten Betrag von 8 Mio. Euro, auf den sich die zwischen der Beklagten und der Schuldnerin getroffene Vereinbarung bezog, belangen zu können. Deswegen hatte er es auch nicht für notwendig befunden,[47] zwischen den Verbindlichkeiten, die bis zur Kündigung und denjenigen zu differenzieren, die im Anschluss daran fällig geworden waren.

44 Vgl. dazu nochmals Tz. 13 in DOBERLUG.

45 Urt. v. 20.9.2010, ZIP 2010, 2092; *Veranneman*, GWR 2010, 522.

46 Vgl. zuletzt *Ziemons*, GWR 2009, 411; *Haußer/Heeg*, ZIP 2010, 1427; *v. Rosenberg/Kruse*, BB 2003, 641.

47 Vgl. Tz. 42 in STAR 21.

Das Oberlandesgericht hat die Beklagte antragsgemäß zur Schadenersatzleistung verurteilt bzw. festgestellt, dass die Beklagte weitergehend auf Schadenersatz bis zu einer Gesamthöhe von 8 Mio. Euro hafte, und hat die Revision zugelassen. Der II. Zivilsenat hat das Berufungsurteil aufgehoben und die Sache an die Vorinstanz zurückverwiesen, wobei er in den Schlussbemerkungen ziemlich deutlich hat werden lassen, dass die nachzuholende Prüfung des Berufungungszivilsenats die Abweisung der Klage erwarten lässt. Zurückzuverweisen war die Sache wegen eines Verfahrensfehlers, der – wäre nicht die Revision zugelassen gewesen, sondern von der Beklagten Nichtzulassungsbeschwerde eingelegt worden – zur Aufhebung des Berufungsurteils und zur Zurückverweisung durch Beschluss nach Maßgabe von § 544 Abs. 7 ZPO geführt hätte. Das Berufungsgericht hatte sich nämlich nicht mit dem – vom Senat als „gut nachvollziehbar" qualifizierten – Vortrag auseinandergesetzt, dass beide Vertragsparteien übereinstimmend von dem nach Lage der Verhältnisse selbstverständlichen Verständnis der Vereinbarung ausgegangen seien, dass die Patronatszusage nur dem Zeitgewinn für den Abschluss der Sanierungsprüfung, für die ein längerer Zeitraum als die nach dem Gesetz höchstzulässige Frist von drei Wochen (§ 15a InsO) benötigt wurde, dienen sollte, die Beklagte aber bei einem negativen Ausgang der Prüfung sogleich die eingegangene Bindung durch Kündigung beenden durfte. Dass die von dem Berufungsgericht vertretene Interpretation demgegenüber zu einem fixen Zuschuss von 8 Mio. Euro für die Schuldnerin führen musste, zu dessen Gewährung aus der Sicht der Obergesellschaft nicht der geringste wirtschaftliche Grund erkennbar war, hatte das Oberlandesgericht – möglicherweise, weil es auf die Behandlung wenig geklärter dogmatischer Fragen der Patronatserklärung fixiert war – ausgeblendet.

Der Fall hat denn auch dem II. Zivilsenat wenig Gelegenheit geboten, einen neuen Beitrag zur Klärung der im Schrifttum behandelten Fragen zu leisten. Vielmehr hat der Senat, insofern ganz auf der Linie der „FINANZPLANKREDIT"-Entscheidung[48] auf die konkret getroffenen Absprachen – hier: aufgrund revisionsrechtlicher Unterstellung der Richtigkeit des Beklagtenvortrags – abgehoben. Dass unter diesem Aspekt die OLG-Entscheidung unhaltbar war, lag auf der Hand und ist von dem Senat, der insofern die einzelnen von dem Kläger auch im Revisionsverfahren vorgetragenen Argumente abgearbeitet hat, Punkt für Punkt begründet worden. Dabei verdient im Hinblick auf die noch auf

48 BGHZ 142, 116 m. Anm. *W. Goette*, DStR 1999, 1245.

„Altfälle" auf Jahre heranzuziehende Rechtsprechung des II. Zivilsenats zum für die Zukunft abgeschafften Eigenkapitalersatzrecht Erwähnung, dass auch eine solche Patronatsvereinbrung keine eigenkapitalersatzrechtliche Gesellschafterleistung ist. Eine gewisse Distanz lässt der Senat gegenüber dem im Leitsatz 2 von BGHZ 142, 116 niedergelegten, dort lediglich ein obiter dictum darstellenden Grundsatz erkennen (Tz. 28 f.), dass die Gesellschafter sich nach Eintritt der Krise aus einer früher gegebenen Finanzplankreditzusage nicht mehr lösen können; zu einer abschließenden Äußerung gab „STAR 21" schon dann keinen Anlass, wenn man von der Richtigkeit des Beklagtenvortrags über das übereinstimmende Verständnis der Abrede ausgeht, nach der ja gerade die jederzeitige Lösungsmöglichkeit Vertragsinhalt war.

7. II ZR 70/09 (KündigungsschutzG)[49]

Das Zusammenwirken der für einen Geschäftsführer geltenden dienstrechtlichen und organschaftlichen Regeln wirft immer wieder kontroverse Stellungnahmen auf, wobei die von der Rechtsprechung des II. Zivilsenats entwickelte Linie vor allem bei denjenigen auf Vorbehalte stößt, die gewohnt sind, derartige Beziehungen vornehmlich aus dem Blickwinkel des Arbeitsrechts zu beurteilen.[50] Demgegenüber gilt nach der die Probleme aus gesellschaftsrechtlicher Sicht lösenden höchstrichterlichen Rechtsprechung folgendes:

Anders als die regelmäßig zu unrichtigen Ergebnissen führende Deduktion aus einer Zuordnung des Anstellungsverhältnisses zu den §§ 620 ff. BGB kommt es maßgeblich darauf an, sich zu vergegenwärtigen und dann aus dieser Erkenntnis die zutreffenden Folgerungen zu ziehen, dass das Dienstverhältnis des Organmitglieds nicht um seiner selbst Willen besteht, sondern dass es eine die Rechts- und Pflichtenstellung desselben ergänzende, im Konfliktfall aber hinter den organschaftlichen Erfordernissen zurücktretende Funktion hat. Anders gewendet: Die durch das Dienstverhältnis begründeten Rechte des Organmitglieds können nur Geltung beanspruchen, soweit es sich um auch für einen Geschäftsführer oder ein Vorstandsmitglied sinnvolle soziale Schutzrechte han-

49 Urt. v. 10.5.2010, DStR 2010, 1390; vgl. dazu *C. Arnold*, ArbR 2010, 405; *Schewiola*, ArbRB 2010, 244; *Ulrich*, GmbHR 2010, 811; *Dzida*, NJW 2010, 2345; *Stagat*, NZA 2010, 975.

50 Vgl. zu diesem Problemkreis *W. Goette* und *Wank* in FS Wiedemann, 2002, S. 587 und S. 873 ff. Demnächst ferner *W. Goette* in FS Uwe H. Schneider, 2011, S. 353.

delt und soweit deren Wahrnehmung die Funktion der organschaftlichen Beziehung nicht stört. Eine solche Störung des im Zweifel Vorrang genießenden Organverhältnisses ist nach der gefestigten höchstrichterlichen Rechtsprechung u. a. dann gegeben, wenn die Beendigung eines Geschäftsführerdienstverhältnisses – über die allgemein geltenden und auch unter gesellschaftsrechtlichem Blickwinkel selbstverständlich zu beachtenden Erfordernisse hinaus – auch noch davon abhängig sein sollte, dass die speziellen, den typischerweise sozial schwächeren Teil des Vertrages in besonderem Maße schützenden Regeln z. B. des Kündigungsschutzgesetzes oder des Schwerbehindertengesetzes beachtet worden sind. Denn dann wird in das für die Funktionsfähigkeit der Gesellschaft konstitutive unbeschränkte Recht des Bestellungsorgans – zumindest indirekt – eingegriffen, darüber zu entscheiden, ob ein im Außenverhältnis mit unbeschränkter und unbeschränkbarer Vertretungsbefugnis ausgestattetes Leitungsorgan in seinem Amt belassen werden kann, weil die mit der Geltung der genannten Arbeitnehmerschutzvorschriften eintretenden Restriktionen dazu führen könnten, dass eine Trennung auf der dienstrechtlichen Ebene – u. U. auf unabsehbare Zeit – ausgeschlossen ist und die Gesellschaft weit über das ursprünglich vorgesehene Ende des Anstellungsverhältnisses alle Ansprüche des abberufenen Organmitglieds erfüllen müsste. Im Ergebnis kann dies dazu führen, dass das Bestellungsorgan von der an sich für notwendig erachteten Abberufung Abstand nimmt, weil die Gesellschaft die mit der Honorierung zweier Geschäftsführer – des abberufenen und des an seine Stelle tretenden – verbundene finanzielle Last nicht tragen könnte. Ein nur aus der Sicht des Dienstverpflichteten zu rechtfertigender Anspruch auf Weiterbeschäftigung kann – immer wieder auftretenden Missverständnissen[51] zum Trotz – deswegen aus der Beendigung des organschaftlich geprägten Dienstverhältnisses ebenso wenig hergeleitet werden, wie ein schwerbehinderter Geschäftsführer[52] nach wirksamer Abberufung nicht verlangen kann, nach Beendigung des Dienstverhältnisses weiter besoldet zu werden. Die besondere Natur dieser Form von Anstellungsbeziehungen hat umgekehrt aber zur Folge, dass ein wirksam abberufenes Leitungsorgan nicht verpflichtet ist, während der Dauer des nach der Abberufung noch fortbestehenden Anstellungsvertrages – andere – Dienstleistungen zu erbringen, sondern für die verbleibende Dauer des

51 Vgl. z. B. BGH, Urt. v. 10.1.2000 – II ZR 251/98, DStR 2000, 564 m. Anm. *W. Goette*.

52 S. BGH, Urt. v. 16.10.2006 – II ZR 101/05, DStR 2006, 2269.

Dienstvertrages alle in ihm begründeten Rechte behält, gegen seinen Willen aber zu keinerlei Tätigkeit für die Gesellschaft gezwungen werden kann, also sozusagen „auf Kosten der Gesellschaft spazieren gehen" darf.[53]

Vor diesem Hintergrund sind der folgende und der sodann zu erörternde Fall[54] zu sehen, für die man aus gesellschaftsrechtlicher Sicht eigentlich nur feststellen kann, dass die jeweiligen Geschäftsführer besonders geschickt ihre Belange durchgesetzt haben, der Gesellschaft und ihren etwa vorhandenen Beratern aber jeweils schwere „Kunstfehler" unterlaufen sind.

Die Parteien – der Kläger war Geschäftsführer der Bekl. – streiten, soweit für das Revisionsverfahren noch von Belang, über den Fortbestand des Anstellungsverhältnisses einschließlich einer ergänzend vereinbarten Pensionszusage. In dem Dienstvertrag war zugunsten des Geschäftsführers die Geltung der Bestimmungen des deutschen Kündigungsschutzrechtes für Angestellte vereinbart. Der Kläger wurde später abberufen, die beklagte GmbH erklärte mehrfach die fristlose, hilfsweise die ordentliche Kündigung des Anstellungsvertrages. Der Kläger hat u.a. die Feststellung begehrt, dass das Anstellungsverhältnis durch die Erklärungen der Beklagten nicht aufgelöst worden ist. Das Landgericht hat der Feststellungsklage stattgegeben und auf die Hilfswiderklage der Beklagten das Geschäftsführerdienstverhältnis zwischen den Parteien gegen Zahlung einer Abfindung in Höhe von 175 000 Euro nebst Zinsen mit Wirkung zum 31.3.2007 aufgelöst. Das Oberlandesgericht hat dagegen gemeint, eine solche Auflösungsentscheidung müsse mangels gesetzlicher Grundlage ausscheiden, im Übrigen könne die Beschränkung der Kündigungsmöglichkeiten durch Vereinbarung des Kündigungschutzgesetzes nicht wirksam vereinbart werden.[55] Der II. Zivilsenat hat die Revision zugelassen und die Sache an die Vorinstanz zurückverwiesen.

53 Paradigmatisch der Fall BGH, Urt. v. 10.1.2000 – II ZR 251/98, DStR 2000, 564, in dem die Organstellung durch Sparkassenfusion beendet wurde und der Kläger nur noch als stellvertretender Sparkassenvorstand, d.h. unterhalb der organschaftlichen Ebene beschäftigt werden konnte, gleichwohl aber alle Rechte aus seinem vom Senat als „freies Dienstverhältnis" bezeichneten organschaftlichen Anstellungsvertrag behielt, ihm andererseits aber auch die Berufung auf §§ 4, 14 KSchG versagt wurde, als die Sparkasse die Kündigung des Dienstverhältnisses aussprach.

54 Sogleich III. 8.

55 Vgl. in diesem Sinn auch *Bauer/C. Arnold*, ZIP 2010, 709.

Er hat ausgesprochen, dass die Gesellschafterversammlung einer GmbH – auf die Aktiengesellschaft wäre dies selbstverständlich nicht übertragar – sich sehr wohl in der Weise in ihrer künftigen Gestaltungsmacht binden kann, dass sie einem Geschäftsführer durch Vereinbarung den Schutzregeln des Kündigungsschutzgesetzes unterstellt. Auch sonst können ja in einem Geschäftsführeranstellungsvertrag – zu denken ist etwa an Pensionsregelungen unter freiweilliger Unterwerfung unter das BetrAVG – Bindungen übernommen werden, die rein faktisch einen Zwang ausüben können, von einer möglichen Beendigung dieses Vertragsverhältnisses abzusehen. Der Senat „hilft" indessen den Gesellschaftern dadurch, dass er eine Vertragsklausel, die wie im Streitfall schlechthin auf das Kündigungsschutzgesetz verweist, dahin auslegt, dass damit das in den §§ 9, 10 KSchG niedergelegte Lösungsrecht des Dienstherrn auch zu Lasten des Geschäftsführers entsprechend gelten muss; zwar scheidet dann ein richterlicher Gestaltungsakt wie im Arbeitsrecht aus, der materielle Gehalt der Wertentscheidung des Gesetzgebers beansprucht aber Geltung mit der Folge, dass die Gesellschaft sich einseitig gegen Gewährung einer Abfindung von den „Fesseln" des Geschäftsführeranstellungsvertrages lösen kann.

8. II ZR 266/08 (Weiterbeschäftigungsanspruch)[56]

In dem zweiten bereits angesprochenen „Kunstfehlerfall" dagegen besteht eine solche Lösungsmöglichkeit nicht. Hier hatte es der Geschäftsführer einer von staatlichen Stellen getragenen GmbH geschafft, in seinen Anstellungsvertrag eine Klausel aufnehmen zu lassen, nach der für die Kündigung die Regeln des BAT gelten sollten. Dessen § 53 sieht vor, dass ein Dienstverpflichteter unkündbar wird, wenn er mindestens 15 Jahre beschäftigt war und das 41. Lebensjahr vollendet hat. Diese Voraussetzungen waren bei dem Kläger gegeben, der deswegen bei dem Oberlandesgericht ein obsiegendes Urteil erstritten hatte, nach dem die ihm gegenüber ausgesprochene Kündigung unwirksam war und er einen Weiterbeschäftigungsanspruch haben sollte.

Der II. Zivilsenat hat am 11.10.2010 – wie aus der an diesem Tag veröffentlichten Presseerklärung hervorgeht – den Weiterbeschäftigungsanspruch aberkannt und ist damit auf der Linie seiner früheren Judikatur geblieben. Für den Kläger hat dies – mag er nun auch seiner beruf-

56 Urt. v. 11.10.2010.

lichen Stellung als Leiter der Bonner Kunsthalle GmbH verlustig gegangen sein – doch den Vorteil, dass er ohne jede Dienstleistung seine Bezüge bis zum Erreichen der Altersgrenze beziehen darf, während man einen im Beamtenverhältnis stehenden Leiter einer solchen Einrichtung immerhin in ein gleichwertiges Amt hätte versetzen können. Der Fall zeigt, dass bei der Gestaltung derartiger Geschäftsführeranstellungsvertäge mehr zukunftsgerichtete Weitsicht vonnöten ist.

9. II ZR 230/08 (Abwahl Versammlungsleiter)[57]

In personalistisch strukturierten Gesellschaften mbH, besonders wenn sich zwei Gruppen gegenüber stehen, kommt es immer wieder zu Streitigkeiten, die letztlich nur durch die Gerichte gelöst werden können. Nicht selten wird dann nämlich wechselseitig versucht, den anderen Teil aus wichtigem Grund abzuberufen, seinen Geschäftsanteil einzuziehen oder ihn auf andere Weise aus der Gesellschaft auszuschließen. Da jeweils der Antragsteller für sich in Anspruch nimmt, der andere Teil sei, weil vom Beschlussgegenstand selbst betroffen, von der Abstimmung nach § 47 Abs. 4 GmbHG ausgeschlossen, kann es zu krass widersprechenden Beschlussfassungen kommen, die von den jeweiligen Versammlungsleitern zu Lasten der anderen Seite als vorläufig verbindlich festgestellt werden und den „unterlegenen" Teil zwingen, fristgerecht Anfechtungsklage zu erheben. Aufgabe des Gerichts ist es dann zu klären, welcher der konträren Beschlüsse gilt und welcher nicht. Vor diesem Hintergrund ist der folgende, im Sommer dieses Jahres vom II. Zivilsenat entschiedene Fall zu sehen:

Der Kläger, beteiligt mit einem Geschäftsanteil von 49 %, war neben dem Bekl. zu 3 Geschäftsführer der Bekl. zu 4, einer GmbH. Weitere Gesellschafter waren mit einem Anteil von ebenfalls 49 % die Bekl. zu 1 und mit einem Anteil von 2 %, aber ohne Stimmrecht, der Bekl. zu 2. Am Revisionsverfahren beteiligt waren nur noch der Kläger und die Gesellschaft. Nach ihrer Satzung obliegt die Leitung der Gesellschafterversammlungen dem Aufsichtsratsvorsitzenden, bei Fehlen eines Aufsichtsrats dem dienstältesten Geschäftsführer; das war zum maßgeblichen Zeitpunkt der Kläger. In der Gesellschafterversammlung der Bekl. zu 4 vom 31.8.2007 sollte – jeweils aus wichtigem Grund – u. a. über die Einziehung des Geschäftsanteils des Klägers, seine Abberufung als Ge-

57 Urt. v. 21.6.2010, DStR 2010, 1997; *Münnich*, GmbHR 2010, 979.

schäftsführer und die Kündigung seines Geschäftsführer-Anstellungsvertrages Beschluss gefasst werden. Mit Rücksicht auf diese Beschlussgegenstände haben die Mitgesellschafter des Klägers gemeint, er sei von der Versammlungsleitung ausgeschlossen und haben gegen seine Stimme – insofern soll zu seinen Lasten § 47 Abs. 4 GmbHG anwendbar gewesen sein – beschlossen, dass die Versammlung von einem von ihnen bestimmten Rechtsanwalt geleitet werde; in dieser Versammlung wurde der Kläger abberufen, ihm wurde gekündigt und sein Geschäftsanteil wurde eingezogen. Der Kläger seinerseits hat dies nicht hingenommen, sondern parallel eine Gesellschafterversammlung unter seiner Leitung durchgeführt, in der u.a. über die Abberufung des Beklagten zu 3 als Geschäftsführer Beschluss gefasst wurde. Während in einem gesonderten Rechtsstreit dieser Beschluss angefochten wurde, hat der Kläger Anfechtungsklage erhoben und u.a. beantragt festzustellen, dass die Beschlüsse der parallel durchgeführten, ihn betreffenden Gesellschafterversammlung nichtig sind, hilfsweise für nichtig erklärt werden. In den Vorinstanzen ist der Kläger unterlegen, auf seine Nichtzulassungsbeschwerde hat der II. Zivilsenat die Revision zugelassen und die Nichtigkeit der Beschlüsse festgestellt, die die Parallelversammlung zu Lasten des Klägers gefasst hat.

Maßgebend hierfür war der Gedanke, dass der Kläger – entgegen der von der Gegenseite vertretenen und vom Oberlandesgericht geteilten Auffassung – nicht nach § 47 Abs. 4 GmbHG vom Stimmrecht ausgeschlossen war, als über den Abwahlantrag gefunden wurde. Deswegen kam es auch nicht darauf an, ob etwa mit satzungsändernder Mehrheit in das satzungsmäßig geschaffene Recht des Klägers auf Wahrnehmung der Versammlungsleitung eingegriffen werden könnte. Entscheidend für den Senat war, dass Sinn und Zweck des § 47 Abs. 4 GmbHG – wenn man nicht diese Vorschrift als schlechthin auf Vermeidung von Interessenkonflikten bei der Stimmabgabe gerichtete Gesetzesanordnung verstehen will – bei der Abwahl des Versammlungsleiters regelmäßig nicht betroffen sind. An Stelle der „Brechstangenlösung", zu der ein anderes Verständnis der Bestimmung führt, hält der Senat auch in dem hier relvanten Zusammenhang eine auf den Einzelfall bezogene Prüfung für vorzugswürdig.

IV. Aktienrecht

1. II ZR 55/09 (Internationale Zuständigkeit)[58]

Mitunter fällt ausländischen Beklagten in einem vor den deutschen Gerichten geführten Rechtsstreit zur Verteidigung nicht genügend ein, dann greift man zu dem Mittel, die internationale Zuständigkeit des angerufenen Gerichts zu bestreiten. Einen solchen Fall, in dem das Oberlandesgericht die Revision wegen Grundsätzlichkeit zugelassen hatte, hat der II. Zivilsenat durch einen einstimmigen Beschluss nach § 552a ZPO mit nachfolgender Revisionsrücknahme erledigt.

Der Beklagte zu 3, in der Schweiz lebend, wurde neben dem wegen Veruntreuung belangten Beklagten zu 1 und neben der von ihm vertretenen, in Liquidation befindlichen schweizerischen K AG i.L. (Beklagte zu 2) vor dem LG Köln aus abgetretenem Recht auf Schadenersatz in Anspruch genommen, weil er in Kenntnis der Unzuverlässigkeit des Beklagten zu 1) nicht verhindert habe, dass der Zedent einen größeren Geldbetrag zur Weiterleitung an die schweizerische S AG an den Beklagten zu 1) übergeben habe, den dieser anschließend beiseite geschafft hat. Der Beklagte zu 3) war Verwaltungsrat beider beteiligten Schweizerischen Aktiengesellschaften. Er hat sich gegen die Klage mit der Zuständigkeitsrüge zur Wehr gesetzt und ist damit vor dem Landgericht durchgedrungen, während das Oberlandesgericht angenommen hat, die internationale Zuständigkeit des Landgerichts sei gegeben, so dass der Rechtsstreit an die erste Instanz zur Entscheidung in der Sache zurückzuverweisen sei.

Der II. Zivilsenat hat keine entscheidungserhebliche Grundsatzfrage entdecken können, weil es weder eine Divergenz zu einer Entscheidung des XI. Zivilsenats gab, wie der Beklagte zu 3) gemeint hatte, noch irgendwie unklar sein konnte, wie der hier einschlägige Art. 6 Nr. 1 LugÜ auszulegen ist. Nach der gefestigten Rechtsprechung des Bundesgerichtshofes ist dazu nämlich die Parallelvorschrift des Art. 6 Nr. 1 EuGVÜ in der ihr von dem Gerichtshof der Europäischen Gemeinschaften gegebenen Auslegung heranzuziehen, was zur Folge hat, dass zwischen den Klagen gegen mehrere Personen Konnexität besteht, die eine gemeinsame Verhandlung und Entscheidung geboten erscheinen lässt, damit es nicht in den etwa getrennt geführten Verfahren zu einander widersprechenden Entscheidungen kommt. Nach der Rechtsprechung

58 Beschl. v. 30.11.2009, DStR 2010, 454.

des EuGH steht dieser Konnexität auch nicht entgegen, dass einer der Beklagten aus deliktischen Normen, ein anderer wegen Verletzung von Vertragspflichten haftbar gemacht wird. Eben dieses Erfordernis der Konnexität war erfüllt, weil ein einheitlicher Lebenssachverhalt zu beurteilen war.

2. II ZR 239/08 (Delisting)[59]

Mit der „MACROTRON"-Entscheidung[60] hatte der II. Zivilsenat Neuland betreten und, für andere Fallgestaltungen bestehende gesetzliche Regelungen fortdenkend, die Lücke geschlossen, die sich aus der Sicht der Aktionäre ergibt, wenn ihre Gesellschaft sich von der Börse zurückzieht. Dann nämlich müssen Schutzmechanismen zugunsten des lediglich Anlegerinteressen verfolgenden Minderheitsaktionärs greifen, damit er gewiss sein kann, den Verkehrswert des von ihm gehaltenen Papiers auch in dieser Lage zu realisieren. In Anlehnung an für andere Fallgestaltungen geschaffene Regelungen hat der Senat deswegen gefordert, dass über den mit einem Pflichtangebot zu verbindenden Rückzug von der Börse die Hauptversammlung zu entscheiden hat; den betroffenen Minderheitsaktionären eröffnet dies die Möglichkeit, diesen Beschluss gerichtlich überprüfen zu lassen, außerdem können sie – soweit gegen den Hauptversammlungsbeschluss nichts zu erinnern ist – die Höhe der ihnen aus Anlass des Delisting anzubietenden Abfindung im gerichtlichen Spruchverfahren kontrollieren und ggfs. anderweitig festsetzen lassen. Leitender Gedanke vor dem Hintergrund der seinerzeit bestehenden börsenrechtlichen Lage war dabei, dass mit dem regulären Delisting dem Minderheitsaktionär der Platz genommen wird, auf dem er seine Aktie an jeden beliebigen Interessenten nach den Regeln von Angebot und Nachfrage veräußern kann, während er hernach potentielle Käufer mühselig, etwa durch Zeitungsanzeigen o. Ä., ausfindig machen muss und mit ziemlich großer Wahrscheinlichkeit alsbald auf den Mehrheitsaktionär treffen wird, der wegen der durch das Delisting herbeigeführten „Marktsituation" in der Lage ist, den Kaufpreis mehr oder weniger stark in seinem Interesse zu bestimmen. Dies ist gemeint, wenn in der „MACROTRON"-Entscheidung davon die Rede ist, dass der Wegfall des Marktes für diese Aktionärsgruppe „wirtschaftlich gravierende Nachteile mit sich (bringt), die auch nicht durch die Einbeziehung der Aktien in den Freihandel ausgeglichen werden können".

---

59 Beschl. v. 7.12.2009, DStR 2010, 609 m. Anm. *W. Goette*.
60 BGHZ 153, 47.

Diese Rechtsprechungsline hat überwiegend Zustimmung erfahren, allerdings gibt es auch Gegenstimmen, die u.a. auf dem Wege von Verfassungsbeschwerden geltend machen, der Senat habe seine richterlichen Kompetenzen überschritten. Beim 1. Senat des Bundesverfassungsgerichts sind zwei Verfahren[61] zu diesem Komplex des Delisting anhängig, die allerdings nicht mehr vor der 3. Kammer schweben, sondern zugestellt worden sind und demnächst von dem ganzen Senat behandelt werden müssen. Der eine Verfassungsbeschwerdeführer[62] wendet sich fundamental gegen die Notwendigkeit einer Befassung der Hauptversammlung mit dem Delisting und der Eröffnung eines anschließenden Spruchverfahrens; in dem anderen Verfahren[63] wird – diametral entgegengesetzt – geltend gemacht, die „MACROTRON"-Grundsätze seien in gleicher Weise auch auf den Wechsel in ein anderes Marktsegment anwendbar. Das Bundesverfassungsgericht hat umfassend Stellungnahmen eingeholt; ich habe die Auffassung vertreten, dass die in „MACROTRON" eingeschlagene Linie nicht verfassungswidrig ist und selbst der Gesetzgeber in der Folgezeit keinen Anlass zum Eingreifen gesehen hat, sowie dass aus dieser Entscheidung nur hergeleitet werden kann, dass ein Aktionär überhaupt die Möglichkeit haben muss, seine Papiere an einer Börse zu verkaufen, dass er sein Schutzbedürfnis aber überspannt, wenn er die „MACROTRON"-Grundsätze auch für den Fall herangezogen wissen will, dass die Gesellschaft in ein anderes Marktsegment mit u.U. geringerem Standard wechselt.

Auf der Linie der bisherigen Rechtsprechung liegt der Senatsbeschluss vom 7.12.2009, der in einem Nichtzulassungsbeschwerdeverfahren ergangen ist: Die Beklagte war im „Prime Standard" der Frankfurter Börse zum amtlichen Handel zugelassen. Die verbliebenen vier Kläger sind Inhaber von deren Aktien. In der Hauptversammlung 2007 wurde u.a. über die Entlastung des Vorstands für das Jahr 2006 (TOP 2) und über das Delisting der Beklagten Beschluss gefasst (TOP 7). Seit dem 24.8.2007 sind die Aktien der Beklagten nicht mehr zum amtlichen Handel zugelassen. Die Kläger greifen sämtlich den Delistingbeschluss, die Kläger zu 8-10 außerdem auch den Entlastungsbeschluss an. Das OLG hat die Klagen abgewiesen, ohne die Revision zuzulassen. Der II. Zivilsenat hat seinen Zurückweisungsbeschluss ausnahmsweise etwas eingehender begründet und hinsichtlich des Delisting die Auffassung

61 1 BvR 3142/07 und 1 BvR 1569/08.

62 1 BvR 3142/07.

63 1 BvR 1569/08.

vertreten, mit der „MACROTRON"-Entscheidung seien die Grundsatzfragen geklärt, so dass es insbesondere auch nicht – wie die Kläger geltend gemacht haben – eines Vorstandsberichts, eines Berichts des Mehrheitaktionärs oder einer Prüfung des Abfindungsangebots durch einen sachverständigen Prüfer bedürfe.

Ein Blick noch auf den Kläger zu 11, der zunächst als Nebenintervenient am Rechtsstreit beteiligt gewesen war, im Berufungserfahren aber wirksam als Kläger beigetreten ist. Er gehört zu der nicht ganz kleinen Gruppen von Minderheitsaktionären, die sich mit ihren gegen die Verwaltung der Gesellschaft und die Mehrheitsaktionäre gerichteten Klagen in letzter Instanz an den II. Zivilsenat wenden und damit das große, ungebrochene Vertrauen in dessen Rechtsprechung dokumentieren. Dieser Kläger zu 11 – er geht in gleicher Weise systematisch in einer Vielzahl von Fällen vor – hat hauptsächlich gerügt, die Teilnahmebedingungen seien verletzt worden: Die Nachweispflicht für die Teilnahme an der Hauptversammlung soll gesetzwidrig sein, weil die jetzt geltenden Teilnahmevoraussetzungen im voraufgegangenen Jahr in einer nicht ordnungsgemäß einberufenen Hauptversammlung beschlossen worden seien; zu jener Hauptversammlung sei nämlich in einer Weise eingeladen worden, die es dem Aktionär frei gestellt habe, entweder den Nachweis nach der nicht an das UMAG angepassten Satzung oder aber nach § 123 Abs. 3 Satz AktG i.d.F. des UMAG zu erbringen. Diese Rüge hat deswegen nicht verfangen, den Senat also nicht veranlassen können, die Revision zuzulassen, weil sich die Beklagte genau an die gesetzliche (Übergangs-)Regelung in § 16 EGAktG gehalten hat, weil die Regelung ausgelaufenes Recht betrifft, die problematisierte Frage also schon deswegen nicht klärungsbedürftig ist, und weil im Übrigen niemand außer dem Kläger zu 11 auf die Idee verfallen ist, auf der Grundlage der genannten Gesetzesbestimmungen gestaltete Einberufungen seien fehlerhaft.

Ebenso wenig zielführend ist der Gedanke desselben Klägers, bei einer zweitägigen Hauptversammlung sei jeder Hauptversammlungs-Tag maßgeblich für den record date des § 123 Abs. 3 Satz 3 AktG (i.d.F. UMAG). Um die Unrichtigkeit dieser Idee festzustellen, genügt ein Blick in das Gesetz, wo es heißt „vor der Versammlung" und nicht „vor dem Versammlungstag".

3. II ZR 63/08 (Einzelentlastung)[64]

Der Beschluss des II. Zivilsenats vom 7.12.2009 knüpft hinsichtlich der Zulässigkeit einer Einzelentlastungsabstimmung und der Auswirkungen einer unrichtigen Entsprechenserklärungen an die bekannten Entscheidungen „KIRCH/DEUTSCHE BANK"[65] bzw. „UMSCHREIBUNGSSTOPP"[66] an. Vorgreiflich war aber über die prozessuale Frage zu befinden, ob der Kläger seine Revision auch darauf stützen konnte, dass das Berufungsgericht die behauptete Informationsrechtsverletzung verneint und die Klage deswegen ebenso wie die Klage im Übrigen abgewiesen hatte. Das Berufungsgericht hatte die Revision zugelassen zu der Frage, ob die Anfechtung auf die fehlende Entspechenserklärung gestützt werden könne.

In dem ersten Teil seines Beschlusses verneint der II. Zivilsenat die Unzulässigkeit der Revision, soweit sie auf die angebliche Informationsrechtsverletzung gestützt worden ist. Hierbei handelte es sich nämlich um einen von den anderen Anfechtungsgründen abtrennbaren Teil des Streitstoffs, weil der Streitgegenstand der aktienrechtlichen Anfechtungsklage durch die angeführten Gründe bestimmt wird. Dass der Kläger Unrecht hat, wenn er dies anders beurteilen will, ergibt sich schon aus der umgekehrten Betrachtung: Nur innerhalb der Anfechtungsfrist geltend gemachte Anfechtungsgründe unterliegen der gerichtlichen Kontrolle, und der Kläger hat es auch während des Rechtsstreits jederzeit in der Hand, auf die Verfolgung eines einzelnen Beschlussmängelgrundes zu verzichten. Dem entspricht die Befugnis des Berufungsgerichts im Rahmen der ihm abverlangten Entscheidung über die Revisionszulassung, die Zulassungsvoraussetzungen nur für einen ausgewählten Teil des Streitstoffs zu bejahen.

Für die beiden zugelassenen Fragen war nach Erlass des Berufungsurteils durch die o. g. Leitentscheidungen des Senats die Grundsätzlichkeit entfallen. Es konnte deswegen im Rahmen der dem Senat aufgetragenen Prüfung nach § 552a ZPO nur noch darum gehen, ob die Entscheidung des Oberlandesgerichts auch in der Sache richtig war. Das hat der Senat bejaht, weil die von der (Einzel-)Entlastung betroffenen Aufsichtsrats-

64 Beschl. v. 7.12.2009, DStR 2010, 1039.

65 BGHZ 180, 9; vgl. dazu *W. Goette*, Gesellschaftsrecht in der Diskussion 2009, S. 38.

66 BGHZ 182, 272, vgl. dazu *W. Goette*, Gesellschaftsrecht in der Diskussion 2009, S. 40 ff.

mitglieder bereits kurz nach Abgabe der jährlichen Entsprechenserklärung aus dem Amt geschieden und deswegen nicht mehr erklärungspflichtig waren, als vor der Abstimmung über ihre Entlastung die nächste jährliche Entsprechenserklärung abgegeben werden musste; der Kläger hat mit seinen Angriffen gegen den Entlastungsbeschluss einen nicht vorhandenen Zusammenhang konstruiert und vergeblich versucht, sich die in der Praxis zunächst vorhandene Unsicherheit über das richtige Verständnis des § 161 AktG zunutze zu machen.

4. II ZR 173/08 („EUROBIKE")[67]

Die Entscheidung, welche die Grundsätze von „QIVIVE"[68] – nicht überraschend – auf das Aktienrecht überträgt, ist in folgenden Fall ergangen:

Die Beklagte zu 2 – eine GmbH, die eine 100 %ige Tochter der Beklagten zu 1 ist – ist eine Beratungsfirma, die u. a. im Rahmen von Sanierungen tätig wird. Sie wurde von der mit finanziellen Problemen kämpfenden Schuldnerin im Mai 2001 für ein zunächst abschnittsweise, später monatlich zu zahlendes Pauschalhonorar engagiert und entwickelte ein Konzept, in dessen Rahmen auch eine Kapitalerhöhung vorgenommen werden musste. Ihre Mutter, die Beklagte zu 1, übernahm im Sommer/Herbst 2002 gegenüber der Emmissionsbank die Garantie, diejenigen neuen Aktien zu übernehmen, die von den Altaktionären nicht gezeichnet oder sonst nicht am Markt untergebracht werden konnten. Insgesamt handelt es sich um knapp die Hälfte der 2,8 Mio neuen Aktien, die auf diese Weise an die Beklagte zu 1 gelangten. Unstreitig gehört es zum Konzept der Beklagten, dass die Beklagte zu 1 sich wirtschaftlich bei Kunden der Beklagten zu 2 engagiert, wenn sich dies im Einzelfall als sinnvoll erweist.

Nachdem die Schuldnerin in die Insolvenz gefallen und der Kläger zum Verwalter berufen worden ist, hat dieser die Beklagten auf Zahlung von mehr als 2,66 Mio. Euro in Anspruch genommen. Er vertritt die Ansicht, die Beklagte zu 1 habe ihre Einlageschuld mit der unstreitigen Zahlung von mehr als 3,4 Mio Euro nicht erfüllt, weil in Höhe des an

67 Urt. v. 1.2.2010, DStR 2010, 560 m. Anm. *W. Goette*; vgl. dazu *Hofmeister*, AG 2010, 261; *Priester*, DNotZ 2010, 462; *Wachter*, DStR 2010, 1240; *Zabel*, DZWIR 2010, 217; *Lieder*, EWiR 2010, 169–170; *K. J. Müller*, GmbHR 2010, 424; *Bayer/Fiebelkorn*, LMK 2010, 304619; *Wachter*, NJW 2010, 1715; *Herrler*, NZG 2010, 407; *Göb*, NZI 2010, 395.

68 BGHZ 180, 38; dazu *W. Goette*, Gesellschaftsrecht in der Diskussion 2009, S. 14 ff.

die Beklagte zu 2 während des Jahres 2002 gezahlten Beratungshonorars von gut 2,66 Mio. Euro eine verdeckte Sacheinlage – hilfsweise: ein verbotenes Hin- und Herzahlen – vorliege. Er meint, auch Dienstleistungen, wie sie von der Beklagten zu 2 in Rechnung gestellt worden seien, unterfielen den Regeln der verdeckten Sacheinlage. In Wahrheit habe die Beklagte zu 1 einen wesentlichen Teil ihrer Einlageschuld mit den aus der – wie er vorgebracht hat: angeblichen – Beratung erzielten Honoraren ihrer Tochter aufgebracht; die Haftung der Beklagten zu 2 ergebe sich aus Bereicherungsrecht, weil die Beratungsverträge nicht nur nach den Regeln der verdeckten Sacheinlage, sondern auch deswegen nichtig seien, weil Beratungsleistung und Beratungshonorar krass unverhältnismäßig seien.

Das Landgericht hat die Klage abgewiesen, das Berufungsgericht hat ihr hinsichtlich der Beklagten zu 1 entsprochen und die Revision zugelassen, im Übrigen hat es das klageabweisende landgerichtliche Urteil bestätigt. Die Beklagte zu 1 hat Revision eingelegt, der Kläger hat bezüglich der Beklagten zu 2 Nichtzulassungsbeschwerde eingereicht, die der II. Zivilsenat durch Beschluss zurückgewiesen hat. Das durch die Zulassung seitens des Berufungsgerichts eröffnete Revisionsverfahren konnte nicht nach § 552a ZPO erledigt werden, weil das angefochtene Urteil den Grundsätzen widerspricht, die der Senat bei dem eine GmbH betreffenden Fall „QIVIVE“[69] entwickelt hat.

In „QIVIVE“ ist für das GmbH-Recht in Erinnerung gerufen worden, dass Dienstleistungen nicht einlagefähig sind und dass die gesetzliche Aussage der Nichteinlagefähigkeit von Dienstleistungen kein Verbot dahin enthält, dass Mutter und Tochter miteinander nicht in einen Leistungsaustausch treten dürfen. Entgegen vereinzelten Stimmen, die jedenfalls für die Aktiengesellschaft etwas anderes für richtig halten, meint der II. Zivilsenat, dass auch für die AG dieselben Grundsätze anzuwenden sind. Wollte man das anders sehen, bestünde ein Verbot für Mutter und Tochter, miteinander in rechtsgeschäftlichen Kontakt zu treten. Dies als präventiven Schutz zu fordern – etwa weil man ein Anhänger der „Vorneverteidigung“[70] ist – erscheint als überschießend, weil man dann, um Unzuträglichkeiten zu vermeiden, derart „rechtssichere“ Ausnahmen entwickeln muss, wie diejenige, dass die Bestellung eines Gesellschafters zum Geschäftsführer eine Ausnahme von

69 BGHZ 180, 38.
70 *Priester* in Schröder, Die GmbH im europäischen Vergleich, 2005, S. 184.

dem Grundsatz darstelle oder dass Entsprechendes für „Umsatzgeschäfte des täglichen Lebens" zu gelten habe. Demgegenüber meint der II. Zivilsenat, es reiche aus zu prüfen, ob die konkret geschlossenen Geschäfte in Ordnung sind, oder ob auf diesem Weg haftendes Kapital an den Gesellschafter zurückfließt. Das kann geschehen, indem eine Leistung der Mutter – Marktverhältnisse zugrunde gelegt – zu gut bezahlt wird oder dass sie Leistungen gegen zu geringes Entgelt bezieht oder dass die Tochter für etwas bezahlt, was zwar abstrakt eine werthaltige Leistung darstellt, wofür sie aber keinerlei Verwendung hat. Im Ergebnis gilt also: Wie die Insolvenzverwalterin bei „QIVIVE" muss sich auch hier der Kläger damit abfinden, dass die Regeln über die verdeckte Sacheinlage unanwendbar sind. Nach der Änderung des § 27 AktG durch das ARUG verbietet sich eine solche Sichtweise auch deshalb, weil sonst auf dem Wege einer verdeckten Sacheinlage doch im wirtschaftlichen Ergebnis Dienstleistungen eingebracht werden könnten, weil das Verdeckungsgeschäft nicht mehr nichtig ist und sein Wert angerechnet werden müsste.

Schließlich gilt der schon in „QIVIVE" herangezogene Umgehungsschutz des Hin- und Herzahlens. In „EUROBIKE" passen diese vom Kläger herangezogenen Regeln schon deswegen nicht unmittelbar, weil es um den umgekehrten Fall des Her- und Hinzahlens geht: Erst ist die Beratungstätigkeit honoriert worden und dann hat die Muttergesellschaft der Beratungsfirma die Einlageschuld beglichen. Der Gesetzgeber hat diesen Tatbestand nicht eigens geregelt, der Senat hat aber schon in der Vergangenheit stets – dem Sinn der Figur entsprechend – die Auffassung vertreten, dass die Reihenfolge der jeweiligen Leistungen aus der Sicht der Gläubiger gleichgültig ist. An dieser Sichtweise hat der Senat auch unter dem neuen Recht festgehalten. Dem Kläger hilft das hier aber nicht, weil ein solcher Fall einer verdeckten Finanzierung – so hat es der Senat in „QIVIVE" genannt – hier nicht gegeben ist: Beratungsleistungen sind erbracht, der entsprechende Vertrag ist nicht zum Schein – also um einen vermeintlichen Leistungsaustausch vorzutäuschen – geschlossen worden. Die Leistungen waren auch weder objektiv ganz oder teilweise wertlos, wie das Berufungsgericht im Zusammenhang mit dem Wucherargument festgestellt hat, noch für die Schuldnerin aus ihrer subjektiven Sicht wertlos, im Gegenteil war sie aus der Sicht ex ante auf die beratende Unterstützung angewiesen.

Da danach das angefochtene Urteil unrichtig war, musste der II. Zivilsenat die Klage auch gegen die Beklagte zu 1 abweisen.

5. II ZB 1/10 (IKB – Rechtsbeschwerde)[71]

Das Oberlandesgericht Düsseldorf hat in dem die interessierte Öffentlichkeit stark bewegenden IKB-Fall einen spektakulären Beschluss betreffend die Bestellung eines Sonderprüfers gefasst, der von der unterlegenen Gesellschaft mit der Rechtsbeschwerde angegriffen wurde; vorab sollte der II. Zivilsenat im Wege der einstweiligen Anordnung den Ausgangsbeschluss des Landgerichts bis zur Vorlage der Rechtsbeschwerdebegründung, für die antragsgemäß Fristverlängerung gewährt worden war, außer Vollzug setzen.

Hintergrund ist folgender Sachverhalt: Die IKB ist auf die Gewährung mittel- und langfristiger Kredite zur Förderung der gewerblichen Wirtschaft spezialisiert. Ihr Vorstand entschied im Geschäftsjahr 2001/2002, in Geldmarktpapiere zu investieren, die mit US-amerikanischen Konsumentenkrediten besichert waren. Außerdem räumte die Antragsgegnerin so genannten Zweckgesellschaften, die Forderungen aus solchen Krediten aufkauften und als Sicherheiten für die eigene Refinanzierung am Kapitalmarkt einsetzten, Liquiditätslinien ein. Dieses Geschäftsmodell führte die Antragsgegnerin im Juli 2007 in eine schwere Krise, weil sich der Markt für mit US-amerikanischen Konsumentenkrediten besicherte Geldmarktpapiere verschlechterte, die Antragsgegnerin aus den Liquiditätslinien in erheblichem Maß in Anspruch genommen wurde und sich über den Interbankenmarkt nicht mehr refinanzieren konnte. Die Hauptversammlung der Gesellschaft beschloss am 27.3.2008 mit den Stimmen der Kreditanstalt für Wiederaufbau (KfW) als Hauptaktionärin die Bestellung eines Sonderprüfers, um mögliche Pflichtverletzungen des Vorstands und Aufsichtsrats im Vorfeld der Krise vom Juli 2007 aufzuklären. Nach Veräußerung der Aktien der KfW an eine US-amerikanische Beteiligungsgesellschaft hob eine außerordentliche Hauptversammlung der Antragsgegnerin am 25.3.2009 auf Initiative der neuen Hauptaktionärin den Beschluss über die Sonderprüfung auf und widerrief die Bestellung des Sonderprüfers. Gegen diese Entscheidung ist Klage erhoben worden. Die Antragsteller des Ausgangsverfahrens, Aktionäre der Antragsgegnerin, haben im Juni 2009 bei dem Landgericht Düsseldorf die gerichtliche Bestellung eines Sonderprüfers beantragt, um die Prüfung möglicher Pflichtverletzungen zu einem Abschluss zu bringen. Das Landgericht hat dem Antrag am 14.8.2009 entsprochen. Das Ober-

71 Beschl. v. 1.3.2010, DStR 2010, 610; *Mutter/Quinke*, EWiR 2010, 171; *Jänig*, EWiR 2010, 183; *Holzborn/Troidl*, WuB II A § 142 AktG 1.10.

landesgericht Düsseldorf hat die landgerichtliche Entscheidung mit Beschluss vom 9.12.2009[72] bestätigt, ohne die Rechtsbeschwerde zuzulassen, und eine Anhörungsrüge der Antragsgegnerin zurückgewiesen.

Der II. Zivilsenat indessen war gehindert, als Rechtsbeschwerdegericht in dieser – gewiss sehr interessanten – Sache zu entscheiden, weil die IKB nicht bedacht hatte, dass das neue, an die Stelle des FGG getretene FamFG die neu eingeführte Rechtsbeschwerde nur in solchen Verfahren eröffnet, in denen der Ausgangsantrag nach Inkrafttreten der Neuregelung bei Gericht angebracht worden ist (Art. 111 FGG-RG). So einfach, wie sich dies hier anhört, war die Entscheidung allerdings nicht zu treffen, weil die genannte Übergangsvorschrift kein Muster an verbaler Klarheit darstellt und durchaus bei einer schlichten Wortlautinterpretation dahin verstanden werden könnte und in Teilen des Schrifttums auch so verstanden worden ist, als wolle der Gesetzgeber auf das gerichtliche Verfahren innerhalb des Rechtszuges und nicht auf den gesamten Instanzenzug abstellen. Indessen ist nach Sinn und Zweck und der Entstehungsgeschichte eindeutig, dass allein die zuletzt genannte Auslegung der Übergangsvorschrift zutreffend sein kann, Art. 111 FGG-RG also instanzübergreifend verstanden werden muss.

Da danach das Hauptsacheverfahren nicht eröffnet war, konnte der II. Zivilsenat auch dem Eilantrag nicht entsprechen und hat denselben sogleich zurückgewiesen. Das hat die IKB zur Rücknahme der Rechtsbeschwerde veranlasst, so dass aufgrund des unanfechtbaren Beschlusses des Oberlandesgerichts nunmehr der Sonderprüfer gegen den Willen der neuen Hauptaktionärin seine Arbeiten abschließen und dann erprobt werden kann, ob auch im IKB-Fall Berater, Versicherer und Unternehmen neue Aufgaben zu bewältigen haben werden, wie dies Herr *Lutter*[73] prophezeit hat.

6. II ZR 94/08 („REDEZEITBESCHRÄNKUNG")[74]

In der Entscheidung „REDEZEIBESCHRÄNKUNG" hat der II. Zivilsenat erstmals zur Auslegung der neuen Bestimmung des § 131 Abs. 2 Satz 2 AktG Stellung nehmen müssen.

72 ZIP 2010, 28 ff.

73 ZIP 2009, 196 ff.

74 Urt. v. 8.2.2010, DStR 2010, 707; vgl. dazu *Krause*, BB 2010, 852; *Wilsing/von der Linden*, DB 2010, 1277; *Wachter*, DB 2010, 829; *Herrler*, DNotZ 2010, 331; *Priester*, EWiR 2010, 235; *Teichmann*, LMK 2010, 306438; *Jerczynski*, NJW 2010, 1566; *Kersting*, NZG 2010, 446.

Der Kläger ist Aktionär der Beklagten. Diese fasste in der Hauptversammlung 2006 einen Beschluss, durch den die Satzung durch einen neuen § 20a ergänzt werden sollte, der Bestimmungen über die Beschränkung des Rede- und Fragerechts der Aktionäre in der Hauptversammlung enthielt, wobei die entsprechenden Befugnisse in die Hand des Versammlungsleiters gelegt sein sollten. Der Kläger hat diesen Hauptversammlungsbeschluss angefochten. Er meint, der Beschluss verstoße gegen § 131 Abs. 2 Satz 2 AktG, weil starre Zeitfestlegungen nicht – wie geboten – den Erfordernissen des Einzelfalls gerecht würden. Außerdem enthalte lit. e) eine unzulässige Fiktion dahin gehend, dass die in dem genannten § 20a niedergelegten Regeln „angemessen" im Sinne des § 131 AktG seien. Schon aus verfassungsrechtlichen Gründen müsse außerdem zwischen Rede- und Fragerecht differenziert werden.

Das Landgericht hat die Klage abgewiesen, das Berufungsgericht hat ihr entsprochen und die Revision zugelassen. Der II. Zivilsenat hat das landgerichtliche Urteil wieder hergestellt.

Das Berufungsgericht, dessen Urteilsbegründung nicht in allen Punkten eindeutig und stringent ist, hat wohl die neue Satzungsregelung deswegen beanstanden wollen, weil nur verfahrensrechtliche, nicht aber inhaltliche Festlegungen von § 131 AktG zugelassen seien, und weil die Bestimmung in lit. e) des neuen § 20a eine Angemessenheitsfiktion enthalte, die nach der Vorstellung der Satzungsgestalter eine gerichtliche Kotrolle des Handelns des Versammlungsleiters ausschließe.

Beide Gesichtspunkte tragen nicht. Die Regelung in lit. e) ist – betrachtet man den § 20a insgesamt und löst nicht einzelne Elemente aus dem Gesamtzusammenhang – nichts weiter als ein Programmsatz, der ebenso gut in die Einleitung der genannten Satzungsbestimmung integriert werden könnte, etwa wie folgt: „... hat das Recht, angemessen im Sinne des § 131 Abs. 2 Satz 2 AktG das Frage- und Rederecht der Aktionäre zeitlich nach Maßgabe der folgenden Bstimmungen zu beschränken". Die Interpretation des Berufungsgerichts legt den Verfassern des Textes etwas ersichtlich Unsinniges in die Feder: Denn jedermann weiß, dass natürlich die „Angemessenheit" im Sinne von § 131 AktG nicht fingiert und erst recht nicht der gerichtlichen Kontrolle entzogen werden kann. Und gerade die Einzelregungen von § 20a belegen ganz deutlich, dass von den dort niedergelegten Ermächtigungen der Versammlungsleiter nicht ohne jede Kontrolle soll Gebrauch machen dürfen, sondern dass er selbstverständlich nach pflichtgemäßem Ermessen und damit unter anschließender gerichtlicher Kontrolle stehend seine Anordnungen zu treffen hat.

Zu den einzelnen Regeln gilt: Zeitangaben sind nicht schlechthin unzulässig. Schon der Wortlaut des Gesetzes spricht für die Zulässigkeit. Dass nur eine gesetzeswiederholende Angemessenheitsklausel zulässig wäre, ist dem Text entgegen einer in Teilen des Schrifttums vertretenen Ansicht nicht zu entnehmen.

Diese zeitlichen Vorgaben sind im Gegenteil nach dem vom Gesetz verfolgten Zweck nicht nur sinnvoll, sondern auch notwendig. Denn es ging dem Gesetzgeber doch darum, die eigenständige Befugnis der Aktionäre zu stärken, darüber zu befinden, wie ihre Hauptversammlung ablaufen soll, ob es weiterhin zugelassen werden soll, dass einzelne, mitunter in Schwärmen auftretende Minderheitsaktionäre das Feld besetzen und mit filibusterhaften Redebeiträgen und Fragenkatalogen von den eigentlichen Beratungs- und Beschlussgegenständen ablenken. Dabei hat der Gesetzgeber die Erscheinung besonders vor Augen gehabt, dass der eine oder andere Fragesteller darauf abgezielt hat, die Verwaltung zu verwirren, anfechtungsrelevante Fehler zu produzieren und später einen Hebel in die Hand zu bekommen, seine aktionärspolizeiliche Aufpasserfunktion nicht für die Zwecke der Gesellschaft einzusetzen, sondern eigensüchtig zu instrumentalisieren. Dem sollte dadurch begegnet werden, dass das Recht aller Aktionäre – die Mehrheit ist ja schließlich in ihren grundgesetzlich geschützten Aktionärsrechten durch die skizzierte Vorgehensweise einiger Minderheitsaktionäre betroffen – gestärkt wurde, von allen zu beachtende Verfahrensregeln zu setzen. Das trägt dem Umstand Rechnung, dass die Hauptversammlung eine Veranstaltung ihrer Eigentümer ist, in der die Verwaltung über die Vergangenheit Rechenschaft legt und über die zukünftig geplanten Aktivitäten berichtet. Nach dem Gesetz stellt die Hauptversammlung damit sozusagen die Leitplanken auf, zwischen denen sich der Versammlungsleiter in Ausübung des ihm auferlegten pflichtgemäßen Ermessens zu bewegen hat.

Gegen das GG, wie das Berufungsgericht gemeint hat, verstößt das alles nicht. Denn nicht nur die Angehörigen der Minderheit, sondern auch die der Mehrheit der Aktionäre ist Grundrechtsträger im Sinne von Art. 14 GG, und es muss deswegen um eine sachgerechte Abwägung der beiderseitigen geschützten Interessen gehen; dem trägt § 131 AktG Rechnung, indem er einen gesetzlichen Rahmen setzt, die nähere Ausgestaltung aber der Hauptversammlung als Satzungsgeber überlässt, wobei selbstverständlich auch diese „näheren" Regelungen gerichtlicher Kontrolle standhalten müssen.

Ob dem Berufungsgericht gefolgt werden könnte, dass generelle Regeln schon deswegen unzulässig sind, weil sie den Erfordernissen des Einzelfalls nicht Rechnung tragen können, bedurfte in dem Fall „REDEZEIT-BESCHRÄNKUNG" keiner Entscheidung. Denn auch hier hat das Oberlandesgericht den Satzungsinhalt nur selektiv zur Kenntnis genommen. In § 20a steht ja nicht, dass kein Redner länger als 15 oder 10 Minuten reden darf, sondern es wird in die Hand des Versammlungsleiters gelegt zu entscheiden, ob in der konkreten Situation der Hauptversammlung überhaupt eine zeitliche Beschränkung angeordnet werden darf. Damit ist jedem Einzelfallerfordernis Rechnung getragen.

Im Schrifttum wird eine Differenzierung nach Rede- und Fragerecht für notwendig gehalten. Aus dem Gesetz ergibt sie sich nicht, und auch das Bundesverfassungsgericht[75] hat entsprechende Unterscheidungen nicht vorgenommen; Dem II. Zivilsenat sind sie vor dem Hintergrund des Gesetzeszwecks auch als nicht sachgerecht erschienen: Wir alle wissen und die Mitglieder des II. Zivilsenats haben dies in mancher Gerichtsakte nachvollziehen können, dass der Übergang von der Rede zur Frage fließend ist und es nur eine Frage des Geschicks und der einschlägigen Erfahrung eines Aktionärs ist, ob er noch redet oder schon fragt.

Schließlich hatte der Senat auch keine Bedenken gegen die in § 20a enthaltenen konkreten Zeitangaben. Die Gesamtdauer entspricht den Erkenntnissen der modernen Entwicklung und steht in Einklang mit den Zielen des Gesetzgebers. Auch die dem einzelnen Aktionär u.U. nur bewilligte Zeit von 15 bzw. 10 Minuten liegt in dem Rahmen: Konzentration auf das Wesentliche wird von jedem Aktionär mit Recht gefordert, das gilt um so mehr, wenn zahlreiche Redner sich schon geäußert haben oder noch äußern wollen, weil es nicht angehen kann, dass einzelne sich vor den anderen ein besonders großes Stück „aus der Torte herausschneiden" und den später kommenden nichts übrig lassen.

Nach dem Zweck des Gesetzes ist es schließlich nicht zwingend, dass die möglicherweise zu verhängenden Beschränkungen ausschließlich am Anfang angeordnet werden können. Im Text der Norm findet sich dazu nichts. Im Gegenteil: Flexibilität in Ausübung pflichtgemäßen Ermessens ist das Gebot der Stunde, wenngleich ein Versammlungsleiter gut beraten sein wird, schon zu Beginn deutlich zu machen, dass

75 ZIP 1999, 1798 – Wenger/Daimler Benz.

u. U. solche, zunächst noch nicht als erforderlich angesehenen Beschränkungen später angeordnet werden können. Das trägt dem Umstand Rechnung, dass bei den ersten, dann längeren Beiträgen vieles von dem gesagt und gefragt werden wird, worauf spätere Redner Bezug nehmen können. Ebensowenig beanstandenswert ist es, dass das Ende der Debatte und der Beginn der Abstimmungen auf 22.30 Uhr festgesetzt worden ist. Wenn die Hauptversammlung zeitgerecht abgeschlossen werden soll – dazu gehört neben der Abstimmung und Auszählung und der Feststellung des Stimmergebnisses auch noch die Aufnahme etwa zu Protokoll des Notars zu erklärender Widersprüche – ist eine solche Zeitvorgabe problematisch, weil sie eigentlich zu spät wirkt, aus der Sicht der Minderheit kann sie aber keinesfalls als nicht sachgerecht angesehen werden.

Der Senat glaubt, mit diesem Urteil Rechtssicherheit geschaffen und den zweifelsfreien Willen des Gesetzgebers in einer die Interessen aller Aktionäre – der Mehrheit wie der Minderheit – gerecht abwägenden Weise umgesetzt zu haben. Ob man so verfahren soll, wie es die Beklagte in dem entschiedenen Fall getan hat, ist eine eher praktische Frage; die mit der Begleitung von Hauptversammlungen befassten Berater vertreten hier durchaus unterschiedliche Ansichten und sie dürfen dies auch, denn „REDEZEITBESCHRÄNKUNG" sagt ja nur, dass man entsprechende Satzungsregeln treffen darf, keinesfalls aber, dass man dies tun muss. Immer gilt, dass der Versammlungsleiter das ihm auch ohne Satzungsvorgaben zustehende Ermessen pflichtgemäß und unter späterer richterlicher Kontrolle auszuüben hat.

7. IX ZR 188/09 (Nachzahlungsanspruch in der Insolvenz)[76]

Mitunter ist auch der IX. Zivilsenat – dann aber meist, wie auch in dem jetzt vorzustellenden Fall in Abstimmung mit dem II. Zivilsenat – auf dem Gebiet des Gesellschaftsrechts tätig:

Die Kläger sind Inhaber von Vorzugsaktien der beklagten, in der Insolvenz befindlichen Aktiengesellschaft. Die Gläubigerversammlung beschloss, die Beklagte im Rahmen eines Insolvenzplanverfahrens zu sanieren, wobei Kernpunkt der Sanierung die Beseitigung der Überschuldung und die Wiederherstellung des Eigenkapitals war. Die außerordentliche Hauptversammlung beschloss das Kapital herabzusetzen und anschlie-

76 Urt. v. 15.4.2010, DStR 2010, 1392; *Krüger/Staack*, BB 2010, 1817; *Mock*, EWiR 2010, 465; *Göb*, NZI 2010, 558; *Madaus*, ZIP 2010, 1214.

ßend das Kapital unter Ausgabe neuer Aktien zu erhöhen. Der Vorstand wurde angewiesen, die Kapitalmaßnahmen erst nach rechtskräftiger Bestätigung des Insolvenzplans durch das Insolvenzgericht zur Eintragung in das Handelsregister anzumelden. Der Insolvenzplan, nach dem die Beklagte von gut 61 % der Verbindlichkeiten befreit werden sollte, wurde von der Gläubigerversammlung angenommen und anschließend vom Insolvenzgericht mit der Maßgabe bestätigt, dass die Beschlüsse der Hauptversammlung der Beklagte über die Kapitalmaßnahmen bestandskräftig und die neuen Aktien durch die Erwerbergesellschaft gezeichnet werden. Die Beschlüsse über die Kapitalmaßnahmen und deren Durchführung wurde am 7.12.2007 im Handelsregister eingetragen, das Insolvenzverfahren daraufhin aufgehoben. Am 2.1.2008 veröffentlichte die Beklagte eine Mitteilung, dass durch die Aufhebung des Insolvenzverfahrens die bis dahin entstandenen Rechte der Inhaber von Vorzugsaktien auf Nachzahlung rückständiger Vorzugsbeträge und deren Stimmrecht erloschen seien. Vorzugsdividenden waren von der Beklagten seit dem Geschäftsjahr 2003 nicht mehr geleistet worden. Die Kläger haben die Feststellung begehrt, dass ihnen für ihre Vorzugsaktien ein Stimmrecht gemäß § 140 Abs. 2 Satz 1 AktG sowie Nachzahlungsrechte für die seit dem Geschäftsjahr 2003 nicht geleisteten Vorzugsdividenden zustehen. Das Landgericht[77] und das Oberlandesgericht[78] haben der Klage stattgegeben. Der IX. Zivilsenat hat dagegen die Klage abgewiesen.

Er hat angenommen, dass die unselbständigen Forderungen der Kläger auf Nachzahlung der in der Vergangenheit nicht geleisteten Vorzugsdividenden wie letztrangige Insolvenzforderungen zu behandeln sind und deswegen nach § 225 Abs. 1 InsO als erlassen gelten und den Klägern folgerichtig auch kein Stimmrecht nach § 140 Abs. 2 Satz 1 AktG mehr zustehen kann. Grundlage hierfür war der Umstand, dass es an Gewinnverwendungsbeschlüssen fehlte, deswegen der Nachzahlungsanspruch nur ein mitgliedschaftliches Recht ist, das noch nicht zu einem selbständigen übertragbaren Anspruch geführt hat, so dass die Kläger nicht zum Kreis der Insolvenzgläubiger im Sinne von § 38 InsO gehören.

Dieses Zwischenergebnis führte den IX. Zivilsenat zu der anschließenden Untersuchung, welchen Charakter die Nachzahlungsforderungen im Rahmen des Insolvenzplanverfahrens haben. Ausgangspunkt dafür

77 ZIP 2009, 1337.
78 ZIP 2009, 2350.

ist der Grundsatz, dass ein Insolvenzplan nicht in die Struktur der Gesellschaft eingreifen darf, dass aber aus insolvenzrechtlichen Erwägungen der Gruppe der Vorzugsaktionäre nicht eine Sperrposition eingeräumt werden darf, die dazu führt, dass sie gegenüber Insolvenzgläubigern besser gestellt werden. Zieht man zum Vergleich den Fall heran, dass die Gesellschaft von der Möglichkeit nach § 140 Abs. 3 AktG Gebrauch macht, den Nachzahlungsanspruch sofort unter der Bedingung, dass später ein Gewinnverwendungsbeschluss gefasst wird, entstehen zu lassen, hätten die Vorzugsaktionäre zwar eine Insolvenzforderung, diese wäre aber entsprechend § 199 InsO als nachrangig einzustufen. Im Hinblick darauf kann mit dem IX. Zivilsenat nicht anerkannt werden, dass die Inhaber von weniger stark geschützten Nachzahlungsforderungen besser gestellt werden.

Die Entscheidung macht deutlich, wie schwach die Stellung von Vorzugsaktionären ist, wenn ein Insolvenzplanverfahren durchgeführt wird und die Vorzugsaktionäre es nicht zu Wege bringen, die Bedienung ihrer Nachzahlungsforderungen als vor Bestätigung des Plans zu erfüllende Bedingung zum Regelungsgegenstand des Insolvenzplans zu machen. Das Urteil des IX. Zivilsenats liegt nach alledem in der modernen Tendenz, Gesellschaftern in der Insolvenz möglichst keine Verhinderungsmacht gegenüber von den Gläubigern als notwendig angesehenen Maßnahmen in die Hand zu geben.

8. II ZR 60/09 (Koordiniertes Stehenlassen)[79]

Bekanntlich hat der Gesetzgeber des MoMiG das Eigenkapitalersatzrecht für die Zukunft abgeschafft und nur Einzelregelungen in die InsO transplantiert. In der Auslegung der Übergangsvorschrift des Art. 103d EGInsO durch den II. Zivilsenat[80] gelten für Altfälle die bis zum Inkrafttreten des MoMiG anerkannten Rechtsprechungsregeln neben den Novellenregeln weiter. Nach dem alten Recht war Voraussetzung für die Heranziehung der Eigenkapitalersatzregeln im Aktienrecht, dass der betroffene Aktionär grundsätzlich in Höhe von 25 % beteiligt ist, wenn nicht eine geringere Beteiligung durch andere Umstände so aufgewertet wurde, dass diesem Aktionär ein unternehmerisches, die Haftung aus-

79 Beschl. v. 26.4.2010, DStR 2010, 1752.

80 BGHZ 179, 249; DStR 2009, 699; vgl. dazu *W. Goette*, Gesellschaftsrecht in der Diskussion 2009, S. 13 ff.

lösendes Interesse zuzuordnen war.[81] Einen solchen Fall behandelt der Beschluss des II. Zivilsenats vom 26.4.2010.

Der Kläger war Aktionär und – zeitweise – Aufsichtsratsmitglied der Schuldnerin. Er hat dieser, niemals positive Ergebnisse aufweisenden Aktiengesellschaft über Jahre Kreditmittel zur Verfügung gestellt. Im vorliegenden Rechtsstreit geht es um Schuldverschreibungen in Höhe von insgesamt 1,2 Mio. Euro, für welche die Schuldnerin Sicherheiten in Gestalt der Abtretung von Kundenforderungen gestellt hat; diese Sicherheiten liegen jetzt beim Kläger. Er hat Absonderung gefordert, die ihm der beklagte Insolvenzverwalter – anders als anderen Schuldverschreibungsgläubigern, die auch Aktionäre sind – verwehrt hat, weil seiner Ansicht nach in Hinsicht auf den Kläger die Eigenkapitalersatz-Grundsätze heranzuziehen seien, der Kläger deswegen die Hauptforderung nicht geltend machen und folgerichtig auch nicht aus der hierfür gegebenen Sicherheit vorgehen dürfe.

Das Oberlandesgericht hat zugunsten des Beklagten entschieden, weil der Kläger – teils unmittelbar, teils über eine ihm zu 95 % zuzurechnende Beteiligungsgesellschaft (I GmbH) – am Grundkapital der Schuldnerin mit gut 20 % beteiligt sei und ihm außerdem von treuhänderisch gehaltenen, ggfs. auf drei Aktionäre, unter ihnen vornehmlich auf den Kläger, aufzuteilenden Aktien weitere rund 15 % zuzurechnen seien, so dass er die in der Rechtsprechung entwickelte Grenze für eine unternehmerische, die Finanzierungsfolgenverantwortung auslösende Beteiligung von 25 % überschreite.

Das Oberlandesgericht hat wegen dieser Zurechnungsproblematik die Revision zugelassen; der Kläger hat von dieser Option Gebrauch gemacht und geltend gemacht, er sei nicht Normadressat der im Übrigen auch sonst unanwendbaren Eigenkapitalersatzregeln gewesen. Auf den daraufhin von dem II. Zivilsenat erlassenen Hinweisbeschluss nach § 552a ZPO hat der Kläger die Revision zurückgenommen.

Der Senat hat ausgeführt, wann eine unter 25 % liegende Beteiligung – abweichend vom Regelfall – die die Finanzierungsfolgenverantwortung im Sinne des Eigenkapitalersatzrechts auslösende Durchsetzungssperre auslöse, sei nicht abstrakt, sondern nur von Fall zu Fall zu entscheiden. Die Normadressateneigenschaft des Beklagten hat er aus der zwischen den mehreren Aktionären koordinierte Kreditvergabe herge-

81 Vgl. im Einzelnen m. w. Nachw. *Goette/Kleindiek*, Gesellschafterfinanzierung nach MoMiG, 6. Aufl., Rz. 73 f.

leitet, so dass schon die dem Kläger allein zustehende Beteiligung im Zusammenwirken damit dazu führt, dass er seinen Anspruch gegen die Schuldnerin nicht durchsetzen kann. Im Übrigen werden die bekannten Kriterien „durchdekliniert": Die Überschuldungssituation kann man im Einzelfall auch ohne einen förmlichen Überschuldungsstatus darlegen und feststellen, das gilt vor allem dann, wenn ein nicht durch Eigenkapital gedeckter Fehlbetrag in beträchtlicher Höhe vorhanden ist und die Gesellschaft nicht über stille Reserven verfügt. Die eigenkapitalersatzrechtliche Sperre ist erst dann aufgehoben, wenn das Stammkapital der Gesellschaft nachhaltig wieder hergestellt ist. Kurzfristige Überbrückungskredite sind von den Eigenkapitalersatzregeln nicht ausgenommen.

9. II ZR 6/09 (Ausgleichsbetrag)[82]

Die angeblich unrichtige Fälligkeitsregelung für den auf Grund eines Beherrschungs- und Gewinnabführungsvertrages zu zahlenden Ausgleich hat eine Aktionärin – neben anderen Gründen – zum Gegenstand einer Anfechtungsklage gegen den Zustimmungsbeschluss zu eben diesem Unternehmensvertrag gemacht. Als Fälligkeitszeitpunkt war – wie dies nicht unüblich ist – der erste Bankarbeitstag nach der Hauptversammlung bestimmt, die Klägerin meinte indessen, der richtige Zeitpunkt sei der Beginn des Geschäftsjahres. Die Klage hatte in den beiden ersten Instanzen keinen Erfolg, der II. Zivilsenat hat auch die Nichtzulassungsbeschwerde der Klägerin zurückgewiesen. Er hat dies – ausnahmsweise – näher begründet und dabei eine deutliche Tendenz hinsichtlich der Lösung der von der Klägerin aufgeworfenen Frage erkennen lassen, obwohl die erstrebte Zulassung der Revision schon daran scheiterte, dass es an einer klärungsfähigen Grundsatzfrage fehlte. § 304 Abs. 3 Satz AktG schließt eine Anfechtungsklage aus, soweit sie darauf gestützt wird, der Ausgleich sei unangemessen. Diese Sperrwirkung gilt nach der Senatsentscheidung erst recht, wenn es nicht um die Höhe, sondern lediglich um die Fälligkeit des Ausgleichs geht, die die Klägerin für falsch festgesetzt hält. Diese Frage zu klären, ist der dissentierende Aktionär auf die nach Abschluss des Spruchverfahrens gegebenenfalls zu erhebende Leistungsklage verwiesen, die auch sonst erhoben werden muss, wenn es um Leistungsmodalitäten geht.

82 Beschl. v. 31.5.2010, DStR 2010, 1949.

In dem erwähnten obiter dictum hat der Senat durchblicken lassen, dass er große Sympathie für die von dem Berufungsgericht vertretene Ansicht hat, dass im Unternehmensvertrag die Fälligkeit des Ausgleichs vereinbart werden kann, dass dieser aber spätestens mit der Hauptversammlung nach Abschluss des jeweiligen Geschäftsjahres fällig wird.

10. II ZR 24/09 („AUFSICHTSRATSBERICHT")[83]

Dass die Entscheidung „AUFSICHTSRATSBERICHT" hat erlassen werden müssen, verwundert deswegen ein wenig, weil sie eigentlich nur selbstverständliche Aussagen trifft, diese Selbstverständlichkeiten aber offenbar weder den Gesellschaften und ihren Beratern noch den Richtern der Tatsacheninstanzen wirklich bewusst sind.

Der klagende Aktionär der beklagten Aktiengesellschaft hat sich im Wege der Anfechtungsklage gegen insgesamt acht in der Hauptversammlung der Gesellschaft gefasste Beschlüsse gewandt und u.a. geltend gemacht, es sei im Rahmen der Einberufung der Hauptversammlung kein ordnungsgemäßer Bericht des Aufsichtsrats ausgelegt worden. Bis März 2007 bestand der Aufsichtsrat der Beklagten aus den Herren Z., W. und dem Vorsitzenden Dr. S. Im März 2007 legten die Aufsichtsratsmitglieder Dr. S. und W. mit Wirkung zum 15.3.2007 ihr Amt nieder. Mit Wirkung zum 26.3.2007 wurden die Herren F. und Dr. D. vom zuständigen Amtsgericht bis zum Ende der laufenden Amtsperiode ihrer Vorgänger zu Mitgliedern des Aufsichtsrats bestellt. Am 28.3.2007 fand eine Sitzung des Aufsichtsrats mit der neuen Besetzung F. (neuer Vorsitzender), Dr. D. und Z. statt, in der der Jahresabschluss 2006 der Beklagten gebilligt wurde. In der Folgezeit erstellte der ehemalige Vorsitzende des Aufsichtsrats, Dr. S., den Entwurf eines Berichts des Aufsichtsrats, der diesem Gremium zugeleitet wurde. Am 8.5.2007 fand eine weitere Sitzung des Aufsichtsrats statt. Weder in dieser Sitzung noch bei anderer Gelegenheit hat der Aufsichtsrat den Entwurf des Dr. S. oder einen anderen Entwurf als Bericht des Aufsichtsrats mit ausdrücklichem Beschluss festgestellt oder gebilligt. Ob der Berichtsentwurf des Dr. S. von allen Mitgliedern des Aufsichtsrats widerspruchslos zur Kenntnis genommen wurde, ist zwischen den Parteien streitig. In dem seit der Ankündigung der Hauptversammlung in den Geschäftsräumen der Gesellschaft ausliegenden Geschäftsbericht war auf dessen

83 Urt. v. 21.6.2010, DStR 2010, 1682; dazu *Einsele*, LMK 2010, 307914; *Peltzer*, NZG 2010, 976; *Lutter*, EWiR 2010, 661.

Seiten 16 und 17 ein „Bericht des Aufsichtsrates" eingefügt, der mit folgendem Hinweis endete:

„B., im Mai 2007
Dr. H.G. S.
Vorsitzender des Aufsichtsrats
(bis zum 15.03.2007)"

In der Hauptversammlung der Beklagten beanstandete der Vertreter des Klägers, dass der Aufsichtsratsbericht von dem ausgeschiedenen Aufsichtsratsvorsitzenden gezeichnet sei, woraufhin der amtierende Aufsichtsratsvorsitzende erläuterte, dass die Unterschrift vom Aufsichtsratsvorsitzenden für das Jahr geleistet worden sei, in dem er tätig gewesen sei, er, der aktuelle Aufsichtsratsvorsitzende sei in jenem Geschäftsjahr noch nicht tätig gewesen, stehe aber hinter dem Bericht.

Nach Schließung der Debatte wurde über die einzelnen Tagesordnungspunkte abgestimmt. Die Beschlüsse über die für das Revisionsverfahren noch relevanten Anträge zu TOP 2 (Entlastung des Vorstands für das Geschäftsjahr 2006), TOP 3 (Entlastung des Aufsichtsrats für das Geschäftsjahr 2006), TOP 4 (Wahl des Abschlussprüfers für das Geschäftsjahr 2007), TOP 5 (Wahlen zum Aufsichtsrat), TOP 6 (Änderung der Satzung bezüglich der Aufsichtsratsvergütung und Festsetzung der Aufsichtsratsvergütung) und TOP 9 (Elektronische Übermittlung von Informationen) wurden mit der erforderlichen Mehrheit gefasst. Der Vertreter des Klägers stimmte der Wahl der Aufsichtsräte F. und Dr. D. (TOP 5.2 und 5.3) sowie dem Antrag zu TOP 9 zu und erklärte zu sämtlichen im Revisionsverfahren noch angegriffenen Beschlüssen Widerspruch zur Niederschrift.

Die Klage blieb in beiden Instanzen erfolglos. Auf die von dem II. Zivilsenat zugelassene Revision des Klägers sind unter Teilaufhebung des Berufungsurteils die Beschlüsse der Hauptversammlung der Beklagten über die Entlastung des Vorstands für das Geschäftsjahr 2006 (TOP 2), die Entlastung des Aufsichtsrats für das Geschäftsjahr 2006 (TOP 3) und die Wahl des Aufsichtsrats Z. (TOP 5.1) für nichtig erklärt worden, während die Revision im Übrigen erfolglos blieb.

Das Berufungsgericht, das die Klageabweisung bestätigt hat, hat nicht erkannt, dass der ausgelegte Aufsichtsratsbericht in mehrfacher Hinsicht nicht gesetzlichen Anforderungen entsprach:

Es fehlte schon an dem ausdrücklichen Beschluss des – amtierenden und zur Abgabe des Berichts verpflichteten – Aufsichtsrats und damit an der maßgeblichen Legitimationsgrundlage. Stillschweigend kann der Aufsichtsrat – anders als das Oberlandesgericht gemeint hat – Beschlüsse nicht fassen, weil aus Gründen der Rechtssicherheit jedenfalls festgestellt werden muss, ob das Gremium beschlussfähig ist, welche zustimmenden und welche ablehnenden Stimmen abgegeben worden sind und wer sich enthalten hat. Davon zu unterscheiden ist die Frage, wie ein ausdrücklich gefasster Beschluss gegebenenfalls auszulegen ist, wenn er im Einzelfall einmal nicht schon aus dem Wortlaut her eindeutig sein sollte. Für eine Genehmigung wäre ebenfalls ein ausdrücklicher Beschluss erforderlich gewesen; sie kann keinesfalls darin gesehen werden, dass der Aufsichtsratsvorsitzende – in Gegenwart der anderen Mitglieder des Überwachungsgremiums – in der Hauptversammlung erklärt hat, er stehe hinter dem von seinem Vorgänger entworfenen Bericht. Die Erklärung, er selbst sei zum maßgebenden Zeitpunkt nicht Mitglied des Aufsichtsrates gewesen, offenbart im Übrigen ein Missverständnis der gesetzlichen Vorschriften: Natürlich kann der im maßgeblichen Zeitpunkt vor der Hauptversammlung ausnahmsweise neu berufene Aufsichtsrat inhaltlich über die Geschehnisse vor seinem Amtsantritt der Hauptversammlung nicht Bericht erstatten, den Formerfordernissen trägt er aber Rechnung, wenn er den von einem Mitglied des früher amtierenden Aufsichtsrats verfassten Bericht in den Aufsichtsratsbericht aufnimmt und dabei deutlich macht, dass er die inhaltliche Verantwortung für die Schilderung nicht übernehmen kann.

Darüber hinaus hat das Oberlandesgericht nicht gesehen, dass der in den Geschäftsbericht aufgenommene Aufsichtsratsbericht auch deswegen den gesetzlichen Voraussetzungen nicht entsprach, weil er von dem Vorsitzenden des Aufsichtsrates nicht eigenhändig unterschrieben worden war. Bei dieser Unterzeichnung repräsentiert der Vorsitzende das gesamte Gremium, das nach der ausdrücklichen Bestimmung in § 171 Abs. 2 Satz 1 AktG einen „schriftlichen", also den Anforderungen des § 126 Abs. 1 BGB entsprechenden Bericht abzugeben hat. Die eigenhändige Unterschrift hat – wie stets bei § 126 BGB – Beweis- und Klarstellungsfunktion, sie belegt, wie der entschiedene Fall exemplifiziert, dass die „richtige", nämlich allein zuständige Person das Schriftstück autorisiert und der amtierende Aufsichtsrat als zuständiges Organ den unter seinem Namen den Aktionären bekannt zu gebenden Bericht beschlossen hat und die Gewähr für seine Richtigkeit übernimmt.

Diese Gesetzesverstöße sind relevant für beide Entlastungsbeschlüsse: Hinsichtlich der Aufsichtsratsmitglieder fehlt es an deren – soweit es um den früheren Aufsichtsrat geht: referierende – Rechenschaftslegung über die zurückliegende Amtsperiode und damit an der Grundlage für die in der Entlastung liegende Vertrauenskundgabe für Vergangenheit und Zukunft; der fehlende Bericht über die Überwachungstätigkeit des Aufsichtsrates entzieht auch einer entsprechenden Kundgabe gegenüber den Vorstandsmitgliedern die Basis.

Der Versuch der Beklagten, die früheren Versäumnisse durch mündliche Erklärungen in der Hauptversammlung ungeschehen zu machen, war ebenfalls zum Scheitern verurteilt. Das Gesetz ordnet nicht ohne Grund an, dass der Aufsichtsratsbericht von der Einberufung der Hauptversammlung an in den Geschäftsräumen auszulegen ist, weil auf diese Weise eine gewisse Waffengleichheit zwischen der Mehrheit und der Minderheit hergestellt wird und die letztgenannte Gruppe so die Möglichkeit erhält, sich sachgerecht auf die Versammlung vorzubereiten. Zu dieser Vorbereitung gehört nicht allein die Analyse des Berichtsinhalts, der Vergleich mit anderen Informationen, die Formulierung von Gegenanträgen oder Fragen, sondern auch die Entscheidung, ob man es für sinnvoll oder geboten hält, Zeit und Kosten für die Teilnahme an der Zusammenkunft aufzuwenden oder einen Vertreter mit entsprechenden Instruktionen zu entsenden. Entschließt sich ein Aktionär fernzubleiben oder instruiert er den Vertreter auf der Grundlage des „Schein-Aufsichtsratsberichts", dann beruht dies auf einer unzureichenden Grundlage, die nicht dadurch ausgeräumt werden kann, dass eine Berichtigung oder Klarstellung in der Hauptversammlung nachfolgt, an der der Aktionär, der einen Anspruch auf zutreffende Information hat, nicht teilnimmt oder in der er nicht so vertreten ist, wie er sich dies auf der Grundlage der unzutreffenden oder unvollständigen Unterrichtung vorgestellt hat. Alles das hat der Senat inhaltsgleich im Übrigen bereits in dem Urteil „KIRCH/DEUTSCHE BANK"[84] ausgesprochen.

Wie hinsichtlich der Entlastungsbeschlüsse ist auch bezüglich der Wiederwahl der bisherigen Aufsichtsratsmitglieder die Relevanz des Berichtsmangels gegeben. Für andere Anfechtungsgründe gilt dies jedoch nicht: Die Zustimmung der Hauptversammlung zu einer Satzungsänderung betreffend die elektronische Übermittlung von Informationen steht mit dem fehlenden Aufsichtsratsbericht in keinerlei Zusammenhang und hatte deswegen keine Auswirkung auf die Ausübung der Mitgliedschaftsrechte der Aktionäre. Dasselbe hat der Senat für die sat-

84 BGHZ 180, 9 (Tz. 28); DStR 2009, 537 ff.

zungsändernden Regelungen über die Aufsichtsratsvergütung und – im Ergebnis – auch für die Wahl des Abschlussprüfers angenommen; hinsichtlich der Abschlussprüferwahl beruhte dies allerdings auf der Erwägung, dass der Aufsichtsrat in seiner neuen Zusammensetzung den vom Abschlussprüfer testierten Jahresabschluss 2006 geprüft und förmlich gebilligt hatte, und weil sich für einen vernünftig denkenden Aktionär deswegen das Legitimationsdefizit des Aufsichtsratberichts, der ja nach § 171 Abs. 2 Satz 3 und 4 AktG auch Ausführungen zur Prüfung des Jahresabschlusses enthalten muss, nicht auswirkt.

Soweit neue Aufsichtsratsmitglieder gewählt worden sind, hat der Senat dem Kläger die Anfechtungsbefugnis abgesprochen, weil sein Vertreter in der Hauptversammlung für den Antrag gestimmt hatte. Der Senat hat – jedenfalls für Einberufungsmängel, Fehler bei der Leitung der Hauptversammlung oder bei der Informationserteilung – die anerkannten Regeln aus dem GmbH-Recht auf das Aktienrecht übertragen und der Sache nach in der Zustimmung zu dem gefassten Beschluss, obwohl hinreichende Kenntnis von den Beschlussmängeln vorhanden ist, einen Verzicht auf das Anfechtungrecht erblickt. Die Formfehler des Aufsichtsratsberichts gehören in dieselbe Kategorie von bei positiver Abstimmung der Anfechtung entzogenen Mängeln.

11. II ZB 18/09 („STOLLWERCK")[85]

Die „DAT/ALTANA"-Entscheidung[86] des II. Zivilsenats aus dem Jahr 2001, nach der Abfindung und variabler Ausgleich gegebenenfalls nach dem – höheren – Börsenwert zu ermitteln sind, der sich auf Grund eines Referenzkurses der drei letzten Monate vor dem Stichtag ergibt, hat von Anfang an keine ungeteilte Zustimmung in Wissenschaft und Praxis gefunden. Ein erster Versuch des Oberlandesgerichts Stuttgart, auf dem Wege eines Vorlageverfahrens nach § 28 FGG a.F. den Senat zu einer Modifizierung des maßgeblichen Zeitabschnitts zu bewegen, hatte keinen Erfolg, weil die Beschwerdeführer „rechtzeitig" vor der Entscheidung des II. Zivilsenats ihre Ausgangsbeschwerde zurückgenommen haben.

85 Beschl. v. 19.7.2010, DStR 2010, 1635 m. Anm. *W. Goette*; *Müller-Michaels*, BB 2010, 1944; *Bungert/Wettich*, BB 2010, 2227; *Neumann/Ogorek*, DB 2010, 1869; *Wilsing/Paul*, EWiR 2010, 509; *Bücker*, NZG 2010, 967; *Zeeck/Reichard*, AG 2010, 699; *Wasmann*, ZGR 2011, 83.

86 BGHZ 147, 108; DStR 2001, 754.

Das Oberlandesgericht Stuttgart[87] hat – wie ich bereits eingangs bemerkt habe – einen weiteren Versuch gestartet, ähnlich sind das Oberlandesgericht Frankfurt[88] und das Oberlandesgericht Düsseldorf verfahren. Während die beiden zuerst genannten Verfahren noch der Beratung und Entscheidung durch den II. Zivilsenat harren, ist in dem insgesamt etwas schlanker liegenden und ältesten Düsseldorfer Verfahren („STOLLWERCK") eine Entscheidung ergangen.

Folgender Sachverhalt liegt dem Beschluss zugrunde: Die Antragsgegnerin, die Hauptaktionärin der Stollwerck AG, erlangte am 5.8.2002 die Mehrheit der Aktien. Am 17.9.2002 unterbreitete sie gemäß § 35 Abs. 2 Satz 1 WpÜG den übrigen Aktionären das öffentliche Pflichtangebot auf Übernahme ihrer Aktien gegen Zahlung von 295 Euro je Aktie und gab ihre Absicht bekannt, die Übertragung der Aktien der Gesellschaft auf sich zu verlangen (§§ 327a ff. AktG). Die Hauptversammlung der Gesellschaft fasste am 30.4.2003 den Beschluss, die Aktien der Minderheitsaktionäre gegen die angebotene Barabfindung von 295 Euro zu übertragen. Diesem Angebot der Antragsgegnerin lag das Pflichtangebot nach § 35 Abs. 2 Satz 1 WpÜG zugrunde. Der nach dem Ertragswertverfahren ermittelte Wert je Aktie lag nach dem eingeholten Bewertungsgutachten bei 93,65 Euro. Das gegen den Übertragungsbeschluss eingeleitete Beschlussmängelstreitverfahren wurde in zweiter Instanz am 5.4.2005 durch einen gerichtlichen Vergleich beendet, in dem sich die Antragsgegnerin verpflichtete, Minderheitsaktionären, die innerhalb einer bestimmten Frist auf die Durchführung eines Spruchverfahrens verzichteten, eine Barabfindung von 395 Euro zu gewähren. Der Übertragungsbeschluss wurde am 6.4.2005 in das Handelsregister eingetragen.

Die Antragsteller haben ein Spruchverfahren eingeleitet. Das Landgericht hat die Anträge mit der Begründung zurückgewiesen, den Antragstellern fehle das Rechtsschutzbedürfnis, weil sie das Vergleichsangebot der Antragsgegnerin auf Zahlung von 395 Euro hätten annehmen können. Gegen den Beschluss des Landgerichts haben einige Antragsteller sofortige Beschwerde eingelegt. Das Oberlandesgericht Düsseldorf[89] hat den gewichteten Durchschnittskurs der Aktien für den Zeitraum von drei Monaten vor dem 17.9.2002 mit 275,09 Euro, für den Zeitraum von drei Monaten vor der Hauptversammlung (30.4.2003) mit 308,86 Euro ermittelt. Es will die Beschwerden zurückweisen, weil für den Börsenwert

87 II ZB 2/10.
88 II ZB 10/10.
89 ZIP 2009, 2055.

der Aktien der gewichtete Durchschnittskurs in einem Referenzzeitraum von drei Monaten nicht gerechnet vom Stichtag an, sondern abstellend auf den Tag der Bekanntmachung der Maßnahme maßgebend sei. Wegen der Abweichung von der Senatsrechtsprechung musste es nach § 28 FGG a.F. vorlegen. Der Senat hat die Sache an das Oberlandesgericht zur weiteren Aufklärung zurückgegeben.

In dem entscheidenden Punkt, der Festlegung des Beginns des dreimonatigen Referenzzeitraums – an der Maßgeblichkeit eines derart bemessenen Zeitraums hat der Senat festgehalten – ist er auf die herrschende Linie in Wissenschaft und Praxis eingeschwenkt und hat anerkannt, dass der Tag der Bekanntgabe der Maßnahme, nicht der der Maßnahme selbst der Zeitpunkt ist, bis zu dem die Entwicklung des Aktienkurses noch nicht von der später zu beschließenden Maßnahme beeinflusst wird. Der bisherige später liegende letzte Tag des Referenzzeitraums ist weniger oder gar nicht geeignet, den für die Verkehrswertfeststellung maßgebenden Preis zu ermitteln, zu dem der Aktionär – die später beschlossene Maßnahme hinweggedacht – sich aus dem Engagement bei der Gesellschaft hätte lösen können; denn bereits mit der Bekanntgabe der beabsichtigten Maßnahme fließen die künftigen Erwartungen in den Börsenkurs ein, weil dieser sich typischerweise nun nicht mehr an dem künftigen Unternehmenswert, sondern eher an der Abfindungshöhe orientiert, die von anderen Faktoren – u.a. dem durch die Spruchverfahren oder Anfechtungsklagen eintretenden Lästigkeitswerts – beeinflusst werden kann.

Der zweite Leitsatz der Entscheidung, der in den ersten Stellungnahmen kritisch aufgenommen worden ist, nimmt etwas von der durch die erste Aussage gegebenen Sicherheit. Er ist jedoch im Grundsatz zutreffend, wenn man bei der am Börsenkurs orientierten Abfindung die Balance zwischen den beteiligten Interessen wahren will. Deswegen hat der Senat in Tz. 29 des Beschlusses ausgesprochen, dass die Minderheitsaktionäre auch davor bewahrt werden müssen, dass die Gesellschaft die Maßnahme sehr früh bekannt gibt, damit die Börsenkursentwicklung stoppt und sich bei einer sehr verspäteten Durchführung der bekannt gegebenen Maßnahme diese Zementierung des Kurses zunutze macht. Auch dann ist der verfassungsrechtlichen Vorgabe nicht Genüge getan, dass es um die Ermittlung des Verkehrswertes der Aktien bei einer freien Deinvestitionsentscheidung geht. Allerdings wird man diese mit einer zu frühzeitigen Bekanntgabe der Maßnahme verbundene Gefahr bei einem Zeitraum von siebeneinhalb Monaten, um den es im Fall

„STOLLWERCK" gegangen ist, nur unter ganz besonderen Umständen bejahen können, wenn man sich klarmacht, dass nach dem Fristenregime des Aktienrecht ein kürzerer Zeitraum als sechs Monate schwer erreicht werden kann. Ich glaube, dass der Senat in „STOLLWERCK" wohl von einer Rückgabe der Sache Abstand genommen und selbst entschieden hätte, wenn ihm vor Augen gestanden hätte – bekanntlich ist ja der Beschluss später in diesem Punkt korrigiert worden –, dass nicht schon Anfang August, als die Hauptaktionärin die Aktienmehrheit erwarb, sondern erst sechs Wochen später, Mitte September, die Absicht bekannt gegeben wurde, die Übertragung der restlichen Aktien zu fordern und deswegen die Zeitspanne bis zur Beschlussfassung der Hauptversammlung nicht neun, sondern nur siebeneinhalb Monate betrug. Die beiden anderen noch zu behandelnden Fälle geben dem Senat hoffentlich Gelegenheit zu einer die Praxis beruhigenden Klarstellung.

12. II ZR 270/08 (Umtauschverhältnis)[90]

Über den letzten Fall lässt sich gegenwärtig nur auf der Grundlage des Berufungsurteils und der von dem Bundesgerichtshof veröffentlichten Presseerklärung berichten.

Im Jahr 1992 wurde die SIEMENS-NIXDORF-Informationssysteme AG (SNI) in dic Beklagte eingegliedert. Als Abfindung waren den Aktionären der SNI bei einem Umtauschverhältnis von 6:1 für je 6 SNI-Aktien eine SIEMENS-Aktie im Nennwert von 50 DM zu liefern. Für Aktienspitzen sollten die Aktionäre je 156,50 DM (= 80,02 Euro) erhalten. Zwischen 1992 und 1994 reichte der Kläger, der neben Familienangehörigen Aktionär der eingegliederten Gesellschaft gewesen war, insgesamt 2.330 SNI-Aktien in „5er-Päckchen" ein und erhielt, da jeweils nicht 6 SNI-Aktien eingeliefert wurden, keine SIEMENS-Aktie, sondern den erwähnten Spitzenbetrag.

Parallel fand ein Spruchverfahren statt, welches erst im Jahr 2003 abgeschlossen wurde, und folgendes Ergebnis brachte: Das Umtauschverhältnis wurde auf 13:3 bei einem Ausgleich für Aktienspitzen von 76,90 Euro je SNI-Aktie festgesetzt. Aufgrund verschiedener Kapitalmaßnahmen entsprechen einer SIEMENS-Aktie im Nennwert von 50 DM nunmehr 15 nennwertlose Stückaktien der Beklagten.

90 Urt. v. 8.10.2010, s. jetzt DStR 2010, 2528.

Der Kläger, vorgehend aus eigenem und aus abgetretenem Recht, hat es sich nach der Entscheidung des Oberlandesgerichts Düsseldorf im Spruchverfahren anders überlegt und möchte – unter Rückzahlung der seinerzeit empfangenen Beträge – nunmehr für die eingelieferten 2.330 SNI-Aktien 8.065 – mit dem Hilfsantrag bei etwas anderer Berechnung 7.922 – nennwertlose Aktien der Beklagten erhalten. Grundlage dieser Zahlen ist ein vom Kläger angenommenes Verhältnis von 13 SNI-Aktien zu 45 nennwertlosen aktuellen SIEMENS-Aktien.

Der 2. Klageantrag betrifft 5 bisher nicht umgetauschte SNI-Aktien, für die der Kläger 17 aktuelle SIEMENS-Aktien erhalten will.

Der 3. Klageantrag schließlich betrifft einen Nachlieferungsanspruch für 270 SNI-Aktien, den der Kläger nicht als ordnungsgemäß erfüllt ansieht: Er hat 1994 für diese 270 SNI-Aktien 45 SIEMENS-Aktien im (damaligen) Nennwert von 50 DM erhalten, errechnet sich aber über die inzwischen aufgrund des Ergebnisses des Spruchverfahrens von der Beklagten nachgelieferten weiteren 225 nennwertlosen Stückaktien einen Anspruch auf weitere 34 aktuelle SIEMENS-Aktien.

Das Landgericht hat die Klage abgewiesen, das Oberlandesgericht hat die Berufung im Wesentlichen zurückgewiesen. Der Senat hat auf die Nichtzulassungsbeschwerde des Klägers gegen dieses Urteil die Revision zugelassen und ausweislich der Presseerklärung die Revision im Hauptpunkt – des von dem Kläger begehrten Wechsels von Auszahlung zu Umtausch – zurückgewiesen, während den Klageanträgen zu 2 und zu 3 teilweise entsprochen wurde.

Das Berufungsurteil leidet an der Fehlvorstellung, dass ein Aktionär jeweils 13 SNI-Aktien besitzen muss, um überhaupt zum Umtausch in SIEMENS-Aktien zugelassen zu werden. Zu der in diesem Zusammenhang wesentlichen Frage, wie bei einem Verhältnis von anders als x : 1 zu tauschen ist, gab es keine höchstrichterliche Judikatur, auch die Literatur schweigt überwiegend. Richtigerweise gibt das im Spruchverfahren festgesetzte Umtauschverhältnis von 4,3 : 1 oder (im Sinne der Vermeidung von Spitzenbeträgen: besser) 13 : 3 nicht die Mindestzahl für einen Umtausch an, sondern legt allein die Wertrelation der Aktien der beiden Gesellschaften fest. Das bedeutet, dass immer dann umgetauscht werden muss, wenn der sich aus diesem Verhältnis ergebende Wert umzutauschender Aktien die Zahl 1, 2, 3 usw. ergibt. Hier hat nach dem Ergebnis des Spruchverfahrens eine SNI-Aktie einen Wert von gut 0,23 einer SIEMENS-Aktie, folgerichtig sind bei fünf, neun, dreizehn usw. SNI-Aktien jeweils eine, zwei, drei usw. SIEMENS-Aktien zu liefern. Dementsprechend war die vom Berufungsgericht gegebene Begründung nicht tragfähig.

Bei dem Antrag zu 1 geht es allerdings nicht um das eben erörterte Problem, sondern um die vorgelagerte Frage, ob der Kläger überhaupt berechtigt ist, nachträglich von seiner ursprünglichen Entscheidung, in 5er-Päckchen einzuliefern und deswegen statt des an sich gebotenen Aktientauschs den „Spitzenausgleich" zu verlangen, abrücken darf. In der Presseerklärung zu dem Urteil ist treffend davon die Rede, dass der Kläger sich die Auszahlung der Spitzenbeträge „erschlichen" hat. Dazu gilt es sich vor Augen zu führen, dass bei der Eingliederung, um die es hier geht, der Aktionär in Aktien abzufinden ist (§ 320b Abs. 1 Satz 2 AktG), also nach dem geschriebenen Recht kein Wahlrecht hat, nachdem er auf dem Wege der Eingliederung die Mitgliedschaft verloren hat, statt der Aktien Bargeld zu fordern. Diese aktienrechtliche Vorgabe hat der Kläger seinerzeit trickreich unterlaufen, indem er einen Teil der ihm und seiner Familie gehörenden SNI-Aktien immer nur in 5er-Päckchen eingeliefert hat. Wenn er dabei auf die mögliche spätere günstige Entwicklung der Aktien spekuliert und geglaubt haben sollte, er könne seine – wie gesagt – nicht bestehende „Wahl"-Möglichkeit anders ausüben, geht diese Spekulation in die Irre. Im Gegenteil muss sich der Kläger an seiner – ich wiederhole: mit dem AktG nicht Einklang stehenden – Gestaltung festhalten lassen, was sofort einleuchtet, wenn man sich klar macht, dass sogar ein Aktionär, dem ein solches Wahlrecht zwischen Abfindung in Geld und Abfindung in Aktien zusteht (vgl. jetzt § 320b Abs. 1 Satz 3 AktG) nach ganz einhelliger Meinung an seine einmal getroffene Wahl gebunden ist.

Schlusswort

Meine Damen und Herren, ich bin am Ende meiner Ausführungen angelangt und danke Ihnen, dass Sie mir heute und bei meinen vorangegangenen fünf Referaten so geduldig zugehört haben, wenn ich versucht habe, die ergangenen Entscheidungen vorzustellen und – wo nötig – ein wenig zu erläutern.

Bericht über die Diskussion des Referats Goette

Dr. Marco Staake
Akademischer Rat, Universität Leipzig

Die Diskussion im Anschluss an das Referat von *Goette* wurde von *Altmeppen* geleitet. Im Blickpunkt standen dabei das zum Personengesellschaftsrechts ergangene Urteil „FRIZ II"[1], aus dem GmbH-Recht die Entscheidung zu Mantel- und Vorratsgesellschaften[2] sowie die Urteile „DOBERLUG"[3] und „STAR 21"[4] und schließlich aus dem Aktienrecht die Bestätigung der Delisting-Rechtsprechung[5].

I.

Im Hinblick auf die vom II. Zivilsenat des BGH in seiner „FRIZ II"-Entscheidung bejahte Anwendbarkeit der Lehre von der fehlerhaften Gesellschaft auf einen Beitritt zu einer Grundstücks-GbR auch in sog. Haustürsituationen äußerte sich *Schäfer* prinzipiell zustimmend. Es stelle sich allerdings die Frage, wie sich diese Entscheidung auf die zukünftige Rechtsprechung zur Prospekthaftung auswirke. Hiernach habe der beim Beitritt unvollständig informierte Gesellschafter einen Schadensersatzanspruch, wonach der Prospektverantwortliche ihn so zu stellen habe, wie er stünde, wenn er die Beteiligung nicht erworben hätte. *Schäfer* sprach sich insoweit für eine Gleichbehandlung der Fälle aus, in denen der Gesellschafter einerseits wegen arglistiger Täuschung anfechte und andererseits wegen eines Prospektfehlers Schadensersatz begehre.

Goette erwiderte hierauf, dass er insoweit einen Widerspruch nicht erkenne. Beide Fälle seien nicht vergleichbar, da ein Schadensersatzanspruch wegen eines Prospektfehlers – anders als die Lehre von der fehlerhaften Gesellschaft – zu einem Wechsel der Mitgliedschaft führe. Zugleich wies *Goette* aber auch darauf hin, dass die Rechtsprechung zur Prospekthaftung durchaus nicht unangreifbar sei und insoweit zwischen

1 BGH, Urteil v. 12.7.2010 – II ZR 292/06 = ZIP 2010, 1540; dazu unter I.
2 BGH, Urteil v. 18.1.2010 – II ZR 61/09 = ZIP 2010, 621; dazu unter I.
3 BGH, Urteil v. 20.9.2010 – II ZR 78/09 = ZIP 2010, 1988; dazu unter II.
4 BGH, Urteil v. 20.9.2010 – II ZR 296/08 = ZIP 2010, 2641; dazu unter IV.
5 BGH, Urteil v. 7.12.2009 – II ZR 239/08 = ZIP 2010, 622, dazu unter V.

den Zivilsenaten des BGH gewisse Abstimmungsschwierigkeiten bestünden.

II.

K. Schmidt begrüßte im Ergebnis die Entscheidung des II. Zivilsenats, wonach die Regeln der sog. „wirtschaftlichen Neugründung" nicht zur Anwendung gelangen, wenn die betreffende Gesellschaft nach Gründung und Eintragung konkrete Aktivitäten zur Planung und Vorbereitung der Aufnahme ihrer nach außen gerichteten Geschäftstätigkeit im Rahmen des statutarischen Unternehmensgegenstandes entfaltet. Zugleich erneuerte *K. Schmidt* allerdings seine grundsätzliche Kritik an der Rechtsprechung zur Behandlung von Vorratsgründungen und Mantelverwendungen.

Goette wies diesbezüglich darauf hin, dass die Kritik nicht neu, der II. Zivilsenat ihr aber bislang nicht gefolgt sei und seiner Einschätzung nach auch zukünftig nicht folgen werde. Vielmehr dürfte von einer festen Spruchpraxis des Senats auszugehen sein.

III.

Auch zur Entscheidung in Sachen „DOBERLUG" äußerte sich *K. Schmidt* kritisch. Zwar könne angesichts des vom II. Zivilsenats gefundenen Ergebnisses, wonach im konkreten Fall Ansprüche gegen die Mitglieder eines fakultativen Aufsichtsrats einer GmbH wegen Verstoßes gegen das Zahlungsverbot des § 64 Satz 1 GmbHG abzulehnen war, aufgeatmet werden. Jedoch sei bereits der haftungsrechtliche Ansatz abzulehnen. Die – vom Senat grundsätzlich nicht ausgeschlossene – Möglichkeit der Inanspruchnahme der Mitglieder des Überwachungsorgans führe zu einem „Haftungsterror", der „außer Verhältnis" stehe und sich „gegen das Rechtsgefühl" richte. Nach dem Modell des BGH könne ein Insolvenzverwalter ohne größere Schwierigkeiten eine Klage bereits durch schlichte Addition der Zahlungseingänge auf debitorischen und der Zahlungsausgänge auf kreditorischen Konten der Gesellschaft schlüssig begründen, obwohl es an der Adäquanz des Schadens ersichtlich fehle.

Dem pflichtete *Altmeppen* mit dem Hinweis bei, dass bei der vom II. Zivilsenat vertretenen Lösung auch Lieferungen und sonstige Leistungen in die Berechnung des Ersatzanspruches einzubeziehen seien. *Altmeppen* warnte zugleich vor einer Verharmlosung der Folgen der

„DOBERLUG"-Rechtsprechung, da nach dem beschriebenen Berechnungsverfahren Ansprüche sogar in Milliardenhöhe drohen könnten. Dies sei mit dem Schutzzweck des Zahlungsverbotes kaum vereinbar. Das Zahlungsverbot solle davor schützen, dass die Insolvenzquote durch Auszahlungen geschmälert werde. Daher greife es nicht ein, wenn und soweit die Gesellschaft einen Gegenwert erhalte und sich die Quote nicht verringere. Eine zivilrechtliche Haftung wegen vorteilhafter oder zumindest nicht quotenschmälernder Geschäfte sei daher abzulehnen, wobei die Frage der Strafbarkeit wegen Insolvenzverschleppung (§ 15a Abs. 4 und 5 InsO) davon unberührt bleibe.

Goette trat der Kritik von *K. Schmidt* und *Altmeppen* mit dem Hinweis entgegen, dass ein „unbehagliches Gefühl" in diesen Fällen zwar durchaus verständlich, die gesetzliche Lage aber eine andere sei. Eine Schadensersatzpflicht wegen Masseschmälerung möge hiernach vielleicht als das bessere Konzept wünschenswert sein, doch habe der Gesetzgeber mit § 64 Satz 1 GmbHG einen anderen Ansatz verfolgt. Daher seien die schadensrechtlichen Einwände gegen die Lösung des II. Zivilsenats nicht überzeugend. Der gesetzlichen Anbindung des Ersatzanspruches an erfolgte „Zahlungen" liege eine typisierende Betrachtungsweise zu Grunde, wonach Zahlungen in der Regel zu Masseschmälerungen führen. Dies zu ändern, sei nicht Sache der Rechtsprechung, sondern des Gesetzgebers.

Nach dem neuerlichen Einwand *Altmeppens*, es handele sich um einen Irrtum des Gesetzgebers, plädierte auch *Niemeier* dafür, erhaltene Gegenleistungen bei der Bemessung des Anspruchs zu berücksichtigen. Der Gesetzgeber habe die Behandlung der Gegenleistung seiner Erinnerung nach der Rechtsprechung überlassen. Jedenfalls aber sei der BGH zur entsprechenden Fortentwicklung aufgerufen.

IV.

Bezugnehmend auf die Entscheidung „STAR 21" fragte *Bormann*, wie sich die vom II. Zivilsenat eröffnete Möglichkeit, eine Patronatserklärung bei entsprechender Vereinbarung zu kündigen, auf die Überschuldungsprüfung auswirke. Bei einer jederzeitigen Auflösbarkeit sei eine Patronatserklärung seiner Auffassung nach wohl nicht geeignet, die Überschuldung der durch die Erklärung begünstigten Gesellschaft zu vermeiden bzw. zu beseitigen. Die Beteiligten bekämen somit „Steine statt Brot". Zudem wies *Bormann* darauf hin, dass Gegenstand des vom Senat zu entscheidenden Falles eine interne Patronatserklärung war. Es stelle sich daher die Frage, ob die entwickelte Lösung auch auf die Fälle der externen Patronatserklärung übertragbar sei.

Goette erwiderte hierauf, dass die Patronatserklärung im konkreten Fall geeignet war, die Überschuldung der begünstigten Tochtergesellschaft zu beseitigen. Ob die entwickelten Grundsätze auch bei externen Patronatserklärungen zur Anwendung gelangen können, sei eine Frage der Auslegung im Einzelfall. Aufgerufen sei daher die rechtsberatende Praxis, Patronatserklärungen sorgfältig zu formulieren.

Raeschke-Kessler lobte „STAR 21" als wichtige Entscheidung, nach der sich die Patronatserklärung bei entsprechender Gestaltung als ein geeignetes Sanierungsmittel darstelle.

V.

Im aktienrechtlichen Teil der Diskussion kritisierte *E. Vetter*, dass die durch die Entscheidung „MACROTRON"[6] begründete und nunmehr vom II. Zivilsenat neuerlich bestätigte Rechtsprechung zum Delisting bei einem untypischen Extremfall ansetze. Auch nach einem Delisting müssten – anders als vom Senat suggeriert – potentielle Anteilserwerber meistens nicht mühsam gesucht werden. Vielmehr komme es auch im Freiverkehr oftmals zu einem hinreichenden Aktienhandel. Zutreffend hätten Obergerichte daher das Erfordernis eines Pflichtangebots in Fällen verneint, in denen die Handelbarkeit der Anteile durch Einbeziehung in den Freiverkehr gewährleistet gewesen sei[7].

Goette stellte klar, dass der Hinweis auf die erschwerte Käufersuche nach einem erfolgten Delisting zuvörderst der Erklärung der „MACROTRON"-Entscheidung dienen sollte. Die entwickelten Grundsätze seien jedenfalls nicht verfassungswidrig und kämen beim Wechsel in einen anderen Marktstandard auch dann nicht zur Anwendung, wenn der neue Standard niedriger ist als der bisherige.

6 BGH, Urteil v. 25.11.2002 – II ZR 133/01= BGHZ 153, 47–61 = ZIP 2003, 387–392.

7 Vgl. OLG München, Beschl. v. 21.5.2008 – 31 Wx 62/07 = ZIP 2008, 1137 (Wechsel in das Segment „M:Access" an der Münchener Börse); KG, Beschl. v. 30.4.2009 – 2 W 119/08 = ZIP 2009, 1116 (Wechsel in den Entry Standard des Freiverkehrs an der Frankfurter Wertpapierbörse).

Anfechtbarkeit von HV-Beschlüssen wegen Abweichung von der Entsprechenserklärung?

Prof. Dr. Uwe Hüffer
Rechtsanwalt in Mannheim, em. Professor an der Ruhr-Universität Bochum*

---

* Erweiterte Fassung des bei der VGR-Tagung am 12.11.2010 gehaltenen Vortrags; der Vortragsstil ist teilweise beibehalten.

I. Einführung

1. Fragestellung und Diskussionsstand

In seinem Urteil vom 16.2.2009 in Sachen Kirch/Deutsche Bank hat der II. Zivilsenat unter anderem entschieden, dass die Beschlüsse, mit denen die Hauptversammlung die Mitglieder des Vorstands und des Aufsichtsrats entlastet hat, dann anfechtbar sind, wenn die Organe die Entsprechenserklärung des § 161 AktG abgegeben, aber entgegen ihrer insoweit nicht eingeschränkten Erklärung die von Ziffer 5.5.3 DCGK[1] empfohlene Information der Hauptversammlung über einen aufgetretenen Interessenkonflikt unterlassen haben[2]. In dem Urteil lässt sich auch lesen, dass „jedenfalls" die Entlastungsbeschlüsse anfechtbar seien[3]. An späterer Stelle[4] hält der II. Zivilsenat fest, dass die Revision insoweit auch nichts Weitergehendes geltend gemacht, sondern die Unrichtigkeit der Entsprechenserklärung nur als Anfechtungsgrund gegenüber den Entlastungsbeschlüssen eingeführt habe.

Die danach offen gebliebene Frage, ob wegen Unrichtigkeit der Entsprechenserklärung auch die Wahl zum Mitglied des Aufsichtsrats anfechtbar sein könne, soweit der Wahlbewerber den Empfehlungen des Kodex nicht entspricht, hat in der Rechtsprechung der Instanzgerichte erste Antworten gefunden, und zwar in dem Sinne, dass die Anfechtbarkeit zu bejahen sein soll[5]. Das Schrifttum ist in dieser Frage gespalten. Teils wird die Anfechtbarkeit bejaht, und zwar unter Hinweis auf den nach § 124 Abs. 3 Satz 1 AktG erforderlichen Wahlvorschlag des Aufsichtsrats, der bei einem Verstoß gegen § 161 AktG nichtig sein soll, was das Beschlussverbot des § 124 Abs. 4 Satz 1 AktG und damit die Anfechtbarkeit eines gleichwohl gefassten Beschlusses nach sich ziehe[6]. Die eine

1 Deutscher Corporate Governance Kodex; aktuell ist die Fassung vom 26.5.2010 (www.bundesanzeiger.de).

2 BGHZ 180, 9 (Tz. 18 ff.) = NJW 2009, 2207 = ZIP 2009, 460; bestätigt von BGHZ 182, 272 (Tz. 16) = NZG 2009, 1270 = ZIP 2009, 2051; vgl. dazu *Goette* in FS Hüffer, 2010, S. 225 ff.; *Goslar/von der Linden*, DB 2009, 1691 ff.; *Goslar/von der Linden*, NZG 2009, 1337 ff.; *Mutter*, ZGR 2009, 788 (794 ff.); *E. Vetter*, NZG 2009, 561 ff.

3 BGHZ 180, 9 (Tz. 19) (Fn. 2).

4 BGHZ 180, 9 (Tz. 32) (Fn. 2).

5 OLG München ZIP 2009, 133 (134 f.); LG Hannover ZIP 2010, 833 (834 f.).

6 *Heidel*, Aktienrecht und Kapitalmarktrecht, 3. Aufl. 2011, § 243 AktG Rz. 7a ff.; *Kirschbaum*, ZIP 2007, 2360 (2363 f.); *E. Vetter*, NZG 2008, 121 (123 ff.); *E. Vetter*, NZG 2009, 561 (566 li. Sp.); *E. Vetter* in FS Uwe H. Schneider, 2011, S. 1345 (1352 ff.).

Anfechtbarkeit verneinende Gegenposition dürfte überwiegen[7], ohne dass die Frage bisher vertieft diskutiert worden wäre.

Der Gegenstand meines Referats ergibt sich aus dem damit umrissenen Meinungsstand. Zu untersuchen ist also, ob Verstöße gegen Empfehlungen des Corporate Governance Kodex dann Anfechtungsgründe sein können, wenn wegen der empfehlungswidrigen Handlungsweise zugleich ein Verstoß gegen § 161 AktG vorliegt, und zwar einmal im Hinblick auf die bisher im Vordergrund stehenden Entlastungsbeschlüsse, aber vor allem hinsichtlich der Wahl von Aufsichtsratsmitgliedern und möglicherweise noch anderer Beschlüsse der Hauptversammlung.

2. Untersuchungsgang

Wie sich gezeigt hat, sind die potentiellen Sanktionen einer empfehlungswidrigen Gesellschaftspraxis über das Bindeglied des § 161 AktG auf der Anfechtungsebene angekommen. Der Beitrag wendet sich daher auch in erster Linie den anfechtungsrechtlichen Fragen zu. Dabei lohnt es, zunächst die Anfechtungsvoraussetzungen in Kürze zu rekapitulieren (II.). Daran kann eine Doppelanalyse des von der Entsprechenserklärung abweichenden Gesellschaftsverhaltens angeschlossen werden, nämlich einmal im Hinblick auf einen inhaltlichen Mangel des nicht empfehlungskonformen Hauptversammlungsbeschlusses (III.), zum anderen im Hinblick auf ein fehlerhaftes Beschlussverfahren (IV.). Anschließend soll der Horizont etwas geweitet werden, indem die anfechtungsrechtlichen Resultate in den Kontext weitergehender Überlegungen gestellt werden (V). Den Abschluss bildet eine thesenartige Zusammenstellung der Untersuchungsergebnisse (VI.).

II. Die Anfechtungsvoraussetzungen im Überblick

1. Verletzung von Gesetz oder Satzung

Die Anfechtungsgründe, auf die zunächst einzugehen ist, umschreibt § 243 Abs. 1 AktG als Verletzung des Gesetzes oder der Satzung. Während der Satzungsverstoß für die hier untersuchten, an Kodex-Empfehlungen anknüpfenden Sachverhalte von vornherein keine Rolle spielt, ist die Variante der Gesetzesverletzung von Interesse. Der danach maß-

7 LG München I ZIP 2007, 2360 (2361); *Hüffer*, 9. Aufl. 2010, § 161 AktG Rz. 31; *Ogorek/von den Steinen*, EWiR 2008, 65 (66); *Reger/Theusinger*, EWiR 2010, 345 f.; *Thümmel*, CCZ 2008, 141 (142 f.).

gebliche Gesetzesbegriff ist derjenige des Art. 2 EGBGB[8]. Erforderlich und genügend ist also die Verletzung eines Gesetzes im materiellen Sinne. Dieses schließt vor allem formelle Gesetze, aber auch Rechtsverordnungen und ungeschriebene Rechtssätze ein. Bezieht man diese Grundaussagen auf die Kodex-Problematik, so ist klar, dass der Verstoß gegen die Pflicht zur Abgabe oder zur (unterjährigen) Berichtigung der Entsprechenserklärung nach § 161 AktG eine Gesetzesverletzung darstellt. Ob das auch für die Kodex-Empfehlungen selbst gelten kann, insbesondere, wenn ihre Nichtbeachtung mit einem Verstoß gegen § 161 AktG zusammentrifft, wird dagegen noch zu erörtern sein[9].

2. Rechtlicher Zusammenhang von Beschluss und Gesetz- oder Satzungswidrigkeit

Unscharf ist der Wortlaut des § 243 Abs. 1 AktG insofern, als er den Beschluss der Hauptversammlung und die Gesetzesverletzung unverbunden nebeneinander stellt, was den Eindruck hervorrufen könnte, dass jeder Normverstoß ausreicht, um die Anfechtbarkeit von Hauptversammlungsbeschlüssen zu begründen. Es besteht jedoch Einigkeit darüber, dass § 243 Abs. 1 AktG einen rechtlichen Zusammenhang des Beschlusses mit einer Gesetz- oder Satzungswidrigkeit voraussetzt. Für die Einzelheiten ist danach zu unterscheiden, ob der rechtliche Mangel den Beschluss als Regelung oder die Beschlussfassung als Verfahren betrifft.

3. Inhalts- und Verfahrensfehler

Es hat sich eingebürgert, die Anfechtungsgründe in Inhalts- und Verfahrensfehler einzuteilen. Ein Inhaltsfehler liegt vor, wenn die im Beschluss getroffene Regelung als solche Gesetz oder Satzung verletzt[10]. Es muss sich also feststellen lassen, dass das Beschlussergebnis gegen bestimmte Einzelnormen oder gegen Generalklauseln wie die mitgliedschaftliche Treupflicht oder den Gleichbehandlungsgrundsatz (§ 53a AktG) verstößt.

8 *Hüffer* (Fn. 7), § 243 AktG Rz. 5; *K. Schmidt* in Großkomm. AktG, 4. Aufl., 6. Lfg. 1996, § 243 AktG Rz. 9; *Zöllner* in KölnKomm. AktG, Bd. 2, 4. Lfg. 1976, § 243 AktG Rz. 66.

9 Unten III. 2. b).

10 *Hüffer* (Fn. 7), § 243 AktG Rz. 20; *Zöllner* (Fn. 8), § 243 AktG Rz. 71.

Etwas komplizierter liegt es bei den Verfahrensfehlern. Insoweit ist § 243 Abs. 1 AktG dahin auszulegen, dass Fehler als Anfechtungsgründe ausscheiden, die für das Ergebnis der Beschlussfassung keinerlei Bedeutung haben. Die ältere Literatur meint dasselbe, wenn sie verlangt, dass der Beschluss auf dem Normverstoß beruht[11]. Die Folgefrage, wann ein solches Beruhen angenommen werden kann, ist früher generell im Sinne einer potentiellen Kausalität des Verfahrensfehlers für das Ergebnis der Beschlussfassung beantwortet worden[12]. Dabei kann es jedoch nur für eine enge Fallgruppe bleiben, nämlich für die fehlerhafte Feststellung des Abstimmungsergebnisses, besonders für Zählfehler[13]. Wenn sich hier zeigen lässt, dass das Ergebnis auch bei einer fehlerfreien Feststellung unverändert bleibt, kann der Verfahrensverstoß nicht ursächlich geworden sein. Bei anderen Verfahrensfehlern ist der einschränkende Zusammenhang zwischen dem Fehler und der beschlussförmig getroffenen Regelung dagegen nach der durchgedrungenen Relevanztheorie herzustellen[14]. Danach scheiden solche Verfahrensverstöße als Anfechtungsgründe aus, die in einer am Zweck der verletzten Verfahrensregel orientierten wertenden Betrachtung keine Nichtigkeitsfolge zu tragen vermögen. Gleichbedeutend lässt sich auch sagen, dass Beschlüsse wegen eines Verfahrensfehlers anfechtbar sind, wenn sie wegen dieses Fehlers an einem Legitimationsdefizit leiden, wie es namentlich bei unzutreffender Information der Fall sein kann[15].

---

11 *Baumbach/Hueck*, 13. Aufl. 1968, § 243 AktG Rz. 8; *A. Hueck*, Anfechtbarkeit und Nichtigkeit von Generalversammlungsbeschlüssen, 1924, S. 125 ff.; s. auch *Würthwein* in Spindler/Stilz, Bd. 2, 2. Aufl. 2010, § 243 AktG Rz. 80.

12 Vgl. noch BGH NJW 1952, 98 f.; BGHZ 14, 264 (267 f.) = NJW 1954, 1563; BGHZ 36, 121 (139) = NJW 1962, 104; BGHZ 49, 209 (211) = NJW 1968, 543; BGHZ 59, 369 (375) = NJW 1973, 235; BGHZ 86, 1 (3) = NJW 1983, 878.

13 *Hüffer* (Fn. 7), § 243 AktG Rz. 19; *Zöllner* (Fn. 8), § 243 AktG Rz. 97 ff.

14 BGHZ 149, 158 (163 ff.) = NJW 2002, 1128; BGHZ 160, 253 (255 f.) = NJW 2004, 3561; BGHZ 160, 385 (392) = NJW 2005, 828; BGH NJW 2008, 69 (Tz. 44); grundlegend *Zöllner* (Fn. 8), § 243 AktG Rz. 81 ff.; vgl. ferner *Hüffer* (Fn. 7), § 243 AktG Rz. 13; *Goette*, ZGR 2008, 436 (438); *Henze*, BB 2002, 893 (900 f.); jüngere Meinungsübersichten bei *Schwab* in K. Schmidt/Lutter, Bd. 2, 2. Aufl. 2010, § 243 AktG Rz. 30; *Würthwein* (Fn. 11), § 243 AktG Rz. 83 ff.

15 S. z.B. BGHZ 149, 158 (164 f.) = NJW 2002, 1128; BGHZ 160, 385 (392) = NJW 2005, 828; *K. Schmidt* (Fn. 8), § 243 AktG Rz. 24; *Röhricht* in VGR (Hrsg.), Gesellschaftsrecht in der Diskussion 2004, 2005, S. 1 (2).

III. Abweichung von der Entsprechenserklärung – ein Inhaltsfehler von Beschlüssen der Hauptversammlung?

1. Überblick

Geht man mit diesem Rüstzeug an das eigentliche Thema heran, so lässt sich die Frage nach der Anfechtbarkeit zunächst dahin präzisieren, ob eine Abweichung von der Entsprechenserklärung Beschlüsse der Hauptversammlung inhaltlich fehlerhaft zu machen vermag, ob also, um ein Beispiel zu verwenden, die Wahl eines ehemaligen Vorstandsmitglieds in den Aufsichtsrat anfechtbar ist, wenn dem Gremium bereits zwei andere ehemalige Vorstandsmitglieder angehören. Es sollte leicht fallen, diese Frage negativ zu beantworten: Der Wahlbeschluss vernachlässigt zwar die Empfehlung in Ziffer 5.4.2 Satz 3 DCGK. Das bleibt jedoch unerheblich, weil es sich dabei nicht um die von § 243 Abs. 1 AktG vorausgesetzte Gesetzesverletzung handelt. Daran ändert auch § 161 AktG nichts. Wenn die Gesellschaftsorgane eine uneingeschränkte Entsprechenserklärung abgegeben haben und daran ungeachtet des der Hauptversammlung unterbreiteten Abstimmungsvorschlags festhalten, liegt darin zwar ein Verstoß gegen § 161 AktG. Gleichwohl bleibt es dabei, dass § 100 AktG als die einschlägige Vorschrift gegen die Wahl des dritten Exvorstands nichts einzuwenden hat. Und schließlich: Schon an dieser Stelle zeigt sich, dass der Anfechtbarkeit des Entlastungsbeschlusses (§ 120 AktG) kein Modellcharakter zukommt. Es handelt sich vielmehr um einen durch den die Billigung der Amtsführung einschließenden Inhalt des Beschlusses bedingten Sonderfall, der allerdings für die mit § 161 AktG verbundene Rechtsfolgenproblematik ein anschauliches Beispiel abgibt und jedenfalls bisher die Fallanschauung der Rechtsprechung bestimmt.

2. Anfechtbarkeit von Entlastungsbeschlüssen

a) Gravierende Rechtsverletzung als Anfechtungsgrund

Beginnt man nach dieser Richtungsbestimmung mit den erforderlichen Einzelüberlegungen, so begründet der bisherige Diskussionsverlauf die Erwartung, trotz des fehlenden Modellcharakters mit der Anfechtbarkeit von Entlastungsbeschlüssen zu beginnen. Das führt zu der unserer Problematik vorgelagerten Frage, ob solche Beschlüsse überhaupt anfechtbar sind oder trotz fehlerhafter Amtsführung als positives Votum der Hauptversammlung Bestand haben müssen, weil es in ihrer Entscheidungsmacht steht, Vorstand und Aufsichtsrat trotz zutage getretener Defizite das Vertrauen auszusprechen.

In dieser früher zweifelhaften Frage[16] hat der II. Zivilsenat mit seinem Urteil vom 25.11.2002 für Klarheit gesorgt, und zwar in dem Sinne, dass ein Entlastungsbeschluss der Anfechtung unterliegt, wenn er die Amtsführung der Organmitglieder wegen einer gravierenden Verletzung ihrer Pflichten zu Unrecht billigt[17]. Das begrenzt zwar die Beachtlichkeit des Mehrheitswillens, ist aber gleichwohl richtig, weil die in der Abstimmung unterlegenen Minderheitsaktionäre eine rechtlich gesicherte Möglichkeit haben müssen, in normativer Betrachtung wirklich gewichtige Fehler bei der Verwaltung der Gesellschaftsangelegenheiten in einem rechtlich geordneten Verfahren wenigstens zu beanstanden; insoweit sind dem Mehrheitsermessen Grenzen gezogen. Weitergehende Konsequenzen wie die Abberufung von Aufsichtsratsmitgliedern können sie als Minderheit ohnehin nicht erreichen (§ 103 Abs. 1 AktG) und auch ein gegen die betroffenen Vorstandsmitglieder gerichteter Vertrauensentzug (§ 84 Abs. 3 Satz 2 AktG) ist in der Entlastungsverweigerung regelmäßig nicht zu finden[18].

b) Keine Normqualität von Kodex-Empfehlungen

Kommt danach auch eine Anfechtung von Entlastungsbeschlüssen in Betracht, so kann sie doch nur erfolgreich sein, wenn auch ein Anfechtungsgrund vorliegt. Als solcher scheidet der Verstoß gegen Kodex-Empfehlungen von vornherein aus. Schon oben wurde dazu nämlich festgehalten, dass nur Normen mit Rechtsgeltung im Sinne des Art. 2 EGBGB im Falle ihrer Verletzung die Anfechtung begründen. Solche Rechtsgeltung kommt den Kodex-Empfehlungen aber nicht zu, weil sie

16 Überbetonung des Vertrauensaspekts noch in OLG München WM 1991, 1843 (1851); OLG Düsseldorf WM 1996, 777 (781); ferner bei *Mülbert* in Großkomm. AktG, 4. Aufl., 14. Lfg. 1999, § 120 AktG Rz. 76 m.w.N.; *Lutter*, NJW 1973, 113 (114).

17 BGHZ 153, 47 (50 ff.) = NJW 2003, 1032; vgl. ferner BGHZ 160, 385 (388) = NJW 2005, 828; BGH NZG 2008, 309 (Tz. 5); OLG Köln NZG 2009, 1110 f.; *Hüffer* (Fn. 7), § 120 AktG Rz. 12 m.w.N.; *Hoffmann* in Spindler/Stilz, Bd. 1, 2. Aufl. 2010, § 120 AktG Rz. 49 ff.; *Spindler* in K. Schmidt/Lutter, Bd. 1, 2. Aufl. 2010, § 120 AktG Rz. 55; *Goette* in FS Hüffer, 2010, S. 225 (231); *Litzenberger*, NZG 2010, 854 (855).

18 Mittlere Linie der h.M., vgl. z.B. *Mertens/Cahn* in KölnKomm. AktG, Bd. 2/1, 3. Aufl. 2010, § 84 AktG Rz. 127 mit Fn. 498.

gerade keine staatliche Rechtsetzung darstellen[19]. Daran ändert auch der offiziöse Charakter nichts, der sich mit der Publikation des Kodex im amtlichen Teil des Bundesanzeigers einstellen mag; denn es bleibt nach dem Grundgedanken der Kodexbewegung dabei, dass der Gesetzgeber hinter den Gestaltungswillen einer von ihm als repräsentativ angesehenen privaten Expertenrunde zurücktritt.

c) Inhaltlich fehlerhafte Entlastung wegen Verstoßes gegen § 161 AktG

Weil die Kodex-Empfehlungen keinen Inhaltsmangel von Hauptversammlungsbeschlüssen begründen können, kann bei ihrer Nichtbeachtung nur noch fraglich sein, ob ein damit einhergehender Verstoß gegen § 161 AktG den Entlastungsbeschluss inhaltlich fehlerhaft macht. Das wird von der herrschenden Meinung unter Führung des II. Zivilsenats mit Recht bejaht[20].

In genauer Betrachtung stellen sich in diesem Zusammenhang zwei Fragen. Zunächst ist die bisherige Erörterung fortzuführen, also die Frage nach der Qualität als Rechtsnorm aufzugreifen. Diese kann jedoch für § 161 AktG als formelles und erst 2009 durch Art. 5 Nr. 9 BilMoG (Begründungspflicht) bestätigtes Gesetz nicht zweifelhaft sein. Auch fällt ein Verstoß gegen § 161 AktG nicht unter die Gegennorm des § 243 Abs. 4 AktG oder unter den Anfechtungsausschluss des § 30g WpHG. Letzterer ist als Regelung des Kapitalmarktrechts auch nicht analog

---

19 BGHZ 180, 9 (Tz. 26) (Fn. 2); OLG München ZIP 2009, 133 (134); LG München I NZG 2008, 150 (151); klärend schon *Ulmer*, ZHR 166 (2002), 150 (158 ff.); vgl. ferner *Hüffer* (Fn. 7), § 161 AktG Rz. 3 m. w. N.; *Lutter* in KölnKomm. AktG, Bd. 3, 3. Aufl., 1. Lfg. 2006, § 161 AktG Rz. 11; *Lutter* in FS Hopt, 2010, S. 1025; *Ringleb/Kremer/Lutter/v. Werder*, Deutscher Corporate Governance Kodex, 4. Aufl. 2010, Rz. 43. – Auch die Diskussion um Gewohnheitsrecht oder Handelsbrauch (§ 346 HGB) sollte nicht wiederbelebt werden; vgl. aber *Lutter* in FS Hopt, 2010, S. 1025 (1031 ff.).

20 BGHZ 180, 9 (Tz. 19) (Fn. 2); BGHZ 182, 272 (Tz. 16) (Fn. 2); BGH NZG 2009, 1270 (Tz. 16 ff.); *Hüffer* (Fn. 7), § 161 AktG Rz. 31 m. w. N.; *Lutter* (Fn. 19), § 161 AktG Rz. 66 f.; *Lutter* in FS Hopt, 2010, S. 1025 (1029 f.); *Sester* in Spindler/Stilz, Bd. 2, 2. Aufl. 2010, § 161 AktG Rz. 68; *Spindler* (Fn. 17), § 161 AktG Rz. 64; *Goette* in FS Hüffer, 2010, S. 225 (231 f.); *Ulmer*, ZHR 166 (2002), 150 (165 f.); einschränkend *Mutter*, ZGR 2009, 788 (795 f.); a. A. *Leuering*, DStR 2010, 2255 (2256 ff.): Anfechtungsausschluss analog § 30g WpHG.

anzuwenden, weil § 161 AktG auch der Durchsetzung der Kodex-Empfehlungen und damit verbandsrechtlichen Interessen dienen soll.[21] Die Vorschrift ist ferner nicht nur dann verletzt, wenn die Erklärung der Organe von vornherein nicht zutrifft. Gegen sie wird vielmehr auch in dem die Anfechtungsproblematik prägenden Fall verstoßen, dass die Gesellschaftsorgane die Absicht eines empfehlungskonformen Verhaltens unterjährig teilweise aufgeben, ohne ihre geänderten Absichten durch eine Einschränkung der Entsprechenserklärung gemäß § 161 Satz 1, 2. Var. AktG bekanntzumachen[22]. Nicht zu folgen ist also der auch vertretenen Ansicht, die eine Pflicht zur unterjährigen Einschränkung oder Berichtigung verneinen möchte[23], damit aber das von § 161 AktG verfolgte Anliegen verfehlt, Abweichungen vom Kodex-Standard einer ständigen Publizität zu unterziehen.

Als zweites fragt sich, ob der Verstoß gegen § 161 AktG die inhaltliche Fehlerhaftigkeit des Hauptversammlungsbeschlusses nach sich ziehen kann. Das ist für Erklärungspflichten, die mit der durch die Beschlussfassung getroffenen Regelung in keinem unmittelbaren Zusammenhang stehen, nicht selbstverständlich, aber speziell für Entlastungsbeschlüsse zu bejahen, weil sie neben der Vertrauensbekundung die Erklärung enthalten, die Hauptversammlung billige die Verwaltung der Gesellschaftsangelegenheiten durch das entlastete Organ als im Großen und Ganzen gesetz- und satzungsmäßig[24], diese Erklärung aber nicht zutrifft, wenn

21 A. A. *Leuering*, DStR 2010, 2255 (2256 f.); s. zum verbandsrechtlichen Bedeutungsgehalt des § 161 AktG, der in § 161 Satz 2 AktG a. F. (dauerhafter Zugang der Aktionäre zur Erklärung) noch unmittelbar zum Ausdruck kam, *Hüffer* (Fn. 7), § 161 AktG Tz. 1; *Sester* (Fn. 19), § 161 AktG Rz. 9.

22 BGHZ 180, 9 (Tz. 19) (Fn. 2); OLG München ZIP 2009, 133 (134 f.); RegBegr., BT-Drucks. 14/8769, S. 22; *Hüffer* (Fn. 7), § 161 AktG Rz. 20; *Lutter* (Fn. 20), § 161 AktG Rz. 53; *Ringleb/Kremer/Lutter/v. Werder* (Fn. 20), Rz. 1579; *Gelhausen/Hönsch*, AG 2002, 529 (534); *Goette* in FS Hüffer, 2010, S. 225 (230); *Ihrig/Wagner*, BB 2002, 2509 (2510 f.); *Krieger* in FS Ulmer, 2003, S. 365 (366); *Ulmer*, ZHR 166 (2002), 150 (170 f.); *E. Vetter*, NZG 2008, 121 (123).

23 *Ederle*, NZG 2010, 655 (658); *Fischer*, BB 2006, 337 (339 li. Sp.); *Heckelmann*, WM 2008, 2146 (2148 f.); *Theusinger/Liese*, DB 2008, 1419 (1421 f.); *Schüppen*, ZIP 2002, 1269 (1273); *Seibt*, AG 2002, 249 (254); *Thümmel*, CCZ 2008, 141 (142 li. Sp.).

24 Stellvertretend *Hüffer* (Fn. 7), § 161 AktG Rz. 11 f.; vgl. auch die Nachweise in Fn. 17; a. A. *Kubis* in MünchKomm. AktG, Bd. 4, 2. Aufl. 2004, § 120 AktG Rz. 15; *Kubis*, NZG 2005, 791 (793 ff.); *Mülbert* (Fn. 16), § 120 AktG Rz. 25, 75 f.; *Lutter*, NJW 1973, 113 f.

Vorstand und/oder Aufsichtsrat gegen § 161 AktG verstoßen haben und dieser Verstoß nach den Fallumständen auch von hinreichendem Gewicht ist. Danach ist der Entlastungsbeschluss anfechtbar, weil sein Ergebnis gerade in der Billigung besteht und die Verwaltung bei wesentlichen Fehlern ihrer Mitglieder nicht zu billigen ist.

d) Relevanzerfordernis

Es ist anerkannt, dass Entlastungsbeschlüsse nur dann wegen einer defizitären Amtsführung anfechtbar sind, wenn es sich dabei um eine gravierende Verletzung der Organpflichten handelt[25]. Das gilt auch dann, wenn der Anfechtung ein Verstoß gegen § 161 AktG zugrunde liegt. Für die Lösung der daraus resultierenden Konkretisierungsaufgabe greift der II. Zivilsenat auf die vorhin angesprochene Relevanztheorie zurück[26]. Das überzeugt, obwohl sich die Verknüpfung einer inhaltlich unzutreffenden Entlastung (ungerechtfertigte Billigung) mit dem verfahrensorientierten Relevanzerfordernis nicht von selbst versteht. Der Inhaltsfehler resultiert nämlich gerade aus der unzutreffenden Information der Aktionäre über wesentliche Belange der Corporate Governance und auch der Relevanztheorie liegen vor allem Informationsmängel zugrunde[27]. Danach ist ein gravierender, zur Anfechtbarkeit führender Verstoß gegen § 161 AktG dann anzunehmen, wenn der objektiv urteilende Aktionär in dem Bewusstsein, über die tatsächlich geübte Governance nicht ausreichend unterrichtet zu sein, keine sachgerechte Entlastungsentscheidung für möglich gehalten hätte[28]. Dieser Ansatz gebietet es, das unterschiedliche Gewicht der einzelnen Kodex-Empfehlungen ebenso zu berücksichtigen wie den Informationsstand der über die Entlastung abstimmenden Aktionäre.[29]

---

25 Vgl. schon oben III. 2. a); BGHZ 153, 47 (51) (Fn. 17); *Goette* in FS Hüffer, 2010, S. 225 (231 ff.); siehe auch *Mutter*, ZGR 2009, 788 (796 ff.).

26 BGHZ 182, 272 (Tz. 18) (Fn. 2); ebenso *Goette* (Fn. 25), S. 232 f.; s. auch *Henze*, Der Aufsichtsrat 2010, 90.

27 Vgl. etwa BGHZ 149, 158 (164 f.) = NJW 2002, 1128; BGHZ 160, 385 (392) = NJW 2005, 828; *Hüffer* (Fn. 7), § 243 AktG Rz. 46a.

28 BGHZ 182, 272 (Tz. 18) (Fn. 2); *Goette* (Fn. 25), S. 233.

29 BGHZ 182, 272 (Tz. 18) (Fn. 2). Teilweise a. A. *Goslar/von der Linden*, NZG 2009, 1337 (1338 li. Sp.) wegen schon von der Regierungskommission vorgenommener „Wertung"; diese kann aber mangels Rechtscharakters des Kodex die Rechtsanwendung nicht entscheidend bestimmen.

3. Keine Übertragung der für Entlastungsbeschlüsse geltenden Lösung auf andere Beschlüsse der Hauptversammlung

Ein letzter Gedanke zur Anfechtung wegen eines inhaltlichen Fehlers muss der Frage gelten, ob die dargestellte Lösung in dem Sinne verallgemeinert werden kann, dass auch Wahlbeschlüsse der Hauptversammlung oder womöglich noch andere ihr obliegende Entscheidungen wegen inhaltlicher Mangelhaftigkeit anfechtbar sind, wenn in gravierender Weise gegen § 161 AktG verstoßen wird. Diese Frage muss verneint werden. Zwar ist es richtig, dass der Aufsichtsrat als vorschlagendes Organ an die Entsprechenserklärung gebunden bleibt, solange er sie nicht berichtigt[30], und deshalb gegen § 161 AktG verstößt, wenn er eine Wahl vorschlägt, die den Empfehlungen des Kodex widerspricht. Dieser Verstoß kann aber nicht zur Anfechtbarkeit wegen eines Inhaltsfehlers führen, weil § 161 AktG nicht den Inhalt von Beschlüssen regelt[31] und die Kodex-Empfehlungen zwar den Inhalt betreffen, aber auch durch die Entsprechenserklärung nicht zu Rechtssätzen im Sinne des § 243 Abs. 1 AktG werden.

IV. Empfehlungswidriges Verhalten – ein fehlerhaftes Beschlussverfahren?

1. Überblick

Die Rückbesinnung auf die zu § 243 Abs. 1 AktG anerkannten Basisregeln im zweiten Abschnitt meiner Überlegungen erlaubt es, der Frage nach der Anfechtbarkeit wegen empfehlungswidrigen Organverhaltens noch eine andere als die bisher untersuchte Bedeutung zu geben. Zu erörtern bleibt nämlich, ob der als Paradigma genommene Wahlbeschluss wegen fehlerhaften Beschlussverfahrens anfechtbar sein kann, wenn die Entsprechenserklärung der Gesellschaftsorgane unrichtig ist. Das wird in der Tat vertreten, und zwar wegen angeblicher Nichtigkeit des dem Abstimmungsvorschlag zugrunde liegenden Aufsichtsratsbeschlusses[32].

30 *Heidel* (Fn. 6), § 243 AktG Rz. 7a; *Kirschbaum*, ZIP 2007, 2360 (2363 li. Sp.); *Lutter* (Fn. 20), § 161 AktG Rz. 53.

31 S. dazu und auch zur angeblichen Nichtigkeit des vom Aufsichtsrat gefassten Vorschlagsbeschlusses unter IV. 2. b), c).

32 *E. Vetter*, NZG 2008, 121 (123 f.); *E. Vetter* in FS Uwe H. Schneider, 2011, S. 1345 (1351); ihm folgend (wenn auch ohne Zitat) OLG München ZIP 2009, 133 (135 li. Sp.); unklar LG Hannover ZIP 2010, 833 (835); ablehnend jedoch *Hüffer*, ZIP 2010, 1979 (1980 f.); *Rieder*, NZG 2010, 737 (738 f.); insoweit offenlassend *Leuering*, DStR 2010, 2255 (2256).

Diese ist aber nicht anzuerkennen, weil § 161 AktG schon keine Regelung des nach § 124 Abs. 3 Satz 1 AktG erforderlichen Aufsichtsratsbeschlusses darstellt. Eine zweite Möglichkeit läge darin, die Anfechtung des Wahlbeschlusses auf einen Informationsmangel zu stützen. Das kommt in der Tat in Frage, ist aber ein anderer rechtlicher Gesichtspunkt als die Abgabe oder Beibehaltung einer unrichtigen Entsprechenserklärung und erledigt sich, wenn die Aktionäre anderweitig richtig unterrichtet worden sind.

2. Fehlen eines gültigen Wahlvorschlags des Aufsichtsrats als Mangel des Wahlverfahrens?

a) Die These von der Nichtigkeit des Aufsichtsratsbeschlusses

Untersucht man zunächst den im Schrifttum entwickelten und vom OLG München in seinem „MAN"-Urteil vom 6.8.2008[33] zustimmend aufgegriffenen Gedanken an eine Nichtigkeit des vom Aufsichtsrat unterbreiteten Abstimmungsvorschlags, so zeigt sich eine Art Rückverlagerung des Problems. Anknüpfungspunkt für Konsequenzen aus einer Diskrepanz zwischen Hauptversammlungsbeschluss und Entsprechenserklärung ist nämlich nicht erst der Beschluss der Hauptversammlung, sondern schon der Beschluss des Aufsichtsrats, mit dem dieser zu dem nach § 124 Abs. 3 Satz 1 AktG unverzichtbaren Abstimmungsvorschlag gelangt. Dieser Beschluss des Aufsichtsrats soll an einem inhaltlichen Mangel leiden, wenn er einer Kodex-Empfehlung widerspricht, und zugleich gegen § 161 AktG verstoßen. Weil diese Norm zwingend sei und der Verstoß gegen zwingende Vorschriften Aufsichtsratsbeschlüsse nichtig mache, ergebe sich die Ungültigkeit des Wahlvorschlags. Damit komme für die Hauptversammlung das Beschlussverbot des § 124 Abs. 4 Satz 1 AktG zum Tragen, dessen Verletzung den gleichwohl gefassten Wahlbeschluss der Hauptversammlung gemäß §§ 243, 251 AktG anfechtbar mache[34].

b) § 161 AktG als Regelung von Aufsichtsratsbeschlüssen?

Der näheren Würdigung dieses Gedankengangs darf die Bemerkung vorangestellt werden, dass das an den Aufsichtsrat anknüpfende Beschluss-

33 Vgl. Fn. 32.
34 Vgl. zum Ganzen *E. Vetter* (Fn. 32).

mängelrecht[35] schon mangels gesetzlicher Regelung eher komplizierter ist als sein heute geläufiges Seitenstück bei der Hauptversammlung. Es muss deshalb von vornherein auf Skepsis stoßen, wenn ein bei der Hauptversammlung zutage getretenes Problem durch einen Rückgriff auf den Aufsichtsrat gelöst werden soll. Unternimmt man diesen Versuch trotzdem, so muss man für die Feststellung eines Beschlussmangels weithin auf die eingangs rekapitulierten zur Hauptversammlung entwickelten Grundsätze[36] zurückgreifen.

Wegen eines Verstoßes gegen § 161 AktG könnte der Wahlvorschlag des Aufsichtsrats nach diesen Grundsätzen nur dann fehlerhaft sein, wenn sich die Vorschrift als Regelung des Aufsichtsratsbeschlusses begreifen ließe, der dem Wahlvorschlag zugrunde liegt. Fehlt es nämlich schon daran, so besteht kein rechtlicher Zusammenhang zwischen dem Normverstoß und dem Beschluss des Aufsichtsrats. Diesen Zusammenhang haben die Befürworter einer Nichtigkeit des Aufsichtsratsbeschlusses nicht aufgezeigt. Nach Wortlaut, Zweck und Entstehungsgeschichte des § 161 AktG lässt sich auch nicht sagen, dass die Vorschrift den Beschluss des Aufsichtsrats auch nur mitregelt. Der Wortlaut beschränkt sich auf die Abgabe einer – zutreffenden – Entsprechenserklärung. Der Regelungszweck ist auf deren Publizität und mittelbar darauf gerichtet, den Kodex-Empfehlungen Beachtung zu verschaffen, was ihre außerrechtliche Durchsetzung erleichtern soll. Dies, aber nichts Weitergehendes kann der Regierungsbegründung zu § 161 AktG entnommen werden[37]. Dass die Norm den Inhalt von Wahlbeschlüssen des Aufsichtsrats im Sinne der Kodex-Empfehlungen strukturieren soll, solange er seine Entsprechenserklärung nicht geändert hat, würde also die Pflicht zu einer solchen Änderung zwar deutlich effektuieren. Es lässt sich aber nicht als Inhalt der bestehenden Gesetzeslage darstellen.

c) Vorsorglich: Kein Inhaltsfehler

Ließe sich § 161 AktG entgegen den bisherigen Überlegungen als Regelung auch von Vorschlagsbeschlüssen des Aufsichtsrats begreifen, so

35 Dazu BGHZ 122, 342 = NJW 1993, 2307; BGHZ 124, 111 = NJW 1994, 520; BGHZ 135, 244 = NJW 1997, 1926; *Hüffer* (Fn. 7), § 108 AktG Rz. 17 ff.; *Habersack* in MünchKomm. AktG, Bd. 2, 3. Aufl. 2008, § 108 AktG Rz. 73 ff.; *Lutter/Krieger*, Rechte und Pflichten des Aufsichtsrats, 5. Aufl. 2008, Rz. 734 ff.

36 Oben II.

37 RegBegr., BT-Drucks. 14/8769 S. 22.

stände man vor der weiteren Frage, ob ein von der Entsprechenserklärung abweichender Aufsichtsratsbeschluss unter einem Inhaltsfehler oder unter einem Verfahrensmangel leidet. Das ist nicht ohne Interesse, weil Inhaltsfehler ohne weiteres zur Nichtigkeit des Beschlusses führen, während das bei Verfahrensmängeln nur zutrifft, wenn sie sich als wesentlich qualifizieren lassen[38].

Entgegen den vorhin referierten Stimmen[39] lässt sich ein inhaltlicher Mangel von Aufsichtsratsbeschlüssen nicht deshalb feststellen, weil sie von der Entsprechenserklärung abweichen. Soweit es um die aus § 161 AktG folgenden Pflichten geht, steht der Beschlussinhalt gar nicht in Frage. Vielmehr kann der Aufsichtsrat beschließen, was er für richtig hält. Wenn er dabei gegen § 161 AktG verstoßen sollte, ist er einer gesetzlichen Verpflichtung nicht nachgekommen, die ihn außerhalb des Beschlussverfahrens zwecks formalisierter Information der Öffentlichkeit trifft. Ein beschlussrechtlicher Zusammenhang lässt sich auch nicht unter dem Gesichtspunkt der Perplexität herstellen. Sie liegt nämlich nur vor, wenn die mit dem Beschluss oder einem anderen Rechtsgeschäft getroffenen Teilregelungen in sich derart widersprüchlich sind, dass sie wegen Undurchführbarkeit nicht als Gesamtheit Geltung beanspruchen können. Demgegenüber stellen die Beschlüsse des Aufsichtsrats zur Abgabe der Entsprechenserklärung (§ 161 AktG) und über die der Hauptversammlung zu unterbreitenden Vorschläge (§ 124 Abs. 3 AktG) keine Regelungsgesamtheit dar, sondern sind zeitlich und sachlich getrennte Maßnahmen. Beides ließe sich nur verknüpfen, indem die Abgabe einer zutreffenden Entsprechenserklärung zur Wirksamkeitsbedingung des Beschlusses gemacht würde. Diesen Weg ist das Gesetz aber nicht gegangen. Um den Beschlussinhalt geht es allerdings, soweit die vom Aufsichtsrat getroffene Regelung mit Empfehlungen des Corporate Governance-Kodex nicht in Einklang stehen sollte. Das kann aber keinen Inhaltsfehler nach sich ziehen, weil die Empfehlungen keine Rechtsnormen darstellen, und zwar auch dann nicht, wenn ihre Nichtbeachtung mit einem Verstoß gegen § 161 AktG zusammentrifft[40].

38 *Hüffer* (Fn. 7), § 108 AktG Rz. 18; *Drygala* in K. Schmidt/Lutter, Bd. 1, 2. Aufl. 2010, § 108 AktG Rz. 36 ff.; *Habersack* (Fn. 35), § 108 AktG Rz. 76, 80; *Lutter/Krieger* (Fn. 35), Rz. 735, 736.

39 *E. Vetter* (Fn. 32); OLG München (Fn. 32).

40 Vgl. oben III. 2. b), 3.; unten V. 1.

d) Vorsorglich: Auch kein Fehler des Beschlussverfahrens

Die Abwesenheit eines Inhaltsfehlers mag reflexhaft zu der Annahme führen, dass Verstöße gegen § 161 AktG Verfahrensfehler darstellen[41]. Daran ist immerhin richtig, dass die Vorschrift den Umgang der Gesellschaftsorgane mit dem empfehlenden Teil des Corporate Governance-Kodex regelt. Zur Nichtigkeit von Aufsichtsratsbeschlüssen führen aber – vorbehaltlich ihrer Relevanz – nur Fehler, die sich auf das Beschlussverfahren des Aufsichtsrats beziehen, die in anderer Diktion das Zustandekommen des Beschlusses betreffen. Übliche Beispiele sind Zuständigkeitsmängel, Beschlussunfähigkeit, Einberufungsmängel oder für das Abstimmungsergebnis relevante Zählfehler[42]. Dagegen hat die Entsprechenserklärung und haben folglich auch Verstöße gegen die insoweit bestehenden Pflichten mit der Beschlussfassung nichts zu tun. Allenfalls betrifft sie den späteren Umgang mit dem früher zustande gebrachten Beschluss. Dieser mag pflichtwidrig sein, kann aber das Beschlussverfahren nicht nachträglich fehlerhaft machen.

Zu einem anderen Ergebnis könnte man allenfalls gelangen, wenn sich aus der unveränderten Entsprechenserklärung eine Art kompetentielle Selbstbeschränkung oder Ermessensschranke herleiten und die Vernachlässigung solcher Schranken als absoluter oder uneingeschränkter Nichtigkeitsgrund qualifizieren ließe[43]. Schon das erste ist innovativ und nicht bedenkenfrei. Und auf der Rechtsfolgenseite ließe sich, weil es nur um eine Selbstbindung des Beschlussorgans geht, allenfalls eine sogenannte eingeschränkte Nichtigkeitsfolge annehmen, die nur von den Mitgliedern des Aufsichtsrats selbst geltend gemacht werden könnte[44]. Für eine erfolgreiche Anfechtungsklage der Aktionäre bleibt danach auch dann kein Raum, wenn man Verfahrensfehler des Aufsichtsrats aus allgemeinen Grundsätzen herleiten möchte.

Selbst wenn sich ein Fehler des Beschlussverfahrens bejahen lassen könnte, würde man, so bleibt vorsorglich noch anzufügen, durchweg nicht zur Anfechtbarkeit des Hauptversammlungsbeschlusses gelangen. Jedenfalls die bisher bekannt gewordenen einschlägigen Fälle sind näm-

41 In diesem Sinne *Kocher/Bedkowski*, BB 2009, 235 re. Sp.

42 *Hüffer* (Fn. 7), § 108 AktG Rz. 18; *Drygala* (Fn. 38), § 108 AktG Rz. 37; *Habersack* (Fn. 35), § 108 AktG Rz. 76 f.

43 In diesem Sinne *Heidel* (Fn. 6), § 243 AktG Rz. 7d, 7e; ähnlich *Deilmann/Albrecht* AG 2010, 727 (732 f.).

44 *Drygala* (Fn. 38), § 108 AktG Rz. 40; *Habersack* (Fn. 35), § 108 AktG Rz. 82; *Lutter/Krieger* (Fn. 35), Rz. 738 m. w. N.

lich durchweg dadurch gekennzeichnet, dass die Hauptversammlung ihren angeblich gesetzwidrigen Beschluss nach ausgiebigem Gebrauch des Fragerechts und breiter Erörterung in der Hauptversammlung, häufig auch unter medialer Begleitung, gefasst hat. Unter solchen Umständen hat ein angeblicher Verstoß gegen § 161 AktG die Informationslage der Aktionäre nicht wesentlich berührt, weshalb eine Anfechtung spätestens am Relevanzerfordernis scheitert[45].

Nach allem kann festgehalten werden, dass sich die Anfechtbarkeit des von der Entsprechenserklärung abweichenden Hauptversammlungsbeschlusses auch nicht wegen eines angeblichen Fehlers im Beschlussverfahren ergibt. Die dafür postulierte Nichtigkeit des dem Abstimmungsvorschlag zugrunde liegenden Aufsichtsratsbeschlusses würde nämlich ihrerseits einen Inhalts- oder einen wesentlichen Verfahrensfehler voraussetzen, die beide nicht gegeben sind. Regelmäßig wäre auch das Relevanzerfordernis nicht erfüllt.

V. Ergänzende teleologische Hinweise

Das soeben formulierte Fazit verdankt sich einer an die anerkannten Grundsätze des Beschlussmängelrechts anknüpfenden kritischen Würdigung der Anfechtbarkeitsthese. Damit dürfte auch der richtige Weg beschritten sein, weil es für die Abweichung von der Entsprechenserklärung kein spezielles Beschlussmängelrecht gibt. Es empfiehlt sich jedoch, die gefundene Lösung noch in einen weiteren Rahmen zu stellen und einige naheliegende teleologische Aspekte nicht unerwähnt zu lassen.

1. Zielsetzung und Akzeptanz der Kodex-Regeln

Zu beginnen ist mit dem wohl gewichtigsten, meist aber nicht klar formulierten Argument für eine über die Entlastung hinausgehende Anfechtbarkeit von Hauptversammlungsbeschlüssen. Dieses liegt darin, dass § 161 AktG haftungsrechtliche Konsequenzen schwerlich trägt[46] und deshalb ohne eine breitflächige, also über die Entlastung hinaus-

45 Oben II. 3.; III. 2. d).

46 Str., Übersicht bei *Hüffer* (Fn. 7), § 161 AktG Rz. 25 ff.; zurückhaltender *Goette* in FS Hüffer, 2010, S. 225 (228 ff.); weitergehend im Sinne einer Haftung der Organmitglieder *Lutter* (Fn. 20), § 161 AktG Rz. 79 ff.; skeptisch gegenüber einem Schadenseintritt aber *Lutter* in FS Hopt, 2010, S. 1025 (1034).

gehende Anfechtbarkeit die Rechtsfolgen von Verstößen gegen die Pflicht zur Abgabe einer richtigen Entsprechenserklärung doch etwas unterentwickelt zu sein scheinen. Letztlich erlangen die bloßen Empfehlungen des Kodex damit über die Brücke des § 161 AktG doch eine mittelbare Rechtsqualität. Insoweit hat auch die von anderen verwandte Bezeichnung als „soft law"[47] eine gewisse Bedeutung: „Soft" bleibt zwar undeutlich, aber um „law" soll es sich doch irgendwie handeln.

Vielleicht müsste man sich in der skizzierten Richtung Gedanken machen, wenn die Kodex-Bewegung, die der Gesetzgeber aufgegriffen und in § 161 AktG verankert hat, ohne rechtliche Sanktionen nicht lebenskräftig wäre. Für eine solche Einschätzung spricht aber nichts. Vielmehr zeigen die regelmäßigen Berichte über die Akzeptanz der Kodex-Empfehlungen, dass sie auch ohne Rechtszwang, vor allem also aufgrund der Mechanismen des Kapitalmarkts, ganz weitgehend Beachtung finden. Die Akzeptanzquote soll nämlich bei immerhin 83 % liegen[48]. Auch nach persönlichen Erfahrungen gehört es zu den Standardthemen einer rechtlichen Beratung im Corporate Governance-Bereich, ob die jeweilige Maßnahme empfehlungskonform ist oder zu Einschränkungen der bisherigen Entsprechenserklärung veranlaßt, was bei den Verantwortlichen auf deutliche Vorbehalte zu stoßen pflegt. Ganz sicher bedarf es nicht einer expansiven Handhabung des Beschlussmängelrechts, um den Kodex-Empfehlungen die praktische Resonanz zu verschaffen, die ihnen nach § 161 AktG zukommen soll.

2. Verfassungsrechtliche Bedenken gegen Empfehlungen mit gesetzesgleicher Wirkung

Es bleibt die Frage, was, abgesehen von den aufgezeigten tatbestandlichen Schranken des § 243 Abs. 1 AktG, gegen eine beschlussrechtliche Sanktionierung spricht, wenn Gesellschaften von der Entsprechenserklärung ihrer Organe abweichen wollen. Gegen eine solche Sanktionierung spricht zunächst, dass die Kodex-Empfehlungen als Verhaltensregeln, die von einer nicht demokratisch legitimierten Expertenkommission vorgegeben werden, gesetzesgleiche Wirkungen entfalten würden. Von ihrem ursprünglichen, auf Information des Kapitalmarkts und

47 S. z.B. *Hommelhoff*, ZGR 2001, 238 (246); *Lutter*, ZGR 2000, 1 (18).

48 S. *v. Werder/Talaulicar*, DB 2009, 689 (690); Vorgängerberichte: DB 2007, 869; DB 2008, 832.

seiner Akteure[49] gerichteten Ziel hat sich die Kodex-Idee durch die Formulierung von Empfehlungen und die Pflicht zu ihrer Verlautbarung, seit dem BilMoG von 2009 auch zur öffentlichen Begründung von Abweichungen[50], ohnehin ein gutes Stück entfernt. Mit einer Anfechtbarkeit von Hauptversammlungsbeschlüssen auch jenseits der Entlastung (§ 120 AktG) wäre man endgültig im gesellschaftsrechtlichen Kernbereich angelangt. Mit einer Subsumtion unter § 243 Abs. 1 AktG würde man diesen Empfehlungen geradezu definitionsgemäß Gesetzesqualität zubilligen, obwohl sie nicht in einem der dafür verfassungsrechtlich vorgesehenen Verfahren entstanden sind[51]. Darüber hilft auch die Abgabe einer Entsprechenserklärung nicht hinweg.

3. Problematische Erweiterung der Anfechtungsgründe

Schließlich bleibt drittens festzustellen, dass die Bewehrung der Kodex-Empfehlungen mit der Anfechtungssanktion des § 243 Abs. 1 AktG auf eine in Einzelheiten noch gar nicht abschätzbare, jedenfalls aber deutliche Erweiterung der Anfechtungsgründe hinausliefe und damit im genauen Gegensatz zur aktuellen anfechtungsrechtlichen Diskussion[52] stände. Dabei würden nicht nur die Gründe erweitert, aus denen ein Wahlbeschluss der Hauptversammlung anfechtbar ist oder sein soll. Speziell der Ansatz im Vorfeld des Hauptversammlungsbeschlusses, nämlich bei der angeblichen Nichtigkeit des Vorschlagsbeschlusses des Aufsichtsrats, könnte sich als reichlich dimensioniertes Einfallstor erweisen, bedarf es eines solchen Vorschlags doch nicht nur bei Wahlbeschlüssen, sondern, wie § 124 Abs. 3 Satz 1 AktG zeigt, bei allen Beschlüssen der Hauptversammlung. Von hier aus ist es dann nur noch ein kleiner Schritt zur vermeintlichen Nichtigkeit der nach dieser Vorschrift auch erforderlichen Vorstandsbeschlüsse. Das führt tendenziell ins Uferlose und gibt jenen neuen Auftrieb, die die Anfechtungsszene als professionelle Kläger bereichern.

---

49 *Baums* (Hrsg.), Bericht der Regierungskommission Corporate Governance, 2001, Rz. 6 ff.

50 Eingeführt durch Art. 5 Nr. 9 BilMoG v. 25.5.2009 (BGBl. I, S. 1102).

51 Vgl. zur verfassungsrechtlichen Beurteilung namentlich *Hüffer* (Fn. 7), § 161 AktG Rz. 4; *Spindler* in K. Schmidt/Lutter, Bd. 2, 2. Aufl. 2010, § 161 Rz. 11; *Hoffmann-Becking* in FS Hüffer, 2010, S. 337 ff.; zuletzt FAZ v. 11.10.2010: Widerstand gegen den Corporate Governance Kodex; gegen verfassungsrechtliche Bedenken z. B. *Lutter* (Fn. 20), § 161 AktG Rz. 12.

52 Dazu namentlich *Arbeitskreis Beschlussmängelrecht*, AG 2008, 617 (621 f.).

Die schon erwähnte aktuelle anfechtungsrechtliche Diskussion lässt sich demgegenüber zu Recht und in grundsätzlicher Übereinstimmung mit dem durch Art. 1 Nr. 20 UMAG[53] neu gefassten § 243 Abs. 4 AktG unter anderem von dem Gedanken leiten, dass Gesetzesverletzungen zwar sanktioniert werden müssen, die Sanktion aber nicht notwendig in der Nichtigerklärung des Hauptversammlungsbeschlusses zu bestehen hat[54]. Bei Mängeln, die nicht wesentlich sind, erscheint diese Rechtsfolge als übermäßig. Dem bleibt auf der Ebene des geltenden Rechts noch anzufügen, dass seit jeher bei gesetzlichen Sollvorschriften die Anfechtungsfolge problematisiert wird, freilich mit unterschiedlichen Ergebnissen[55]. Selbst wenn ein Gesetzesverstoß vorliegt, wird die Anfechtungsfolge also zuweilen als überzogen angesehen. In einer konsistenten Rechtsordnung kann es dann aber nicht sein, dass Hauptversammlungsbeschlüsse anfechtbar sind, obwohl die vorgeblich anfechtungsbegründende Verhaltensregel als sog. „soft law"[56] nicht einmal Gesetzesqualität erlangt hat.

VI. Zusammenfassung in Thesen

Nach allem muss die Frage, über die ich Ihnen vortragen durfte, weitgehend verneint werden: Wegen einer Abweichung von der Entsprechenserklärung sind Hauptversammlungsbeschlüsse im Allgemeinen nicht anfechtbar. Als Ausnahme ist nur der Entlastungsbeschluss anzuerkennen, weil die Tätigkeit der Verwaltungsorgane nicht gebilligt werden darf, wenn sie gravierend (Relevanztheorie) gegen ihre aus § 161 AktG folgenden Pflichten verstoßen. Die einzelnen Schritte, die zu dieser Gesamtbeurteilung führen, ergeben sich aus folgenden Thesen:

1. Ein Beschluss der Hauptversammlung ist nach § 243 Abs. 1 AktG wegen einer Gesetzesverletzung nur anfechtbar, wenn er seinem Inhalt nach nicht ergehen durfte (Inhaltsfehler) oder in einem fehlerhaften Verfahren zustande gekommen ist und deshalb an einem regelmäßig nach der Relevanztheorie festzustellenden Legitimationsdefizit leidet (Verfahrensfehler).

53 Gesetz v. 22.9.2005 (BGBl. I, S. 2802).

54 Für Beschränkung der Anfechtungsfolge auf besonders schwere Rechtsverstöße *Arbeitskreis Beschlussmängelrecht* (Fn. 52).

55 S. etwa RGZ 170, 83 (97); *Hüffer* (Fn. 7), § 243 AktG Rz. 7; *Zöllner* (Fn. 8), § 243 AktG Rz. 63 f.

56 Oben V. 1.

2. Ein von der Entsprechenserklärung abweichender Entlastungsbeschluss (§ 120 AktG) kann unter einem Inhaltsfehler leiden, weil die Entlastung von Organmitgliedern auch die Billigung ihrer Amtsführung enthält und diese nicht zu billigen ist, wenn Vorstand oder Aufsichtsrat in gravierender Weise gegen ihre aus § 161 AktG folgenden Erklärungspflichten verstoßen.
3. Andere Beschlüsse als Entlastungsbeschlüsse, besonders Wahlbeschlüsse, sind nicht wegen eines Inhaltsfehlers anfechtbar, weil sie nicht auf die Billigung der Amtsführung gerichtet sind.
4. Entgegen einer im Schrifttum entwickelten und in der Rechtsprechung der Instanzgerichte aufgegriffenen These leiden andere Beschlüsse der Hauptversammlung auch nicht deshalb unter einem Verfahrensfehler, weil der Vorschlagsbeschluss des Aufsichtsrats (§ 124 Abs. 3 Satz 1 AktG) angeblich nichtig ist.
5. Der Beschluss des Aufsichtsrats (Ziffer 4) leidet weder unter einem Inhalts- noch unter einem Verfahrensfehler; die angebliche Nichtigkeit ist deshalb nicht gegeben.
   a) § 161 AktG als angeblich verletzte Norm kann überhaupt nicht als Regelung von Aufsichtsratsbeschlüssen verstanden werden.
   b) Wenn § 161 AktG als Regelung von Aufsichtsratsbeschlüssen verstanden werden könnte, läge jedenfalls kein Inhaltsfehler des Aufsichtsratsbeschlusses vor, weil die Vorschrift dem Aufsichtsrat keine inhaltlichen Vorgaben macht. Der Beschluss ist zwar möglicherweise empfehlungswidrig, die Empfehlung aber keine Rechtsnorm.
   c) Auch ein potentiell zur Nichtigkeit des Aufsichtsratsbeschlusses führender Verfahrensfehler liegt nicht vor, weil es sich dabei um einen Fehler des Beschlussverfahrens handeln müsste, das in § 161 AktG nicht geregelt ist.
6. Die Anfechtbarkeit eines von der Entsprechenserklärung abweichenden Hauptversammlungsbeschlusses ist auch nicht deshalb geboten, weil sich sonst eine die Kodex-Empfehlungen ins Leere laufen lassende Sanktionslücke ergäbe. Dagegen spricht schon die praktische Akzeptanz, die die Empfehlungen finden.
7. Die jedenfalls problematische verfassungsrechtliche Basis der Kodex-Empfehlungen wäre mit der breitflächigen Anfechtbarkeit von Hauptversammlungsbeschlüssen vollends überfordert, weil die Empfehlungen damit auf der Rechtsfolgenseite Gesetzesqualität erhielten, aber weder im formellen noch im materiellen Sinne Gesetz sind.

8. Eine an die Empfehlungen des Kodex anknüpfende Erweiterung der Anfechtbarkeit ist das Gegenteil des rechtspolitisch Wünschbaren. Nicht die Erweiterung ist geboten, sondern eine einschränkende Entkoppelung der Nichtigerklärung von der im Anfechtungsurteil auch enthaltenen Rechtswidrigkeitsfeststellung.

Bericht über die Diskussion des Referats Hüffer

Dr. Nicolas Ott
Rechtsanwalt, Mannheim

I.

Das von *Hüffer* gehaltene Referat mündet in eine rege Diskussion. Im Mittelpunkt der Aussprache, die von *Krieger* geleitet wurde, stand dabei die Frage nach der Anfechtbarkeit von Entlastungs- sowie Wahlbeschlüssen der Hauptversammlung wegen Abweichung von der Entsprechenserklärung gemäß § 161 AktG. Ein weiterer Schwerpunkt der Diskussion lag auf der verfassungsrechtlichen Rechtfertigung der Kodex-Empfehlungen.

II.

Die Diskussion wurde durch *E. Vetter* eröffnet, der anmerkte, einen weitgehenden Ausschluss der Anfechtbarkeit mit Unbehagen zu betrachten. Er bildete den Fall, dass dem Aufsichtsrat bereits zwei ehemalige Vorstandsmitglieder der Gesellschaft angehörten und der Aufsichtsrat nunmehr vorschlage, ein drittes Vorstandsmitglied in den Aufsichtsrat zu wählen, ohne die insoweit nicht eingeschränkte Entsprechenserklärung geändert zu haben. Dies führe angesichts der durch die Entsprechenserklärung auferlegten Selbstbindung zu einem perplexen Beschluss. Halte der Aufsichtsrat seine Entsprechenserklärung aufrecht, müsse der Verstoß auf den Beschluss des Aufsichtsrates durchschlagen; hierfür spreche nicht zuletzt auch der verbandsrechtliche Charakter des § 161 AktG. *Kersting* erwiderte hierauf, Perplexität setze das Vorliegen einer Willenserklärung voraus, die gleichzeitig auf mehrere, miteinander aber unvereinbare, Rechtsfolgen gerichtet sei. Zwar möge der Vorschlagsbeschluss des Aufsichtsrats auf die Herbeiführung von Rechtsfolgen gerichtet sein, bei der Entsprechenserklärung handele es sich indes lediglich um eine Wissenserklärung, die auch für die Zukunft abgegeben werden könne und die nunmehr durch den neuen Beschluss des Aufsichtsrats unrichtig geworden sei. Perplexität könne mithin bereits aus diesem Grund nicht vorliegen. Auch *Hüffer* vermochte keinen Fall der Perplexität zu erkennen. Perplexität setze voraus, dass eine Maßnahme in sich widersprüchlich sei. Wenn der Aufsichtsrat einen Wahlbeschluss fasse, sei dieser Wahlbeschluss nicht widersprüchlich, so dass keine Perplexität vorliegen könne. Im Übrigen verwies *Hüffer* auf die gravierenden Folgen einer unterstellten Nichtigkeit für die Praxis, die er bereits im Rahmen seines Referats betont hatte.

Bayer pflichtet den Thesen *Hüffers* bei, wies indes darauf hin, dass ein solchermaßen zurückhaltendes Verständnis der Anfechtbarkeitsfolgen den Gesetzgeber dazu veranlassen könne, künftig vermehrt Regelungen des Kodex in das Aktiengesetz zu übernehmen. *Hüffer* entgegnete hierauf, es gebe zwar bereits heute im Bereich der Unternehmensführung eine bedenklich hohe Regulierungsdichte. Wenn jedoch in bestimmten Punkten tatsächlich Handlungsbedarf bestehe, müsse der Gesetzgeber selbst tätig werden; es könne nicht hingenommen werden, dass die Corporate Governance Kommission als Ersatzgesetzgeber tätig werde.

Im Anschluss führte *K. Schmidt* die Diskussion nochmals auf die von *Hüffer* zugrunde gelegte Dogmatik des Anfechtungsrechts zurück. Ihn erstaune die Aussage *Hüffers*, wonach dieser von einem Inhaltsfehler ausgehe. Vielmehr scheine ihm, dass *Hüffer* im Grunde von einem Informationsfehler ausgegangen sei und diesen besser als Verfahrensfehler hätte behandeln sollen. Dies sei dann aber ein Verfahrensfehler, womit man sich die Frage nach der Relevanz des Verstoßes stellen müsse. Wenn man dies aber so sehe, sei ihm noch nicht ganz klar, wieso diese Informationspflichtverletzung allein Auswirkung auf den Entlastungsbeschluss haben sollte. *Hüffer* bezeichnete es als richtig, dass das Relevanzerfordernis im allgemeinen mit Verfahrensfehlern in Verbindung gebracht werde. Der Zusammenhang zwischen Fehlertyp und Relevanzerfordernis müsse nochmals durchdacht werden.

Doralt verwies auf die MAN-Entscheidung des OLG München. Unterstelle man, dass Herr Piëch im Vorfeld des Wahlbeschlusses sein wahres Alter verschwiegen habe, sei der Beschluss wegen fehlerhafter Information der Hauptversammlung mangelhaft. Damit zeige sich ein Zusammenhang zwischen Kodex-Verstoß und der Verletzung von Informationspflichten. *Hüffer* führte dazu aus, daß die Aktionäre in den typischen Fällen über beschlusserhebliche Umstände gerade nicht unzureichend informiert seien und deshalb zur Begründung von Anfechtungsklagen auf die Behauptung von Kodex-Verstößen auswichen.

Hommelhoff betonte: Wenn der Aufsichtsrat einen Beschlussvorschlag mache, der im Hinblick auf die Entsprechenserklärung relevant sei, dürften die Aktionäre davon ausgehen, dass dieser im Einklang mit der Entsprechenserklärung stünde. Weiche der Beschluss tatsächlich von der Entsprechenserklärung ab, liege ein Informationsproblem vor, da die Aktionäre auf Grundlage unzureichender Information entschieden hätten. Allerdings stelle sich insoweit die Frage, ob der Aufsichtsrat an die eigene Entsprechenserklärung gebunden sei. Wenn der Satzungsgeber einen satzungsdurchbrechenden Beschluss treffen könne, müsse auch der Aufsichtsrat in der Lage sein, Beschlüsse zu fassen, die in Widerspruch zur Entsprechenserklärung stünden.

III.

Im Anschluss wurde von mehreren Diskussionsteilnehmern die Auffassung geäußert, dass Verstöße gegen § 161 AktG nicht sanktionslos bleiben dürften, was die Anfechtbarkeit von Beschlüssen der Hauptversammlung rechtfertige, die auf dieser Basis getroffen seien. Die Entsprechenserklärung diene dazu, Information und Transparenz des Organhandelns zu steigern. Dieser Zweck lasse sich kaum wirkungsvoll erreichen, wenn sanktionslose Abweichungen möglich seien. *Herrmann* verwies insoweit auf die Befolgungsquote des Kodex von über 80 %. Diese hohe Quote lasse sich nach seiner Überzeugung nur dadurch erklären, dass man „sanktionslos lügen" dürfe. Die Sanktionierung unrichtiger Entsprechenserklärungen stehe keineswegs in Widerspruch zu den Zwecken der Entsprechenserklärung. Vielmehr müsse auch die „freiwillige Lüge" angemessen sanktioniert werden. *Lutter* pflichtete dem bei. § 161 AktG verlange eine wahre Erklärung; gleichzeitig werde den Organen die Möglichkeit eröffnet, bereits abgegebene Erklärungen nachträglich auf öffentlichem Wege zu korrigieren. Sofern die Organe hiergegen verstießen, sei § 161 AktG verletzt, womit die Basis für eine Anfechtbarkeit begründet sei; allerdings lasse sich die Situation durch die Relevanztheorie entschärfen. Eine sanktionslose Lüge könne nicht „im Sinne der Erfinder" sein.

Carsten Schäfer, der die Thesen *Hüffers* teilte, entgegnete hierauf zunächst, der Verstoß gegen § 161 AktG liege nicht darin, dass der Aufsichtsrat von der Entsprechenserklärung abweiche, sondern vielmehr darin, dass er dies nicht öffentlich gemacht habe. Dies könne jedoch für den Wahlbeschluss nicht relevant sein.

Im Übrigen wiesen mehrere Diskussionsteilnehmer darauf hin, das ein Verstoß gegen § 161 AktG – anders als von den Vorrednern unterstellt –

auch abseits etwaiger Anfechtungsfolgen keineswegs sanktionslos sei, da schließlich der Entlastungsbeschluss angefochten werden könne. Die hiermit verbundene „Prangerwirkung" stelle in der Praxis eine wirksame Sanktion dar. *Tödtmann* stimmte dem zu und ergänzte: Die Sanktion der Nicht-Entlastung werde von den Mitgliedern der Verwaltung überaus ernst genommen und sei bereits für sich genommen ausreichend; darüber hinaus sei zu berücksichtigen, dass der Bilanzeid (§ 289a HGB) auch die Entsprechenserklärung umfasse, so dass bei Abgabe einer unrichtigen oder unvollständigen Entsprechenserklärung – das Vorliegen von *dolus eventualis* unterstellt – zusätzlich strafrechtliche Sanktionen drohten (§ 331 HGB).

IV.

Mehrere Diskussionsteilnehmer, darunter *Hommelhoff*, äußerten verfassungsrechtliche Bedenken für den Fall, dass man der Entsprechenserklärung bzw. den Kodex-Empfehlungen Gesetzesqualität zuspreche, da insoweit jede demokratische Legitimation fehle. *Raeschke-Kessler* erwiderte, ein solches Legitimationsproblem sei aus seiner Sicht nicht erkennbar, da jedenfalls § 161 AktG demokratisch legitimiert sei. Auch im Handelsrecht gebe es zahlreiche Vorschriften, welche der tatsächlichen Praxis eine rechtsähnliche Wirkung zukommen ließen, etwa Handelsbräuche oder die IBA-Regeln im Rahmen der Schiedsgerichtsbarkeit. Aufgrund der vielfältigen Lebenswirklichkeit sei der Gesetzgeber häufig nicht in der Lage, in angemessener Geschwindigkeit zu reagieren, so dass die Verlagerung von Teilbereichen auf sachkundige Experten anerkannt werden müsse. *Hüffer* entgegnete, dass es sich bei den Kodex-Empfehlungen jedenfalls nicht um Handelsbräuche handle. Auch könne § 161 AktG den Kodex weder demokratisch legitimieren noch ihm eine über die Entlastung hinausgehende anfechtungsbegründende Wirkung verschaffen. Auch soweit der Kodex nunmehr etwa Regelungen hinsichtlich der Diversity schaffe, fehle ihm ein verfassungsrechtliches Fundament.

V.

Abschließend bezweifelte *Krieger*, ob es überhaupt gerechtfertigt werden könne, wegen einer Pflichtverletzung von Vorstands- oder Aufsichtsratsmitgliedern eine Anfechtung der Entlastung zuzulassen. Auch eine gravierende Pflichtverletzung schließe es nicht zwingend aus, die Amtstätigkeit der Vergangenheit insgesamt positiv zu beurteilen. Vor allem aber sei die Entlastung auch eine Vertrauensbekundung für die Zukunft, und man könne auch einem Vorstand, der in der Vergangenheit einen Fehler gemacht habe, für die Zukunft Vertrauen entgegenbringen. Es stelle daher eine Bevormundung der Hauptversammlung dar, wenn das Vorliegen einer Pflichtverletzung die Entlastung ausschließe. *Hüffer* erwiderte, er habe bereits frühzeitig vertreten, dass Entlastungsbeschlüsse bei gewichtigen Gesetzesverstößen anfechtbar sein müssten, und halte an dieser Auffassung auch heute trotz der im Umgang mit § 161 AktG zutage getretenen Probleme fest. Die Aktionäre müssten die Möglichkeit haben, gravierende Mängel in einem geordneten Verfahren zu beanstanden; dabei handele es sich um ein Individualrecht jedes Aktionärs.

Leitungsstrukturen bei Integration deutscher Gesellschaften in internationale Konzerne

Dr. Laurenz Wieneke, LL.M. (Cantab.)
Rechtsanwalt, Frankfurt am Main

I. Einleitung

Konzerne und Unternehmensgruppen sind gewachsene Organismen. Sie entstehen nicht auf dem Reisbrett, sondern entwickeln sich historisch. Neue Geschäftsfelder werden eröffnet, teilweise in eigenen Gesellschaften, teilweise nicht. Haftungsfragen und andere gesellschaftsrechtliche Überlegungen spielen dabei eine Rolle, aber auch das Steuerrecht und die Finanzierungsmöglichkeiten. Dann werden Unternehmen oder ganze Unternehmensgruppen hinzugekauft und andere werden dafür abgestoßen. Rechtlich kommt es dabei zu *asset deals* und *share deals*. Bei der Strukturierung solcher Transaktionen sind wiederum rechtliche Erwägungen nicht allein ausschlaggebend. Steuergestaltung, Haftungsfragen, Finanzierungsmöglichkeiten, operative Notwendigkeiten, Kundenbeziehungen und das Machtgefüge im Konzern spielen vielfach eine erhebliche Rolle. Im Ergebnis haben selbst kleinere Unternehmen oft eine so komplexe gesellschaftsrechtliche Struktur, dass ein Diagramm kaum auf eine DIN A3-Seite passt. Bei großen Konzernen sind für jeden Teilbereich nicht selten mehrere Seiten erforderlich.

Ein Top-Manager einer großen deutschen Unternehmensgruppe sprach immer, auf die rechtliche Strukturierung von Teilen seines Konzerns angesprochen, nur von einem „Verhau". Diesen „Verhau" aufzuräumen fehlte stets die Zeit. Aber selbst wenn man die erforderlichen Managementkapazitäten und sonstigen Ressourcen mobilisieren wollte, sprächen vielfach Sachzwänge – neben den Transaktionskosten etwa das Steuerrecht, das Arbeitsrecht und die geschäftlichen und vertraglichen Beziehungen – gegen eine Umstrukturierung mit dem Ziel einer klaren gesellschaftsrechtlichen Struktur.

Das soll nicht bedeuten, dass die Unternehmen, von denen wir sprechen, keine klaren Vorstellungen von einer effizienten Unternehmensorganisation haben und diese nicht auch mit ordnender Hand umsetzen. Das Gegenteil ist vielfach der Fall. Unternehmensstruktur und Managementorganisation unterliegen einer fortwährenden Überprüfung und Optimierung. Da diese dann aber auf der rechtlichen Seite nicht nachvollzogen wird, kommt es dazu, dass die betriebswirtschaftliche Organisation nicht mehr mit der rechtlichen Struktur des Konzerns übereinstimmt. Solche rechtsforminkongruenten Organisationen führen zu rechtlichen Problemen, die Gegenstand dieses Vortrags sein sollen.

Das damit angesprochene Problem ist freilich nicht auf „internationale Konzerne" beschränkt. Sofern die gesellschaftsrechtlichen und betriebswirtschaftlichen Strukturen komplexer werden, taucht das Problem der rechtsforminkongruenten Strukturen auch bei Unternehmen von kleiner und mittlerer Größe auf. Bei ausländischen Unternehmen, die in Deutschland mehrere Gesellschaften gegründet bzw. Unternehmen oder ganze Unternehmensgruppen gekauft haben, wird dieses Problem aber besonders augenfällig, wenn diese Gesellschaften oder Unternehmen organisatorisch in den bestehenden ausländischen Konzern eingegliedert werden sollen. Drei Beispiele aus der Praxis mögen das verdeutlichen.

II. Beispielsfälle

Nehmen wir an, im Ausgangsfall hat das ausländische Unternehmen eine einfache Spartenorganisation für verschiedene Produktgruppen A, B und C mit den jeweiligen Unternehmensbereichen Materialwirtschaft, Produktion und Marketing. In Deutschland gibt es unter anderem eine Vertriebsgesellschaft, mit vierzig Mitarbeitern, die in Teams für je unterschiedliche Produktgruppen A, B und C zuständig sind. Geschäftsführer ist (wohl eher als Verlegenheitslösung) der Leiter der deutschen Rechtsabteilung. Aufgrund der betriebswirtschaftlichen Organisation des internationalen Konzerns „berichten" die Vertriebsmitarbeiter an den in der jeweiligen Sparte (A, B und C) zuständigen Distribution-

Head. Dieses „Reporting" erfolgt über Berichtswege, sogenannte Reporting Lines. Gemeint ist damit nicht in erster Linie, dass hier Informationen übermittelt werden. Vielmehr geht es darum, dass in diesen funktionalen Berichtswegen Weisungen erteilt werden. Die Mitarbeiter werden von ihrem Vorgesetzten im Ausland geführt. Sie sind ihm gegenüber verantwortlich. Dieser Vorgesetzte kann, muss aber nicht bei der Muttergesellschaft sitzen. Vielfach sitzt er auch in einer Großmutter-, Schwester- oder Tanten-Gesellschaft. Der Geschäftsführer der Gesellschaft selbst taucht in der betriebswirtschaftlichen Organisationsstruktur nicht auf. Er berichtet als Leiter der deutschen Rechtsabteilung in seiner Reporting Line an den Global Head of Legal.

In einem zweiten Fall verfügt die ausländische Unternehmensgruppe über mehrere Gesellschaften in Deutschland, die in verschiedenen Bereichen tätig sind. Um eine steuerliche Ergebnis-Poolung zu erreichen, werden alle deutschen Gesellschaften unter eine nationale Zwischenholding gehängt und über Ergebnisabführungsverträge mit dieser verbunden. Die Zwischenholding taucht selbstverständlich in dem betriebswirtschaftlichen Organigramm nicht auf, da sie über kein eigenes Geschäft verfügt und insofern keine Funktion erfüllt. Dies ist auch nicht nötig, da für die ertragsteuerliche Organschaft, also für Zwecke der Körperschaft- und Gewerbesteuer, eine wirtschaftliche und organisatorische Eingliederung nicht (mehr) erforderlich ist.[1] Aus dcn einzelnen deutschen Gesellschaften findet eine funktionale Berichterstattung unmittelbar – also unter Umgehung der nationalen Zwischenholding – an die jeweiligen Division-Heads im Ausland statt.

In einem dritten Fall geht es um ein großes deutsches produzierendes Unternehmen, das zu einem weltweiten Konzern gehört. Daneben gibt es große Schwesterunternehmen unter anderem in England, Frankreich und Spanien. Um die europäischen Aktivitäten besser koordinieren zu können, wird ein virtuelles Führungsgremium geschaffen, dem neben Managern aus Deutschland auch Manager aus den anderen europäischen Gesellschaften angehören. Die einzelnen Führungskräfte in Deutschland berichten funktional an dieses „European Board". Solche

1 Bei der umsatzsteuerlichen Organschaft ist dies freilich anders, vgl. etwa *Liebscher* in MünchKomm. GmbHG, 2010, § 13 Anh. Rz. 1200. Ist auch diese beabsichtigt, bergen solche Strukturen neben den hier dargestellten gesellschaftsrechtlichen Problemen besondere persönliche Risiken für die Geschäftsführer, vgl. §§ 34, 69 AO; siehe insofern etwa *Wisskirchen/Dannhorn/Bissels*, DB 2008, 1139 (1140).

funktionalen Berichtswege betreffen nicht nur die Leiter Einkauf, Produktion und Vertrieb, sondern auch den Leiter Recht, den Leiter Kommunikation, den Leiter Compliance etc. Der mitbestimmte Aufsichtsrat der obersten deutschen Konzerngesellschaft sieht die funktionale Berichterstattung, die nur teilweise, aber keineswegs in allen Fällen über die deutschen Geschäftsführer läuft, mit Missfallen.

III. Rechtliche Fragestellungen

Es gibt schon eine Reihe von Untersuchungen, die sich mit der Zulässigkeit von betriebswirtschaftlichen Organisationsstrukturen auseinandersetzen. Wenn aber etwa Probleme der Spartenorganisation[2] oder der virtuellen Holding[3] diskutiert wurden, ging es eher um die rechtliche Würdigung der Organisation an der Konzernspitze. Im Folgenden setzt die rechtliche Würdigung in erster Linie bei der Tochtergesellschaft an. Zu unterscheiden sind vier Fälle, nämlich die Aktiengesellschaft und die GmbH und zwar jeweils im Vertragskonzern und im faktischen Konzern. Die Probleme sollen in erster Linie bei der faktisch konzernierten GmbH erläutert werden, weil dies die in der Praxis sicher relevanteste Fallkonstellation ist. Es wird jeweils von einer Einmann-Gesellschaft ausgegangen, das heißt der Schutz außenstehender Gesellschafter wird genauso wenig thematisiert wie Probleme der Konzernbildungskontrolle.[4] Auch wird nicht auf arbeitsrechtliche[5] und haftungsrechtliche[6] Fragestellungen eingegangen.

---

2 Etwa *Schiessl*, ZGR 1992, 64 ff.

3 Etwa *Schwark* in FS Ulmer, 2006, S. 605 ff.

4 Siehe hierzu statt aller *Habersack* Emmerich/Habersack, Aktien- und GmbH-Konzernrecht, 6. Aufl. 2010, Anh. § 318 Rz. 8 ff.; *Liebscher* in MünchKomm. GmbHG, 2010, § 13 Anh. Rz. 167; *Zöllner* in Baumbach/Hueck, GmbHG, 19. Aufl. 2010, Schlussanhang Konzernrecht Rz. 93 ff.

5 Arbeitsrechtlich betrachtet verlangt es die Matrixorganisation vielfach, dass das fachliche Weisungsrecht auf Vorgesetzte anderer Konzerngesellschaften übertragen wird, während das disziplinarische Weisungsrecht beim Vertragsarbeitgeber verbleibt. Abmahnen, kündigen etc. kann dann nur das Arbeitgeberunternehmen selbst, nicht der Fachvorgesetzte. Gerade dieses Auseinanderfallen kann im gestörten Vertragsverhältnis zu Problemen führen, denn das deutsche Arbeitsrecht sieht – abgesehen vom Sonderfall der Arbeitnehmerüberlassung – eine Trennung von fachlicher und disziplinarischer Weisungsbefugnis gerade nicht vor. Umso mehr stellt sich die Frage nach der rechtlichen Grundlage der Übertragung des fachlichen (funktionalen) Weisungsrechts an Dritte. Die Übertragungsbefugnis gesellschaftsrechtlich zu begründen, scheidet in diesem Zusammenhang wohl aus. Die Konzernleitungsmacht

1. Die GmbH im faktischen Konzern

Aufgrund der Weisungsabhängigkeit ihrer Geschäftsführung eignet sich die GmbH gut als Baustein komplexer Konzernstrukturen. Ein kurzer Blick auf die rechtliche Organisationsverfassung der GmbH zeigt dies. In einer GmbH müssen die Geschäftsführer gemäß § 37 Abs. 1 GmbHG den Weisungen der Gesellschafterversammlung Folge leisten. Danach haben die Geschäftsführer im Innenverhältnis die Beschränkungen zu beachten, die durch „die Beschlüsse der Gesellschafter festgesetzt sind". Im faktischen Konzern stellt dieses Weisungsrecht das „Herrschafts-

---

begründet kein arbeitsvertragliches Weisungsrecht gegenüber den Arbeitnehmern konzernabhängiger Unternehmen (*Richardi* in Staudinger, Neubearbeitung 2005, vor § 611 BGB Rz. 440). Besteht etwa ein Beherrschungsvertrag (§ 291 AktG), ist das herrschende Unternehmen zwar berechtigt, dem Vorstand hinsichtlich der Leitung der Gesellschaft Weisungen zu erteilen. Aus dem konzernrechtlichen Weisungsrecht lässt sich aber keine Arbeitgeberbefugnis der Konzernobergesellschaft herleiten (*Richardi* in Staudinger, Neubearbeitung 2005, vor § 611 BGB Rz. 440). Die Frage der Übertragung des fachlichen Weisungsrechts dürfte damit nicht etwa mit gesellschaftsrechtlichen Instrumentarien, sondern allein zivilrechtlich zu lösen sein. Das fachliche Weisungsrecht wird dabei vom gesetzlichen Vertreter der Gesellschaft rechtsgeschäftlich an einen Dritten übertragen. Den gesetzlichen Vertretern des Arbeitgeberunternehmens kommt das Recht zur Geschäftsführung und damit auch zur Ausübung des Weisungsrechts gegenüber ihren Arbeitnehmern zu. Dieses Weisungsrecht wird innerhalb eines Unternehmens regelmäßig an nachgeordnete Arbeitnehmer (Abteilungsleiter etc.) delegiert. Diese Delegation muss nicht notwendig auf Arbeitnehmer des Vertragsarbeitgebers beschränkt bleiben, sondern kann auch an Dritte erfolgen, insbesondere auch an Mitarbeiter anderer Konzernunternehmen. Im Ergebnis werden damit in der Matrixstruktur die Arbeitgeberrechte des gesetzlichen Vertreters mit dessen – unterstelltem – Wissen und Wollen auf Mitarbeiter eines Konzernunternehmens übertragen. Bei der Ausübung der Weisungsbefugnisse in der Matrixstruktur handelt es sich damit lediglich um eine – ausdrückliche oder faktische – Ausübungsabrede zwischen dem gesetzlichen Vertreter des Arbeitgeberunternehmens und der Konzerngesellschaft bzw. deren Repräsentanten. Der Repräsentant des Konzernunternehmens ist damit Bevollmächtigter des gesetzlichen Vertreters des Vertragsarbeitgebers, und der Arbeitnehmer ist gemäß § 106 GewO verpflichtet, dessen Weisungen nachzukommen, da es sich insoweit um abgeleitete Weisungen des Vertragsarbeitgebers handelt. Siehe weiterführend zu den arbeitsrechtlichen Problemen bei Matrix-Strukturen, *Wisskirchen/Bissels*, DB 2007, 340 (342).

6 Siehe spezifisch zu den Haftungsfragen im Zusammenhang mit der funktionalen Berichterstattung *Grabbe* in Bräutigam (Hrsg.), IT-Outsourcing, 2. Aufl. 2009, Teil 7 Rz. 25 ff., *Henze/Lübke*, Der Konzern, 2009, 159 (162 ff.), sowie *Wisskirchen/Dannhorn/Bissels*, DB 2008, 1139 ff.

instrument" der Obergesellschaft gegenüber der Tochter-GmbH dar.[7] Grundsätzliche Einschränkungen dieser Weisungsbefugnis bestehen nicht; der Abschluss eines Beherrschungsvertrags ist daher regelmäßig nicht nötig.[8] Bei dieser Weisungsbefugnis handelt es sich um eine Kompetenz, die der Gesellschafterversammlung als Organ der Gesellschaft, nicht hingegen den einzelnen Gesellschaftern, zusteht.[9] Das Weisungsrecht und die hiermit korrespondierende Folgepflicht der Geschäftsführung sind somit ein direkter Ausfluss der Organisationsverfassung der GmbH und ihrer Ausgestaltung als „Mitunternehmergemeinschaft".[10] Erhält ein Geschäftsführer eine Weisung, so ist er grundsätzlich verpflichtet, dieser auch nachzukommen; als Korrelat entfällt dann auch seine Haftung, soweit er einer wirksamen und bindenden Weisung Folge leistet.[11]

Die Weisungsbefugnis steht der Gesellschafterversammlung zu. Sie wird ausgeübt durch einen entsprechenden Gesellschafterbeschluss,[12] ohne den die Gesellschafter keine Weisungen erteilen, sondern nur (rechtlich unverbindliche) Hinweise aussprechen.[13] Etwas anderes gilt freilich für den Alleingesellschafter, bei dem das Erfordernis eines Gesellschafterbeschlusses gekünstelt wäre.[14] Als verbindlich erteilte Anweisungen des Alleingesellschafters sind in einem solchen Fall auch dann zu befolgen, wenn sie nicht förmlich im Wege eines Gesellschafterbeschlusses erfolgen. Darüber hinaus unterliegen Weisungen keinen besonderen Formerfordernissen, müssen aber als verbindliche Weisung ausgesprochen werden.[15]

---

7 *Liebscher* in MünchKomm. GmbHG, 2010, § 13 Anh. Rz. 301.

8 *Altmeppen* in Roth/Altmeppen, GmbHG, 6. Aufl. 2009, § 37 Rz. 12; zu den möglichen Vorteilen einer vertraglichen Konzernierung *Lutter* in Lutter/Hommelhoff, GmbHG, 17. Aufl. 2009, Anh. zu § 13 Rz. 44.

9 *Uwe H. Schneider* in Scholz, GmbHG, 10. Aufl. 2007, § 37 Rz. 31; *Beuthien/Gätsch*, ZHR 157 (1993), 483 (497).

10 *Zöllner/Noack* in Baumbach/Hueck, GmbHG, 19. Aufl. 2010, § 37 Rz. 20; *Konzen*, NJW 1989, 2977.

11 BGH v. 31.1.2000 – II ZR 189/99, NJW 2000, 1571; *Koppensteiner* in Rowedder/Schmidt-Leithoff, GmbHG, 4. Aufl. 2002, § 43 Rz. 28.

12 *Uwe H. Schneider* in Scholz, GmbHG, 10. Aufl. 2007, § 37 Rz. 31.

13 *Kleindiek* in Lutter/Hommelhoff, GmbHG, 17. Aufl. 2009, § 37 Rz. 17; *Lenz* in Michalski, GmbHG, 2. Aufl. 2010, § 37 Rz. 16.

14 *Lenz* in Michalski, GmbHG, 2. Aufl. 2010, § 37 Rz. 16. Siehe auch BGHZ 31, 278, wo Gesellschafterbeschluss und die Weisung des alleinigen Gesellschafters gleichgestellt werden.

15 *Lenz* in Michalski, GmbHG, 2. Aufl. 2010, § 37 Rz. 16.

Damit legt die Organisationsverfassung der GmbH den Weisungsberechtigten (nämlich den Gesellschafter, ggf. vertreten durch seine Organe, handelnd in der Gesellschafterversammlung) und den Weisungsempfänger (nämlich die Geschäftsführer) klar fest. Will man eine funktionale Berichterstattung ermöglichen, besteht bei einer rechtsforminkongruenten Organisation sowohl auf Seiten des Weisungsberechtigten, als auch auf Seiten des Weisungsempfängers Argumentationsbedarf.

a) Weisungsberechtigter

Die Ausübung des Weisungsrechts über die Gesellschafterversammlung ist in der Regel schwerfällig und nicht praktikabel, da die zur Stimmrechtsausübung in der Gesellschafterversammlung berechtigten Organe der Muttergesellschaft mit dem konkreten Sachverhalt nicht vertraut sind. Durch die Satzung kann das Weisungsrecht zwar gemäß § 45 Abs. 1 GmbHG an einen Aufsichtsrat[16] oder besonders eingerichtete Gremien (z. B. an einen Beirat) delegiert werden.[17] Das würde allerdings auch nicht die nötige Flexibilität sicherstellen und wäre insofern keine Lösung des Problems.

Das zur Vertretung berechtigte Organ der Muttergesellschaft muss allerdings nicht selbst an der Gesellschafterversammlung teilnehmen. Eine Bevollmächtigung ist, wie § 47 Abs. 3 GmbHG zeigt, ohne weiteres möglich. Daher kann die Gesellschafterversammlung auch einen Dritten, etwa einen für die jeweilige Beteiligung „zuständigen" leitenden Angestellten zur jederzeitigen Abhaltung einer Gesellschafterversammlung und damit auch zur Ausübung des Weisungsrechts bevollmächtigen. Das Abspaltungsverbot steht dem nur entgegen, wenn die Vollmacht, was nicht erforderlich ist, unwiderruflich oder verdrängend ist.[18] Teilweise wird sogar eine (verdrängende) Übertragung des Weisungsrechts für klar definierte konkrete Einzelmaßnahmen oder Ressorts auf einzelne Gesellschafter oder gesellschaftsexterne Dritte durch einen

---

16 Nicht hingegen auf einen obligatorischen Aufsichtsrat, da § 111 Abs. 4 Satz 1 AktG zwingend ist.

17 *Lenz* in Michalski, GmbHG, 2. Aufl. 2010, § 37 Rz. 17; *Uwe H. Schneider* in Scholz, GmbHG, 10. Aufl. 2007, § 37 Rz. 32; *Zöllner/Noack* in Baumbach/Hueck, GmbHG, 19. Aufl. 2010, § 45 Rz. 19; *Beuthien/Gätsch*, ZHR 157 (1993), 483 (492 f., 497); *Konzen*, NJW 1989, 2977 (2980).

18 Vgl. *Bayer* in Lutter/Hommelhoff, GmbHG, 17. Aufl. 2009, § 14 Rz. 15; *K. Schmidt* in Scholz, GmbHG, 10. Aufl. 2007, § 47 Rz. 17, 20, 83; *Roth* in Roth/Altmeppen, GmbHG, 5. Aufl. 2005, § 47 Rz. 19.

einfachen Gesellschafterbeschluss für möglich erachtet.[19] Ob dem zu folgen ist, ist fraglich. Das aus der Gesellschafterstellung resultierende Weisungsrecht kann jedenfalls nicht vollständig und verdrängend auf Dritte übertragen werden, die selber keine Organstellung in der Gesellschaft innehaben.[20] Eine solche auf Dauer angelegte Fremdbestimmung würde dem Selbstbestimmungsrecht und der Verbandssouveränität der Gesellschaft widersprechen.[21]

Eine teilweise oder vollständig verdrängende Übertragung ist aber für die Implementierung einer funktionalen Berichterstattung gar nicht erforderlich. Es ist nämlich durchaus sachgerecht, dass es bei der jederzeitigen Einflussmöglichkeit der Muttergesellschaft bleibt, die ja auch für die Folgen der Weisungen als alleinige Gesellschafterin der GmbH letztlich verantwortlich bleibt.[22] Die Delegation des Weisungsrechts ist im Rahmen der funktionalen Berichterstattung sachlich beschränkt und klar definiert und kann als jederzeit widerruflich ausgestaltet werden. Es kommt freilich eine funktionale Aufspaltung des Weisungsrechts hinzu.[23] Das Weisungsrecht wird dabei durch die Konzernmutter für bestimmte und fest umrissene Bereiche entlang den Reporting Lines delegiert und damit unterschiedlich zugewiesen. Die funktionale Aufspaltung des Weisungsrechts ist auch sachgerecht, da durch sie sichergestellt wird, dass immer die in der betriebswirtschaftlichen Organisation zuständige und kompetente Stelle weisungsbefugt ist. Der Weisungsberechtigte sollte nicht namentlich benannt werden, da immer eine Umbesetzung möglich ist. Die jeweilige Funktion sollte deutlich bezeichnet sein (etwa der jeweilige Division Head).

---

19 *Kleindiek* in Lutter/Hommelhoff, GmbHG, 17. Aufl. 2009, § 37 Rz. 21.

20 *Kleindiek* in Lutter/Hommelhoff, GmbHG, 17. Aufl. 2009, § 37 Rz. 15; *Uwe H. Schneider* in Scholz, GmbHG, 10. Aufl. 2007, § 37 Rz. 33; a. A. *Koppensteiner* in Rowedder/Schmidt-Leithoff, GmbHG, 4. Aufl. 2002, § 37 Rz. 30.

21 *Uwe H. Schneider* in Scholz, GmbHG, 10. Aufl. 2007, § 37 Rz. 34; *Lenz* in Michalski, GmbHG, 2. Aufl. 2010, § 37 Rz. 17; *Kleindiek* in Lutter/Hommelhoff, GmbHG, 17. Aufl. 2009, § 37 Rz. 19.

22 *Uwe H. Schneider* in Scholz, GmbHG, 10. Aufl. 2007, § 37 Rz. 34.

23 Argumente, die gegen die Zulässigkeit einer solchen funktionalen Aufspaltung sprechen, sind nicht ersichtlich. So wie der Gesellschafter mehreren Personen eine Vollmacht zur Abhaltung von Gesellschafterversammlungen erteilen kann, muss er auch das Weisungsrecht an verschiedene Personen delegieren können. Auch die Gefahr konfligierender Weisungen steht dem nicht entgegen, da deren Vermeidung in erster Linie ein Gebot der Zweckmäßigkeit ist und die funktionale Aufspaltung gerade der Vermeidung von Überschneidungen und Konflikten dient.

Nicht erforderlich ist, die Delegation des Weisungsrechts auf Mitarbeiter des Gesellschafters zu beschränken. Auf den ersten Blick ist es zwar sachgerecht, dass der Gesellschafter „seine eigenen Leute" zur Ausübung des Weisungsrechts bevollmächtigt, weil er dann durch Weisungen im Rahmen seiner eigenen Organisation sicherstellen kann, dass das Weisungsrecht entsprechend seinen Vorstellungen ausgeübt wird. Bei näherer Betrachtung ist diese Einschränkung aber nicht notwendig.[24] Das Weisungsrecht soll nämlich gerade nicht unwiderruflich von der Gesellschafterstellung abgespalten und verdrängend den funktionalen Berichtswegen zugewiesen werden. Daraus ergibt sich, dass der Gesellschafter jederzeit das Weisungsrecht wieder an sich ziehen, die in den funktionalen Berichtswegen erteilten Weisungen widerrufen und durch eigene Weisungen ersetzen kann. Vor diesem Hintergrund bestehen keine Bedenken dagegen, dass die Berichtswege aus der Gesellschaft heraus nicht zum Gesellschafter, sondern zu Großmutter-, Schwester- oder Tantengesellschaften oder zu einem virtuellen Leitungsgremium führen.

Letztlich verantwortlich für die Ausübung des Weisungsrechts bleibt jedoch der Gesellschafter und mithin dessen zur Ausübung des Stimmrechts berufenes Organ. Die Letztzuständigkeit für die Erteilung des Weisungsrechts bleibt immer bei der Gesellschafterversammlung.

b) Weisungsadressat

Weisungsadressat ist nach der gesetzlichen Konzeption grundsätzlich die Geschäftsführung der (abhängigen) GmbH als deren Leitungsorgan. Insoweit stellt sich die Frage, ob auch direkte Weisungen entlang der Reporting Lines an Funktionsstellen unterhalb der Geschäftsführung zulässig sind. Gerade hierin liegt der betriebswirtschaftliche Sinn und Zweck einer konzernweiten funktionalen Berichterstattung, die eine effiziente und straffe Organisation schaffen und lange Entscheidungswege vermeiden will.

Ausgangspunkt der Überlegung ist zunächst, dass die Geschäftsführungsbefugnis den Geschäftsführern gesamtverantwortlich obliegt. Eine Geschäftsverteilung nach Ressorts ist, wie bei einer Aktiengesellschaft auch, bei eindeutiger schriftlicher Fixierung und persönlicher und fach-

24 Jeder beliebige Dritte kann bevollmächtigt werden, vgl. *K. Schmidt* in Scholz, GmbHG, 10. Aufl. 2007, § 47 Rz. 84.

licher Eignung der zuständigen Personen zulässig.[25] Zudem müssen die Geschäftsführer in ihrer Gesamtheit und auch die einzelnen Ressortleiter nicht sämtliche Angelegenheiten im Unternehmen selbst regeln. Sie können vielmehr im Rahmen ihres unternehmerischen Ermessens einzelne Aufgaben auch auf die ihnen nachgeordneten Mitarbeiter und Funktionsstellen delegieren.[26] Dies folgt im Ergebnis aus dem arbeitsrechtlichen Direktions- und Weisungsrecht der Geschäftsführung. Dabei sind die Geschäftsführer grundsätzlich für die sorgfältige Auswahl, Anleitung und fortlaufende Kontrolle der ihnen nachgeordneten Funktionsstellen verantwortlich.[27] Hierzu ist bei einer entsprechenden Geschäftsverteilung primär jeder Geschäftsführer für das ihm zugeteilte Ressort berufen.[28]

Ist demnach eine Delegation an nachgeordnete Mitarbeiter grundsätzlich zulässig, stellt sich noch die Frage, ob es einen Kernbereich zwingender Zuständigkeit der einzelnen Geschäftsführer oder der Geschäftsführer in ihrer Gesamtheit gibt. Bei großen Gesellschaften ergibt sich die Zulässigkeit der Delegation fast aller Geschäftsführungsaufgaben aus der Natur der Sache. Die Geschäftsführung ist eine so umfassende Aufgabe, dass die Übertragung auf untere Führungsebenen eine betriebswirtschaftliche Notwendigkeit ist.[29] Solche faktischen Zwänge bestehen in den hier diskutierten Fällen allerdings vielfach nicht. Bei entsprechender Besetzung der Geschäftsführung bestünde jedenfalls die Möglichkeit, die wesentlichen Aufgaben und Funktionen auf Ebene der Geschäftsführer darzustellen. Dies würde allerdings vielfach den mit der funktionalen Berichterstattung verfolgten Organisationsüberlegungen zuwiderlaufen. Ob alle Funktionen auf Geschäftsführungsebenen abgebildet werden müssen, ist allerdings fraglich, wenn doch die Geschäftsführer ohnehin aufgrund einer entsprechenden funktionalen Weisung zur bloßen Umsetzung verpflichtet sind. Wenn sie die Weisung dann ohnehin, wie geboten, unverändert an die nachgeordnete Stelle zur

25 *Haas/Ziemons* in Michalski, GmbHG, 2. Aufl. 2010, § 43 Rz. 153 ff.; *Uwe H. Schneider* in Scholz, GmbHG, 10. Aufl. 2007, § 43 Rz. 35 ff.

26 *Kleindiek* in Lutter/Hommelhoff, GmbHG, 17. Aufl. 2009, § 43 Rz. 22; *Haas/Ziemons* in Michalski, GmbHG, 2. Aufl. 2010, § 43 Rz. 171; *Uwe H. Schneider* in Scholz, GmbHG, 10. Aufl. 2007, § 43 Rz. 41.

27 *Kleindiek* in Lutter/Hommelhoff, GmbHG, 17. Aufl. 2009, § 43 Rz. 22; *Uwe H. Schneider* in Scholz, GmbHG, 10. Aufl. 2007, § 43 Rz. 41.

28 Die Geschäftsführer sind für fehlerhafte Maßnahmen in einem Ressort, das einem anderen Geschäftsführer zugewiesen ist, nicht verantwortlich, vgl. *Uwe H. Schneider* in Scholz, GmbHG, 10. Aufl. 2007, § 43 Rz. 39.

29 *Schwark*, ZHR 142 (1978), 203 (217); *Schiessl*, ZGR 1992, 64 (80).

Umsetzung weiterleiten, stellt der Umweg über die Geschäftsführung genau die unnötige Komplexität dar, welche die funktionale Berichterstattung im Interesse einer effizienten und straffen Organisation vermeiden soll und für die ein rechtlicher Grund nicht ersichtlich ist. Vor diesem Hintergrund sind die Geschäftsführer im Rahmen ihrer Delegationsbefugnis berechtigt und aufgrund einer entsprechenden allgemeinen Weisung der Gesellschafterversammlung verpflichtet[30], die ihnen nachgeordneten Mitarbeiter zur unmittelbaren Befolgung von Weisungen im Rahmen der funktionalen Berichterstattung anzuweisen.

c) Grenzen der funktionalen Berichterstattung

Die Grenzen der funktionalen Berichterstattung verlaufen zunächst dort, wo auch die Grenzen der Delegationsbefugnis der Geschäftsführer liegen. Zu nennen sind hier etwa, ohne Anspruch auf Vollständigkeit, bestimmte öffentlich-rechtliche Pflichten[31] wie die Erfüllung der Anmeldepflichten gegenüber dem Handelsregister (etwa §§ 7, 57 GmbHG), die Pflicht zur Einberufung der Gesellschafterversammlung (§ 49 GmbHG), die Pflicht zur Vorlage des Jahresabschlusses (§ 42a GmbHG) und die Insolvenzantragspflicht (§ 15a InsO). Hierzu wird man auch die Bindung an den satzungsmäßigen Gegenstand der Gesellschaft zählen können. Dies sind allerdings alles rein formale gesellschaftsbezogene Pflichten, die mit der funktionalen Berichterstattung, die auf das operative Geschäft abzielt, nichts zu tun haben. Ein Konkurrenzverhältnis besteht hier nicht. Wesentlicher sind da schon die Rechte eines nach den mitbestimmungsrechtlichen Regelungen zu bildenden Aufsichtsrats, die selbstverständlich zu respektieren sind.

Die erste wesentliche Einschränkung ist die Pflicht, für eine Kapitalerhaltung nach § 30 GmbHG Sorge zu tragen. Sofern die Gesellschaft über keine wesentlichen Rücklagen verfügt, besteht insbesondere die Gefahr, dass im Wege der funktionalen Berichterstattung erteilte Anweisungen zu verdeckten Zuwendungen aus dem Gesellschaftsvermögen führen und hierdurch (unerkannt) eine Unterdeckung eintritt. Dies haben die Geschäftsführer zu unterbinden. Besteht daher bereits eine Unterdeckung oder droht eine solche, müssen die Geschäftsführer im Interesse der Kapitalhaltung die funktionale Berichterstattung eng überwachen, um auch unbeabsichtigte oder verdeckte Zuwendungen aus dem Ge-

30 Siehe etwa *Henze/Lübke*, Der Konzern, 2009, 159 (161).

31 *Haas/Ziemons* in Michalski, GmbHG, 2. Aufl. 2010, § 43 Rz. 155a; *Mennicke*, NZG 2000, 622 (623).

sellschaftsvermögen oder sonstige für die Gesellschaft nachteilige Weisungen erkennen und vermeiden zu können. Dies gilt umso mehr, wenn die gesamte Gruppe in Schwierigkeiten ist und eine Konzerninsolvenz droht. In einem solchen Fall muss der Geschäftsführer, ähnlich der Rechtslage beim Cash-Pooling,[32] die Möglichkeit haben, die funktionale Berichterstattung notfalls zu kündigen und alle Weisungen über seinen Tisch laufen zu lassen. Dies setzt ein entsprechendes Informationssystem voraus. Kommt es gleichwohl zu einem Verstoß gegen die Kapitalerhaltung, haften die Geschäftsführer hierfür persönlich (§ 43 Abs. 3 GmbHG).

Eine zweite Grenze stellt das Verbot des existenzvernichtenden Eingriffs dar. Die Existenzvernichtungshaftung ist von der Rechtsprechung in einer Reihe von Entscheidungen entwickelt worden. In seinem Grundsatzurteil „Trihotel" hat der BGH nunmehr klargestellt, dass er in der „Existenzvernichtungshaftung" ausschließlich einen speziellen Fall vorsätzlich sittenwidriger Schädigung gemäß § 826 BGB aufgrund „missbräuchlicher Schädigung des im Gläubigerinteresses zweckgebundenen Gesellschaftsvermögens" sieht.[33] Haftungsauslösend ist das Außerachtlassen der gebotenen angemessenen Rücksichtnahme auf den Bestand des Gesellschaftsvermögens und das vorsätzlich-sittenwidrige Herbeiführen der Zahlungsunfähigkeit der Gesellschaft durch einen kompensationslosen Eingriff.[34] Aufgrund der Vorortung dieser Rechtsfigur im Deliktsrecht haften neben dem Gesellschafter selbst auch mittelbare Gesellschafter, etwa die Konzernspitze, Schwestergesellschaften und die Geschäftsführer persönlich.[35] Diese Rechtsprechung läuft auf ein begrenztes Eigeninteresse der Gesellschaft im Sinne eines Bestandsschutzes hinaus,[36] als dessen Garant die Geschäftsführer kraft Amtes eingesetzt sind. Für die funktionale Berichterstattung bedeutet dies,

---

32 BGHZ 179, 71 = NZG 2009, 107 („MPS"); *Goette*, Einführung in das neue GmbH-Recht, 2008, S. 11, Rz. 24; *Hueck/Fastrich* in Baumbach/Hueck, GmbHG, 19. Aufl. 2010, § 30 Rz. 56; *Hommelhoff* in Lutter/Hommelhoff, GmbHG, 17. Aufl. 2009, § 30 Rz. 40; *Altmeppen* in Roth/Altmeppen, GmbHG, 6. Aufl. 2009, § 30 Rz. 109 ff.

33 BGHZ 173, 246 = NJW 2007, 2689 = ZIP 2007, 1552 („Trihotel"); bestätigt durch BGHZ 176, 204 = NJW 2008, 2437 („Gamma").

34 Statt aller *Liebscher* in MünchKomm. GmbHG, 2010, § 13 Anh. Rz. 540; *Lutter* in Lutter/Hommelhoff, GmbHG, 17. Aufl. 2009, § 13 Rz. 34 ff.

35 BGHZ 173, 246 = NJW 2007, 2689 = ZIP 2007, 1552 („Trihotel") bei Rz. 44; *Liebscher* in MünchKomm. GmbHG, 2010, § 13 Anh. Rz. 587 ff.; *Hueck/Fastrich* in Baumbach/Hueck, GmbHG, 19. Aufl. 2010, § 13 Rz. 65.

36 *Liebscher* in MünchKomm. GmbHG, 2010, § 13 Anh. Rz. 468.

dass potentiell existenzgefährdende Weisungen erkannt und unterbunden werden müssen. Dies erfolgt nicht nur im Interesse der Geschäftsführer, sondern auch aller anderen Beteiligten, das heißt etwa aller involvierten Konzerngesellschaften, deren Organe und der handelnden Personen in den funktionalen Berichtslinien. Vor diesem Hintergrund müssen die Geschäftsführer bei den beteiligten Personen ein Bewusstsein für die einschlägigen Fallgruppen schaffen, die entwickelt wurden, um den Tatbestand der Existenzvernichtungshaftung handhabbar zu machen, insbesondere der Abzug von Finanzmitteln, der Abzug von materiellen und personellen Ressourcen, die Entziehung zentraler Unternehmensfunktionen, die Aufgabe lukrativer Produkte und Geschäftsbereiche und der Entzug von Geschäftschancen.[37] All diesen Fällen ist gemein, dass es um wesentliche Eingriffe geht. Zudem ist zu beachten, dass bei einer notleidenden oder moribunden Gesellschaft erheblich größere Sorgfalt angezeigt ist, es sei denn, der Konzern ist uneingeschränkt willens und in der Lage, eine Insolvenz der Gesellschaft zu vermeiden. Umgekehrt ist es so, dass bei einer Gesellschaft, bei der eine Insolvenz aufgrund der wirtschaftlichen Verhältnisse ausgeschlossen ist, der Umfang der funktionalen Berichterstattung weder durch die Kapitalerhaltung noch durch das Verbot des existenzvernichtenden Eingriffs tatsächlich beschränkt wird.

Die dritte wesentliche Einschränkung ergibt sich aus dem Themenkomplex, der mit dem Begriff „Compliance" umschrieben wird. Weisungen der Gesellschafterversammlung sind fehlerhaft, wenn sie den der Gesellschaft oder den Geschäftsführer auferlegten öffentlich-rechtlichen Pflichten widersprechen.[38] Eine verbindliche Weisung ist nicht möglich, wenn sie auf rechtswidriges und mithin verbotenes Verhalten der Gesellschaft abzielt.[39] Die hieraus resultierenden Einschränkungen gelten natürlich in derselben Weise für die Weisungen, die im Rahmen funktionaler Berichtswege erteilt werden. Eine Weisung, die die Gesellschafterversammlung nicht rechtmäßig und verbindlich aussprechen darf, muss selbstverständlich auch im Rahmen der funktionalen Be-

---

37 *Altmeppen* in Roth/Altmeppen, GmbHG, 5. Aufl. 2005, § 13 Rz. 82; *Hueck/Fastrich* in Baumbach/Hueck, GmbHG, 19. Aufl. 2010, § 13 Rz. 72; *Liebscher* in MünchKomm. GmbHG, 2010, § 13 Anh. Rz. 547; *Servatius* in Michalski, GmbHG, 2. Aufl. 2010, Syst. Darstellung 4 Rz. 377.

38 *Uwe H. Schneider* in Scholz, GmbHG, 10. Aufl. 2007, § 37 Rz. 51, § 43 Rz. 122.

39 BGHZ 31, 258 (278); BGHZ 125, 366 (372); OLG Düsseldorf v. 15.2.1991 – 16 U 130/90, WM 1992, 14 (19).

richterstattung unterbleiben. Was im Bereich Compliance alles zu beachten ist, hängt von dem Gegenstand des Unternehmens ab. Ist das Unternehmen in einer hochregulierten Branche tätig, etwa der Finanz- oder Pharma-Industrie, ist das Pflichtenbündel umfangreicher als in anderen Bereichen. Andere Pflichten, wie etwa die Pflicht zur ordnungsgemäßen Buchführung, zur Abführung von Sozialversicherungsbeiträgen, die steuerrechtlichen Pflichten (vgl. § 34 AO) oder das Verbot von Preisabsprachen, betreffen fast alle Gesellschaften. In diesem Bereich wird man grundsätzlich eine Pflicht der Geschäftsführer annehmen müssen, erteilte Weisungen auf ihre Rechtmäßigkeit zu prüfen. Allerdings kann die Geschäftsführung auch die Verantwortlichkeiten im Bereich Compliance delegieren. Gerade in größeren Konzernen wird die Compliance-Aufgabe als eine konzernweite Verantwortung verstanden und durch die Schaffung einer konzernweiten Compliance-Organisation adressiert.[40] Für die Schaffung einer adäquaten Compliance-Organisation ist es dann vielfach geboten, jedenfalls auch funktionale Berichtswege einzuführen, um eine sachgerechte Aggregation aller potentiellen Compliance-Risiken auf Konzernebene sicherzustellen.[41] Das KWG schreibt dies für Kredit- und Finanzdienstleistungsinstitute in § 25a Abs. 1a sogar explizit vor.[42] Vor diesem Hintergrund wird man es ausreichen lassen können, wenn sich die Geschäftsführer davon überzeugt haben, dass eine effiziente konzernweite Compliance-Organisation eingeführt wurde, in die auch die von der funktionalen Berichterstattung umfassten nachgeordneten Stellen einbezogen sind.

Keine Einschränkung für die funktionale Berichterstattung ergibt sich in der hier diskutierten Fallgestaltung aus einem etwaigen Schädigungsverbot gegenüber der GmbH. In der mehrgliedrigen GmbH wird ein solches Verbot nach ganz herrschender Meinung aus der mitgliedschaftlichen Treuepflicht des Mehrheitsgesellschafters abgeleitet.[43] Diese dient

40 *Bachmann* in VGR (Hrsg.), Gesellschaftsrecht in der Diskussion 2007, S. 65 (93 ff.); *Uwe H. Schneider* in Scholz, GmbHG, 10. Aufl. 2007, § 43 Rz. 361; *Hüffer*, AktG, 9. Aufl. 2010, § 76 Rz. 9a. Siehe auch die konzerndimensionale Compliance-Ausrichtung von Ziffer 4.1.3 des Deutschen Corporate Governance Kodex.

41 *Uwe H. Schneider*, NZG 2010, 1201 (1203).

42 *Fett/Gebauer* in FS Schwark 2009, S. 375 ff. m. w. N.

43 *Habersack* in Emmerich/Habersack, Aktien- und GmbH-Konzernrecht, 6. Aufl. 2010, Anh. § 318 Rz. 22 ff.; *Servatius* in Michalski, GmbHG, 2. Aufl. 2010, Syst. Darst. 4 Rz. 402; *Lutter* in Lutter/Hommelhoff, GmbHG, 17. Aufl. 2009, Anh. zu § 13 Rz. 21.

dem Schutz der Minderheitsgesellschafter und reflexartig dem Schutz der Gläubiger. Eine solche Treuepflicht obliegt allerdings dem Alleingesellschafter gegenüber seiner Gesellschaft nicht.[44] Ein allgemeines Schädigungsverbot, das etwa die Erteilung nachteiliger Weisungen untersagen würde, gibt es daher – von den durch die Kapitalerhaltung und das Verbot der Existenzvernichtung gezogenen Grenzen abgesehen – bei der Ein-Personen-GmbH nicht.[45] Daher müssen die Geschäftsführer grundsätzlich auch für die Gesellschaft schädigende Weisungen ausführen.[46] Auf die funktionale Berichterstattung bezogen bedeutet dies zum einen, dass diese eingeführt werden kann, auch wenn sie für die Gesellschaft nachteilig ist, und zum anderen, dass eine fortlaufende Überprüfung der funktionalen Berichterstattung auf eine mögliche Nachteiligkeit der Weisungen nicht erforderlich ist.

d) Ergebnis und Kontrollüberlegung

Das bisherige Ergebnis lässt eine funktionale Berichterstattung in einem sehr weiten Umfang zu. Auf der Ebene der Gesellschafterversammlung besteht die Möglichkeit, das Weisungsrecht aufzuspalten und entsprechend der funktionalen Berichtslinien an unterschiedliche Weisungsberechtigte zu delegieren. Auf der Ebene der Geschäftsführung sind die Geschäftsführer im Rahmen ihrer Delegationsbefugnis berechtigt und aufgrund einer entsprechenden allgemeinen Weisung der Gesellschafterversammlung verpflichtet, die ihnen nachgeordneten Mitarbeiter zur unmittelbaren Befolgung von Weisungen im Rahmen der funktionalen

44 BGHZ 119, 257 (262) = NJW 1993, 193; BGHZ 142, 82 (95) = NJW 1999, 2817; *Altmeppen* in Roth/Altmeppen, GmbHG, 6. Aufl. 2009, § 13 Rz. 59; *Lutter* in Lutter/Hommelhoff, GmbHG, 17. Aufl. 2009, Anh. zu § 13 Rz. 34; *Zöllner* in Baumbach/Hueck, GmbHG, 19. Aufl. 2010, Schlussanhang Konzernrecht Rz. 111.

45 *Lutter* in Lutter/Hommelhoff, GmbHG, 17. Aufl. 2009, Anh. zu § 13 Rz. 34; *Liebscher* in MünchKomm. GmbHG, 2010, § 13 Anh. Rz. 460 ff.; *Servatius* in Michalski, GmbHG, 2. Aufl. 2010, Syst. Darst. 4 Rz. 405. Vgl. auch *Altmeppen* in Roth/Altmeppen, GmbHG, 6. Aufl. 2009, § 13 Rz. 58 f., 72, der es im Fall einer Einmann-GmbH nur noch im Hinblick auf das Gläubigerinteresse für sinnvoll hält, an eine Treuepflicht des Alleingesellschafters gegenüber seiner GmbH zu denken, dies jedoch dogmatisch nicht als Treuepflicht, sondern als gläubigerschützende Verhaltenshaftung einordnet, deren Ausprägungen sich als die „zwei Säulen" der verschuldensunabhängigen Kapitalerhaltungsgrundsätze (§§ 30, 31 GmbHG) einerseits und der Existenzvernichtungshaftung (§ 826 BGB) andererseits darstellen.

46 *Uwe H. Schneider* in Scholz, GmbHG, 10. Aufl. 2007, § 43 Rz. 119.

Berichterstattung anzuweisen. Die Grenzen werden durch die Begriffe Kapitalerhaltung, Verbot der Existenzvernichtung und Compliance markiert.

Dieses Ergebnis hinterlässt freilich ein gewisses Störgefühl. Eröffnet es doch theoretisch die Möglichkeit, die Geschäftsführer auf das Niveau eines Hausmeisters zu degradieren, der für die Kapitalerhaltung, die Existenzsicherung und die Unterzeichnung der Jahresabschlüsse zuständig ist, und, um im Bild zu bleiben, für die Gebäudesicherheit, während für alles andere, was im Gebäude vor sich geht, insbesondere das operative Geschäft, andere zuständig sind. Das macht eine Kontrollüberlegung erforderlich.

Die frühere Rechtsprechung zum qualifiziert faktischen Konzern kannte die Fallgruppe der „unzulässigen Leitungsdichte".[47] In der TBB-Entscheidung[48] umschreibt der BGH diese Fallkonstellationen dahingehend, dass die „Notwendigkeit eines besonderen Konzernhaftungsrechts [...] darauf [beruhe], dass sich in bestimmten Konzernlagen wegen der infolge der Dichte der Einflussnahme des herrschenden Unternehmens unübersichtlich gewordenen Verhältnisse einzelne schädigende Eingriffe nicht mehr isolieren lassen." Plakativ wurde dieser Zustand auch unter die Formel subsumiert, die abhängige GmbH werde wie eine „Betriebsabteilung" geführt.[49] Genau dies, so wird man sagen müssen, ist das Ziel der funktionalen Berichterstattung. Auf den Organigrammen der Unternehmensgruppen tauchen die gesellschaftsrechtlichen Strukturen gar nicht auf. Durch die Einführung der funktionalen Berichterstattung soll gerade die vollständige Integration der Gesellschaft in die Geschäftsabläufe des Gesamtunternehmens ermöglicht werden. Sie geht, wenn man so will, sogar noch einen Schritt weiter. Die abhängige Gesellschaft wird nicht „eine" Geschäftsabteilung, sondern gegebenenfalls virtuell aufgespaltet, in verschiedenen Betriebsabteilungen geführt oder verschiedenen anderen Betriebsabteilungen zugeschlagen.

In dem Beitrag von *Röhricht* in der Festschrift „50 Jahre BGH", der am Übergang vom „qualifiziert faktischen Konzern" zur „Existenzvernichtungshaftung" steht,[50] spielt das Merkmal der „unzulässigen Leitungs-

---

47 *Emmerich* in Scholz, GmbHG, 9. Aufl. 2000, Anhang Konzernrecht, Rz. 107; *Zeidler* in Michalski, GmbHG, 1. Aufl. 2002, Syst. Darst. 4 Rz. 272.

48 BGHZ 122, 123 (127) = NJW 1993, 1200.

49 Nachweise hierzu bei *Zeidler* in Michalski, GmbHG, 1. Aufl. 2002, Syst. Darst. 4 Rz. 272 mit Fn. 656.

50 *Röhricht* in FS 50 Jahre BGH, 2000, S. 83 ff.

dichte" noch eine wichtige Rolle. Nachdem beide Rechtsfiguren eine jedenfalls ähnliche Problemstellung adressieren[51] und insofern in gewisser Hinsicht als funktional äquivalent angesehen werden können, verwundert es, dass in den Fallgruppenaufzählungen zum existenzvernichtenden Eingriff dieses Merkmal nicht mehr auftaucht. Ein auf *den*, das heißt isolierbaren existenzvernichtenden Eingriff abstellender Haftungstatbestand hat keinen Raum für den Dauertatbestand der „unzulässigen Leitungsdichte", es sei denn, man wollte den Akt der Vereinnahmung der Gesellschaft als „Betriebsabteilung", etwa im Wege der Einführung einer funktionalen Berichterstattung, selbst als existenzvernichtenden Eingriff ansehen.

Diese allgemeine Frage muss allerdings im vorliegenden Zusammenhang nicht geklärt werden. Auch kann es dahingestellt bleiben, ob die Rechtsfigur des qualifiziert faktischen Konzerns noch ihre Existenzberechtigung hat,[52] etwa für die hier relevante Fallgruppe des „Führens als Betriebsabteilung". Zunächst lässt die hohe Leitungsdichte allein nicht ohne weiteres auf eine schädigende Einflussnahme schließen. Insbesondere die funktionale Berichterstattung wird nicht eingeführt, um die Gesellschaft zu schädigen, sondern um einen möglichst reibungslosen Geschäftsablauf in der Unternehmensgruppe zu ermöglichen. Die dadurch erzielten Effizienzvorteile kommen auch der Gesellschaft zugute. Zudem wurde bereits im Rahmen der zu beachtenden Compliance-Grundsätze auf die Pflicht zur ordnungsgemäßen Buchführung und die steuerrechtlichen Pflichten (etwa § 34 AO) hingewiesen. Bei einer transparenten und klar strukturierten funktionalen Berichterstattung und bei einer ordnungsgemäßen Buchführung kommt es zwar zu einer hohen Leitungsdichte, diese ist aber nicht für sich allein unzulässig, da eine sog. „Waschkorblage" damit ausgeschlossen ist.

Damit ist die Einführung der funktionalen Berichterstattung in der Ein-Personen-GmbH zulässig.

---

51 Nach *Paefgen*, DB 2007, 1907 (1912), handelt sich beispielsweise lediglich um einen „Etikettenwechsel".

52 Dafür etwa *Emmerich* in Scholz, GmbHG, 10. Aufl. 2007, Anh. § 13 Rz. 125 (insbesondere für die Fallgruppe „der Intensität und der Häufigkeit der Einflussnahme seitens des herrschenden Unternehmens"); *Habersack* in Emmerich/Habersack, Aktien- und GmbH-Konzernrecht, 6. Aufl. 2010, Anh. § 318 Rz. 3 ff., sowie *Zöllner* in Baumbach/Hueck, GmbHG, 19. Aufl. 2010, Schlussanhang Konzernrecht Rz. 111 und dagegen etwa *Liebscher* in MünchKomm. GmbHG, 2010, § 13 Anh. Rz. 610 ff. m. w. N.

2. Die AG im faktischen Konzern

Bei einer AG ist die Einführung einer funktionalen Berichterstattung ungleich problematischer, auch wenn es keine außenstehenden Aktionäre gibt. Das Weisungsrecht der Gesellschafter als argumentativer Ausgangspunkt bei der GmbH gibt es bei einer Aktiengesellschaft nicht. Der Vorstand kann den Weisungen des Allein-Aktionärs unter bestimmten Voraussetzungen folgen, muss es aber nicht.[53] Zudem basiert das Schutzsystem der §§ 311 ff. AktG auf dem Verbot der Nachteilszuführung (welches es wiederum bei der GmbH nicht gibt), das nur für den Fall eine Ausnahme vorsieht, dass der Nachteil entsprechend den gesetzlichen Regelungen ausgeglichen wird. Dieses System des Einzelausgleichs wird flankiert durch Verfahrensregelungen, insbesondere die Pflicht des Vorstands, einen Abhängigkeitsbericht zu erstellen, in dem er über die Beziehungen der Gesellschaft zu den verbundenen Unternehmen Rechenschaft ablegt (§ 312 AktG). Erfolgt der gesetzlich vorgeschriebene Ausgleich nicht, droht sowohl für die Verwaltungsmitglieder der Gesellschaft als auch für die Organe des herrschenden Unternehmens eine Haftung (§§ 317 f. AktG).

Demnach erlaubt das System des Einzelausgleichs zwar Weisungen, infolge der Privilegierung durch § 311 AktG auch solche, die nachteilig sind, erfordert aber eine Dokumentation im Einzelfall, damit der Vorstand jede Veranlassung zu Kenntnis nehmen, ihre mögliche Nachteiligkeit prüfen und seiner Pflicht zur Erstellung des Abhängigkeitsberichts nachkommen kann.[54] Damit ist grundsätzlich eine schriftliche Dokumentation aller Veranlassungen erforderlich, das heißt es muss doch alles über den Tisch des Vorstands gehen. Eine funktionale Berichterstattung in der hier diskutierten Form ist damit nicht möglich, es sei denn, neben den funktionalen Linien wird parallel auch immer in den gesellschaftsrechtlichen Linien berichtet.

Zudem leidet das Schutzsystem der §§ 311 ff. AktG unter der immanenten Schwäche, dass nur isoliert feststellbare Nachteilszuführungen dem Einzelausgleich zugänglich sind.[55] Ist ein qualifizierter Nachteil

53 *Fett* in Bürgers/Körber, AktG, 2008, § 311 Rz. 60; *Emmerich* in Emmerich/Habersack, Aktien- und GmbH-Konzernrecht, 6. Aufl. 2010, § 311 Rz. 87; *Hüffer*, AktG, 9. Aufl. 2010, § 311 Rz. 48, *Krieger* in Münchener Handbuch AG, § 29 Rz. 28; *J. Vetter* in K. Schmidt/Lutter, AktG, 2. Aufl. 2010, § 311 Rz. 108.

54 *Götz*, ZGR 2003, 1 (6).

55 *Fett* in Bürgers/Körber, AktG, 2008, § 311 Rz. 27.

nicht quantifizierbar und einem Ausgleich nicht zugänglich, ist seine Zufügung unzulässig.[56] Damit kann jedenfalls bei einer AG nicht im Wege der funktionalen Berichterstattung eine so hohe Leitungsdichte eingeführt werden, die hier unter dem Begriff der „Betriebsabteilung" diskutiert wurde. Einer funktionalen Berichterstattung sind damit enge Grenzen gesetzt. Die Dokumentationsanforderungen und die Fehleranfälligkeit sind so hoch, dass von der Einführung einer funktionalen Berichterstattung abgeraten werden muss. Die Umwandlung der AG in eine GmbH oder der Abschluss eines Beherrschungsvertrags liegen nahe.

3. Abschluss eines Beherrschungsvertrags

Anders ist die Lage bei Bestehen eines Beherrschungsvertrags. Dann ist das herrschende Unternehmen nämlich gemäß § 308 Abs. 1 Satz 1 AktG berechtigt, dem Vorstand bzw. den Geschäftsführern der Gesellschaft Weisungen hinsichtlich der Leitung der Gesellschaft zu erteilen. Solche Weisungen können gemäß § 308 Abs. 1 Satz 2 AktG, sofern der Vertrag nichts anderes bestimmt, auch nachteilig sein, wenn sie den Belangen des herrschenden Unternehmens oder der anderen Konzernunternehmen dienen.

Die oben diskutierten Fragen der Delegation des Weisungsrechts durch das herrschende Unternehmen an Dritte werden für den Beherrschungsvertrag allenthalben erörtert. Auch hier wird überwiegend eine bloße Delegation im Gegensatz zu einer echten Übertragung für zulässig gehalten.[57] Die Zulässigkeit soll hier mit den oben für die GmbH angeführten Erwägungen bejaht werden.

Dasselbe gilt auf der Seite des Weisungsadressaten. Auch hier räumt der Beherrschungsvertrag kein direktes Weisungsrecht gegenüber den Mitarbeitern der Gesellschaft ein. Der Vorstand oder die Geschäftsführer der Gesellschaft können allerdings ihre Mitarbeiter anweisen, unmittelbar an sie gerichtete Weisungen zu befolgen. Bereits in den Materialien zu § 308 AktG wurde klargestellt, dass der Vorstand seine „Ange-

56 *Emmerich* in Emmerich/Habersack, Aktien- und GmbH-Konzernrecht, 6. Aufl. 2010, § 311 Rz. 43; *Krieger* in Münchener Handbuch AG, 3. Aufl. 2007, § 69 Rz. 80; *J. Vetter* in K. Schmidt/Lutter, AktG, 2. Aufl. 2010, § 311 Rz. 99.

57 *Fett* in Bürgers/Körber, AktG, 2008, § 308 Rz. 5; *Emmerich* in Emmerich/Habersack, Aktien- und GmbH-Konzernrecht, 6. Aufl. 2010, § 308 Rz. 12 ff.; *Krieger* in Münchener Handbuch AG, § 70 Rz. 152; *Langenbucher* in K. Schmidt/Lutter, AktG, 2. Aufl. 2010, § 308 Rz. 13 ff.

stellten anweisen [könne], unmittelbare Weisungen des herrschenden Unternehmens zu befolgen."[58] Dem folgt die ganz herrschende Meinung.[59] Dies soll allerdings nur dann zulässig sein, wenn gleichzeitig Vorsorge dafür getroffen ist, dass der Vorstand informiert wird und sein Prüfungsrecht ausüben kann.[60] Da die Beschränkung auf das Konzerninteresse nach § 308 Abs. 2 Satz 2 a.E. AktG wohl kaum praxisrelevant sein dürfte, wird im Übrigen auf die zuvor dargestellten Erwägungen zum Thema Compliance verwiesen.

Der Abschluss eines Beherrschungsvertrags bietet den weiteren Vorteil, dass Eingriffe in die Vermögenssubstanz der Gesellschaft bis zur Grenze der Existenzgefährdung zulässig werden.[61] Das Verbot der Einlagenrückgewähr gilt nämlich gemäß § 291 Abs. 3 AktG nicht für Leistungen aufgrund eines Beherrschungsvertrags. Das MoMiG hat dies noch einmal ausdrücklich in § 30 Abs. 1 Satz 2 Alt. 1 GmbHG, § 57 Abs. 1 Satz 3 Alt. 1 AktG klargestellt. Diese Lockerung der Vermögensbindung stellt für die AG neben der Einräumung des Weisungsrechts eine wesentliche Voraussetzung für die Einführung der funktionalen Berichterstattung dar. Aber auch für die GmbH kann der Abschluss eines Beherrschungsvertrags eine wesentliche Erleichterung sein, wenn sich diese in einer schwierigen wirtschaftlichen Lage befindet, die eine ständige Beobachtung der Kapitalerhaltungsregeln erforderlich macht. Ist allerdings auch die Muttergesellschaft notleidend, besteht für die Vorstände bzw. Geschäftsführer der Gesellschaft die Pflicht, die Werthaltigkeit des Ausgleichsanspruchs nach § 302 AktG fortlaufend zu überwachen.[62]

58 Reg.Begr.: *Kropff*, AktG 1965, S. 403.

59 *Fett* in Bürgers/Körber, AktG, 2008, § 308 Rz. 9; *Altmeppen* in MünchKomm.AktG, 3. Aufl. 2010, § 308 Rz. 73; *Emmerich* in Emmerich/Habersack, Aktien- und GmbH-Konzernrecht, 6. Aufl. 2010, § 308 Rz. 20; *Hüffer*, AktG, 9. Aufl. 2010, § 308 Rz. 7.

60 *Fett* in Bürgers/Körber, AktG, 2008, § 308 Rz. 9; *Emmerich* in Emmerich/Habersack, Aktien- und GmbH-Konzernrecht, 6. Aufl. 2010, § 308 Rz. 19 f.; *Krieger* in Münchener Handbuch AG, 3. Aufl. 2007, § 70 Rz. 153; *Langenbucher* in K. Schmidt/Lutter, AktG, 2. Aufl. 2010, § 308 Rz. 18.

61 *Emmerich* in Emmerich/Habersack, Aktien- und GmbH-Konzernrecht, 6. Aufl. 2010, § 308 Rz. 59; *Krieger* in Münchener Handbuch AG, § 70 Rz. 149; dies gilt im Ergebnis auch für die GmbH, vgl. *Servatius* in Michalski, GmbHG, 2. Aufl. 2010, Syst. Darst. 4 Rz. 404.

62 BGHZ 179, 71 = NZG 2009, 107 („MPS"); *Altmeppen* in MünchKomm. AktG, 3. Aufl. 2010, § 308 Rz. 122; *Servatius* in Michalski, GmbHG, 2. Aufl. 2010, Syst. Darst. 4 Rz. 404.

Im Ergebnis wird man daher bei Bestehen eines Beherrschungsvertrags eine funktionale Berichterstattung auch bei einer AG zulassen können.[63] Besonderheiten ergeben sich allerdings noch aufgrund der Rechte des obligatorisch zu bildenden Aufsichtsrats. Dies gilt insbesondere für Weisungen, die Geschäfte betreffen, die der Zustimmung des Aufsichtsrats bedürfen. Auf die Regelung in § 308 Abs. 3 AktG wird verwiesen. Sowohl bei der AG als auch bei der GmbH sind die besonderen Rechte des mitbestimmten Aufsichtsrats zu wahren.

IV. Einführung in der Praxis und Thesen

Bei der Integration deutscher Gesellschaften in internationale Konzerne stimmt die betriebswirtschaftliche Organisation vielfach nicht mit der rechtlichen Struktur des Konzerns überein. Teil der rechtsforminkongruenten Organisation sind insbesondere sog. funktionale Berichtswege, das heißt Weisungsstrukturen, welche die rechtliche Corporate Governance der deutschen Gesellschaften ausblenden. Für die Praxis ergibt sich aus den vorstehenden Erwägungen, dass die Einführung funktionaler Berichtswege nur unter bestimmten Voraussetzungen möglich ist.

- **Gesellschaftsrechtliche Ratifizierung.** Die Einführung funktionaler Berichtswege bedarf einer gesellschaftsrechtlichen Verankerung. Ausgangspunkt ist ein Gesellschafterbeschluss oder eine entsprechende Weisung auf Grundlage eines Beherrschungsvertrags. Damit wird die Weisungsberechtigung an die im Rahmen der funktionalen Berichterstattung berechtigen Stellen delegiert. Der Vorstand bzw. die Geschäftsführung der Gesellschaft weisen auf dieser Basis ihrerseits die ihnen nachgeordneten Mitarbeiter zur unmittelbaren Befolgung der in den funktionalen Berichtswegen erteilten Weisungen an. Eine Integration in die Geschäftsordnung des Vorstands oder der Geschäftsführung unter Beifügung eines Geschäftsverteilungsplans und eines Organigramms bietet sich an.
- **Kassationsrecht des Gesellschafters.** Die Gesellschafterversammlung bzw. das herrschende Unternehmen auf Grundlage eines Beherrschungsvertrags haben jederzeit die Möglichkeit, das Weisungsrecht allgemein oder im Einzelfall wieder an sich zu ziehen bzw. bereits erteilte Weisungen zu kassieren. Um von diesem Recht Gebrauch machen zu können, sind sie von den funktional Weisungsberechtig-

63 Kritisch allerdings *Schwark*, ZHR 142 (1978), 203 (223 ff.).

ten jedenfalls über wesentliche Weisungen zu informieren. Ein Informationsrecht besteht jederzeit und unbeschränkt.

- **Remonstrationsrecht der Gesellschaft.** Der Vorstand bzw. die Geschäftsführung sollte jederzeit das Recht haben, einer funktionalen Weisung zu widersprechen, um eine ausdrückliche Weisung durch die Gesellschafterversammlung bzw. das herrschende Unternehmen auf Grundlage des Beherrschungsvertrags erwirken zu können. Dieses Recht sollte die Geschäftsordnung vorsehen. Um von diesem Recht Gebrauch machen zu können, sind sie von den funktional Weisungsverpflichteten jedenfalls über wesentliche Weisungen zu informieren. Auch hier besteht ein Informationsrecht jederzeit und unbeschränkt.
- **Eskalationsrechte der Mitarbeiter.** Die im Rahmen der funktionalen Berichterstattung weisungsverpflichteten Mitarbeiter sollten das Recht haben, Entscheidungen im Rahmen der funktionalen Berichterstattung an „ihren" Vorstand bzw. „ihre" Geschäftsführer zu eskalieren, damit diese gegebenenfalls die Weisung wiederholen oder ihrerseits von ihrem Remonstrationsrecht Gebrauch machen können.
- **Klare Festlegung der Berichtswege.** Für alle Beteiligten, das heißt sowohl auf Seiten des Weisungsberechtigten als auch auf Seiten des Weisungsempfängers, ist eine klare Festlegung der funktionalen Berichtswege essentiell. Daneben müssen natürlich auch die gesellschaftsrechtlichen Berichtswege klar definiert sein. Die vorgenannten Rechte sind nur dann wirkungsmächtig, wenn jeder der Beteiligten genau ersehen kann, welche Weisungen er zu befolgen hat.
- **Fortlaufende Überwachung.** Die festgelegten funktionalen Berichtswege sind, abgesehen von den vorgenannten Rechten, bindend. Ihre Einhaltung ist im Rahmen der funktionalen und gesellschaftsrechtlichen Führung zu überwachen. Der Vorstand und die Geschäftsführer sollten sich in regelmäßigen Abständen über die ihre Gesellschaft betreffenden Angelegenheiten informieren.
- **Zwingende Grenzen.** Es muss sichergestellt werden, dass das Gebot der Kapitalerhaltung, das Verbot existenzvernichtender Eingriffe und die sonstigen Compliance Anforderungen beachtet werden. In der Krise der Gesellschaft, die ja vielfach mit einer Krise der gesamten Unternehmensgruppe einhergeht, ist eine funktionale Berichterstattung nur noch in engen Grenzen möglich. Es besteht ein erhebliches Haftungsrisiko der Vorstände bzw. Geschäftsführer der Gesellschaft.

- **Fazit.** Im faktischen Konzern sollte die Rechtsform der Aktiengesellschaft tunlichst vermieden werden. Die Umwandlung in eine GmbH oder der Abschluss eines Beherrschungsvertrags werden dringend empfohlen. In jedem Fall sollten die Organpositionen von geeigneten Mitarbeitern ausgefüllt werden. Rechtsforminkongruente Organisationen bringen einen gewissen Koordinationsaufwand mit sich. Vor diesem Hintergrund trägt eine „Synchronisierung" der betriebswirtschaftlichen und der gesellschaftsrechtliche Struktur zu Komplexitätsreduktion bei.

Am Ende bleibt es dabei, dass es insbesondere bei der Integration deutscher Konzerne vielfach zu rechtsforminkongruenter Leitungsstrukturen kommt, deren Koordination eine nicht zu unterschätzende Aufgabe darstellt, eine Aufgabe, die durch eine wohlverstandene Corporate Compliance bewältigt werden kann.

Bericht über die Diskussion des Referats Wieneke

Ulrich M. Wolf
Rechtsanwalt, Frankfurt am Main

Die Diskussion im Anschluss an das Referat von *Wieneke* wurde von *Hommelhoff* geleitet.

Altmeppen griff die Empfehlung von *Wieneke* auf, wonach es für die Einführung von funktionalen Berichtswegen im faktischen Konzern vorzugswürdig sei, für die Tochtergesellschaft die Rechtsform der GmbH zu verwenden. Soweit diese Empfehlung auch darauf beruht, dass die Muttergesellschaft im GmbH-Konzern kein „Schädigungsverbot" treffe, wollte *Altmeppen* dieser Empfehlung nicht folgen. *Altmeppen* vertrat vielmehr die Auffassung, dass auch in der GmbH das Schädigungsverbot gelte, was sich unter anderem in der Existenzvernichtungshaftung zeige. Insbesondere könne auf die Kapitalbindung nicht verzichtet werden, soweit dies zu Ersatzansprüchen führe, die für die Befriedigung von Ansprüchen der Gläubiger relevant seien.

Uwe H. Schneider wies darauf hin, dass der Begriff des „Berichtswegs" insoweit unscharf sei, als nicht die Berichterstattung an sich, sondern nur die Erteilung der Weisung nachteilig und aus rechtlicher Sicht problematisch sein könne. Er stellte die Frage in den Raum, ob die Muttergesellschaft nicht im Rahmen der Konzerneingangskontrolle einen Konzerngrundlagenbeschluss fassen müsse, in dem die Fragen geregelt werden, die sich bei der Einführung funktionaler Berichtswege stellen. Hierzu zählte er insbesondere die Aufgaben, die Stellung und die Pflichten des Geschäftsführers der Tochtergesellschaft. Als entscheidende Frage für die Einführung funktionaler Berichtswege identifizierte er, wie weit die Pflichten des Geschäftsführers der Tochtergesellschaft reichen, wenn die funktionalen Berichtswege eingerichtet wurden.

C. Schäfer vertrat die Auffassung, dass Weisungen im Vertragskonzern nicht unmittelbar den Mitarbeitern der Tochtergesellschaft, sondern allein ihrem Vorstand oder ihrer Geschäftsführung erteilt werden können. Er befürchtete, dass andernfalls das konzern- und gesellschaftsrechtliche Haftungssystem unterlaufen würde.

K. Schmidt wies darauf hin, dass die Wirklichkeit der Unternehmenspraxis und der rechtliche Rahmen offenbar auseinanderfallen. Er stellte klar, dass der Vorstand bzw. der Geschäftsführer der Tochtergesellschaft ungeachtet der Einführung funktionaler Berichtswege berechtigt und verpflichtet sei, die ihm als Organ zustehenden Kompetenzen gegebenenfalls wieder an sich zu ziehen. Er äußerte die Befürchtung, dass Personen, die in die funktionalen Berichtswege eingebunden sind, in der Krise der Gesellschaft als faktisches Organ haften könnten. Ungeachtet dieser Bedenken werde man sich jedoch an den Unternehmensalltag und mithin an die Einführung der organisationsrechtlichen Strukturen zu gewöhnen haben.

Niemeier knüpfte hieran insofern an, als er befürchtete, dass einzelne Mitarbeiter je nach Ausgestaltung der Organisationsstruktur als „halbe Organe" oder faktische Organe zu behandeln sein könnten. Er warnte daher davor, Leitungsstrukturen einzuführen, die von den gesellschaftsrechtlichen Zuständigkeiten abweichen.

Semler bestätigte die in dem Referat von *Wieneke* vorgestellte Problematik und schilderte seine Erfahrungen als früherer CFO des AEG-Konzerns, der in acht Sparten aufgeteilt war und aus über 100 Tochtergesellschaften bestand, die in vierzig bis fünfzig Ländern tätig waren. Seinerzeit gab es drei große Weisungs- und Rechenschaftslinien, namentlich für das operative Geschäft, für die Produktion sowie für Finanzen und Beteiligungen. Die Aufgabe der Geschäftsführer der abhängigen Gesellschaften habe vornehmlich darin bestanden, für eine ausreichende Verzinsung des Kapitals zu sorgen. Die Besetzung des Vorstands mit einem Juristen wirke zwar disziplinierend, was die Beachtung gesellschaftsrechtlicher Zuständigkeiten angehe. Diese disziplinierende Wirkung sei jedoch häufig nicht gewünscht, weil sie der effizienten Verfolgung des Geschäftszwecks aus betriebswirtschaftlicher Sicht hinderlich sein könne. *Semler* konstatierte, dass die Steuerung der operativen Prozesse im Konzern ungeachtet der Rechtsform der einzelnen Gesellschaften kompliziert sei, man sich aber seinerzeit bemüht habe, die rechtlichen Rahmenbedingungen zu beachten, und dies auch weitestgehend gelungen sei.

Hommelhoff identifizierte als Kernfrage, wie die Geschäftsführung der abhängigen Gesellschaft ihre Verantwortung wahrnehmen muss. Entscheidend sei, ob der Geschäftsführer der Tochtergesellschaft sicherstellen müsse, dass sämtliche Entscheidungen und Informationen über ihn laufen, oder ob es genüge, wenn er sich regelmäßig bei seinen Mitarbeitern über die Abläufe informiere.

Wieneke dankte *Semler* für den Einblick, den dieser in die Unternehmenspraxis gegeben hat, und betonte noch einmal die hohe Praxisrelevanz der referierten Problematik. Er bestätigte weiter *Uwe H. Schneider* und *Hommelhoff* darin, dass die entscheidende Frage sei, wie weit die Verantwortung der Geschäftsführung reicht und wo die Grenzen der Delegation von Geschäftsführungsbefugnissen liegen. Soweit *C. Schäfer* die Auffassung vertrat, dass § 308 AktG Weisungen an die Mitarbeiter der abhängigen Gesellschaft entgegenstehe, konnte *Wieneke* sich dem nicht anschließen. Weiter stellte er im Hinblick auf die Ausführungen *Uwe H. Schneiders* klar, dass der Begriff des „Berichtswegs" in der Tat unscharf und regelmäßig so gemeint sei, dass nicht nur Informationen weitergegeben, sondern vielmehr Weisungen erteilt und empfangen würden.

Hommelhoff fasste noch einmal zusammen, dass es sich um ein spannendes Thema handelt, dem sicher zahlreiche Beiträge folgen werden.

Erste Erfahrungen mit der UG (haftungsbeschränkt)

Prof. Dr. Lorenz Fastrich
Ludwig-Maximilians-Universität München

I. Einleitung

„Ich habe die feste Überzeugung, daß dasjenige Land, welches die sichersten, einfachsten und mannigfaltigsten Rechtsformen für die Vereinigung von Kapital und Personen bietet, vor anderen Nationen, die hierin zurückbleiben, einen wirthschaftlichen Vorsprung gewinnen muß." Das waren die Worte, mit welchen der nationalliberale Abgeordnete *Wilhelm Oechelhäuser* 1884 im Reichstag die Forderung nach einer einfacheren und billigeren Gesellschaftsform unterhalb der als zu starr und zu teuer empfundenen Aktiengesellschaft gefordert hat.[1]

Einer der Anlässe[2] für die Forderung nach einer einfacheren und billigeren Gesellschaftsform war auch damals schon die englische *Private Company Limited by Shares* (Ltd.). Es wurde beklagt, dass die Englän-

1 Stenographische Berichte über die Verhandlungen des Reichstages, V. Legislaturperiode, 4. Session (1884), S. 221.

2 Zu anderen *Schubert*, Das GmbH-Gesetz von 1892 – „eine Zierde unserer Reichsgesetzesammlung" in Lutter/Ulmer/Zöllner, Festschrift 100 Jahre GmbHG, 1992, 3 ff.; *Fleischer* in MünchKomm. GmbHG, 2010, Einl. Rz. 54; *Ulmer* in Ulmer, Großkomm. GmbHG, 2005, Einl. A 3 ff.

der mit der Ltd. eine einfachere und billigere Rechtsform für die risikoreichen Engagements in ihren Kolonien zur Verfügung hätten. Und dem sollte in Deutschland und seinen Kolonien eine neue Gesellschaftsform unterhalb der schwerfälligen und teuren Aktiengesellschaft Paroli bieten.[3]

Entstanden ist daraus unsere GmbH, und diese hat sich, ungeachtet gewisser, seit jeher beklagter Mängel im Gläubigerschutz,[4] zu einem auch im Ausland viel kopierten Erfolgsmodell entwickelt. Angesichts der mittlerweile über eine Million GmbH[5] und dem Beitrag, den diese zur Volkswirtschaft leisten, kann die Richtigkeit der damaligen Entscheidung, den Forderungen nach einer einfacheren und billigeren Rechtsform nachzugeben und die GmbH als kleine Schwester der AG für den Mittelstand zu etablieren, nicht in Zweifel gezogen werden.

Auch die UG (haftungsbeschränkt) – nachfolgend vereinfachend UG – verdankt ihre Entstehung der Konkurrenz zur Ltd.; nur diesmal auf heimischen Territorium. Die näheren Gründe in der Rechtsprechung des Europäischen Gerichtshofs und die daraufhin erfolgte rechtspolitische Kehrtwende von einer bis dahin diskutierten Erhöhung des Mindeststammkapitals der GmbH zur völligen Aufgabe des Gedankens eines zwingenden Mindeststammkapitals bei der UG sind bekannt.[6] Bekannt ist auch, dass dieser überraschende Verzicht auf ein bisheriges Grundprinzip des Kapitalgesellschaftsrechts neben einiger Zustimmung vor allem harsche Kritik als unnötiges und schädliches Nacheifern einer vom Ausland induzierten Fehlentwicklung erfahren hat und als *race to the bottom* gebrandmarkt worden ist.[7]

---

3 Siehe auch *Fleischer* in MünchKomm. GmbHG, 2010, Einl. Rz. 53, 56 m. w. N.

4 Vgl. dazu nur *Bayer/Hoffmann*, GmbHR 2009, 1048 (1050).

5 Zum 1.1.2010 waren 1.016.443 GmbH registriert, *Kornblum*, GmbHR 2010, 739 (740).

6 Dazu ausführl. etwa *Paura* in Ulmer, Großkomm. GmbHG, 2010, § 5 Rz. 3; *Rieder* in MünchKomm. GmbHG, 2010, § 5a Rz. 2 ff.

7 Positive Beurteilung etwa bei *Lutter* in Lutter/Hommelhoff, GmbHG, 17. Aufl. 2009, § 5a Rz. 1; *Paura* in Ulmer, Großkomm. GmbHG, Ergänzungsband 2010, § 5a Rz. 27; *Römermann* NJW 2010, 905; – krit. dagegen etwa *Goette*, Status:Recht, DB Beilage 7/2007, 236; *Heckschen* in Heckschen/Heidinger, Die GmbH in der Gestaltungs- und Beratungspraxis, 2. Aufl. 2009, § 5 Rz. 9 (nicht notwendig, volkswirtschaftlich schädlich); *Rieder* in MünchKomm. GmbHG, 2010, § 5a Rz. 58; *Veil*, GmbHR 2007, 1080; *Freytag/Riemenschneider*, ZIP 2007, 1485 ff.; *Niemeier*, Status:Recht, DB Beilage 09/2009, 184 (*Race to the Bottom*).

Inzwischen steht die UG als Rechtsform seit zwei Jahren der Praxis zur Verfügung; Grund genug, eine erste Bilanz über die bisherigen Erfahrung mit dieser neuen Rechtsform zu ziehen.

II. Die Statistik der Handelsregistereintragungen scheint dem Gesetzgeber Recht zu geben

1. Über 40.000 UG-Eintragungen innerhalb von zwei Jahren

Der zahlenmäßige Erfolg der UG als Unterform der GmbH ist offenkundig. Zwölf Monate nach Inkrafttreten des MoMiG hatte die Zahl der UG bereits die Grenze der 20.000 überschritten, worin freilich eine unbekannte Zahl von Vorratsgesellschaften[8] enthalten war. Im Juli 2010 wurde nach den Ermittlungen von *Bayer* und *Hoffmann* die Zahl von 35.000 überschritten, zum 1.11.2010 weist die Statistik eine Gesamtzahl von 41.014 im Handelsregister eingetragen UG aus;[9] gewiss eine stattliche Anzahl, die geradezu als „Sieges-" oder „Triumphzug" der UG gefeiert wird.[10]

2. Stagnation bei den Eintragungen von Zweigniederlassungen der Ltd.

Auch sein zweites Ziel scheint der Gesetzgeber erreicht zu haben: die Welle der Scheinauslandsgesellschaften in Form der englischen Ltd. durch das Angebot einer Mini-GmbH zu brechen. Zum 1.1.2009 waren 17.524 Zweigniederlassungen von Ltd. registriert, zum 1.1.2010 waren es 17.551.[11] Der jährliche Zuwachs betrug bei den im Inland registrierten Ltd. zuletzt also nur noch 27 Gesellschaften gegenüber jährlichen Eintragungen von über 20.000 bei der UG. Damit ist völlig klar, dass die UG der Ltd. zahlenmäßig den Rang abgelaufen hat. In den meisten Bundesländern ist die Ltd. sogar rückläufig.[12]

---

8 *Bayer/Hoffmann*, GmbHR 2009, 124 (125) geben für 2008 eine Zahl von 10 % an; das dürfte für die folgenden Jahre nicht repräsentativ sein, weil lediglich die ersten zwei Monate der Existenz dieser Rechtsform umfassend.

9 Forschungsprojekt Unternehmergesellschaft, www.rewi.uni-jena.de/Forschungsprojekt_Unternehmergesellschaft.html.

10 *Bayer/Hoffmann*, GmbHR 2010, R 161.

11 Angaben bei *Kornblum*, GmbHR 2010, R 53.

12 *Kornblum* a. a. O.

3. „Siegeszug" der UG?

Ob man darin allerdings einen „Sieges-" oder gar „Triumphzug" sehen muss, ist noch nicht ausgemacht; denn zum einen ist nachgewiesen worden, dass der Trend zur Ltd. bereits vor Schaffung der UG gebrochen und die Ltd. auf dem Rückzug war,[13] so dass die Schaffung der UG für die Trendwende zumindest nicht allein ursächlich war, sondern diese allenfalls verstärkt hat. Zum anderen könnte sich der „Sieg" im Laufe der Zeit ja auch noch als „Pyrrhussieg" darstellen. Dafür gibt es nach den vorliegenden zwei Jahren des Bestehens der Möglichkeit zur Gründung einer Kapitalgesellschaft ohne Mindestkapital keine konkreten Anzeichen.[14] Aber auch das Gegenteil ist noch nicht erwiesen. Für Siegesfeiern wie für Trauermärsche ist es daher noch zu früh.

III. Wer sind die typischen Unternehmensgründer, die von dem Angebot der UG Gebrauch machen, und was ist der Unternehmensgegenstand?

1. Kapitalschwache Gründer im Bereich der Dienstleistungen

Die Schaffung der UG zielte vor allem darauf ab, es jungen Existenzgründern einfach machen, ihre unternehmerischen Ziele in Angriff zu nehmen.[15] Wie es scheint, wird das Angebot der UG von diesem Personenkreis auch tatsächlich überwiegend in Anspruch genommen. Allerdings fehlen gesicherte statistische Zahlen, in welchem Umfang sich hinter den UG-Gründungen Neustarts von bisherigen Einzelunternehmern, Gesellschaftern von gescheiterten Ltd. oder sonstigen einschlägig vorbelasteten Personen befinden.[16]

13 *Niemeier*, ZIP 2007, 1794 ff.; *Niemeier* in FS Günter H. Roth, 2011, S. 285 (287 ff.).

14 Sehr skeptisch aber *Niemeier* in FS Günter H. Roth, 2011, S. 285 (295 ff.).

15 Regierungsbegründung, BT-Drucks. 16/6140, S. 31.

16 Nach einer Pressemitteilung des *Verein Creditreform Münster* vom 13.7. 2009, auf die bereits *Niemeier*, Status:Recht, DB Beilage 09/2009, 184 hingewiesen hat, wiesen im Münsterland bei den Gesellschaftern oder Geschäftsführern von 43 der 188 bis Mitte 2009 gegründeten UG Negativmerkmale wie privates Insolvenzverfahren, eidesstattliche Versicherung oder Haftbefehl zu deren Abgabe auf. Bei weiteren 16 UG war in der Vergangenheit ein Inkassoverfahren gegen den Geschäftsführer oder Gesellschafter anhängig oder es existierte eine Vorfirma mit Zahlungsproblemen. Abrufbar unter http://www.creditreform-muenster.de/website/Muenster/Advanced/Aktuelles/CreditreformNews/LokaleNachrichten/2009-07-13_Mini-GmbH.jsp.

Umfragen bei Notaren, die freilich nicht nach strengen Kriterien der Repräsentativität geführt wurden, lassen erkennen, dass der typische UG-Gründer der Einpersonengründer ist[17] und dass in der überwiegenden Zahl der Fälle ein Stammkapital bis zu 500 Euro gewählt wird. Fälle eines über 1.000 Euro betragenden Stammkapitals sind bei der Gründung eher selten; umgekehrt gibt es aber tatsächlich auch mit über 10 % Anteil die 1 Euro-GmbH[18] mit vereinzelten späteren Kapitalerhöhungen auf 2 Euro, wenn der Gesellschafterkreis von einem auf zwei Gesellschafter erweitert wird. Das betrifft dann i. d. R. nicht operativ tätige Gesellschaften, die nur eigenes Kapital verwalten, keineswegs aber notwendig Vorratsgesellschaften, die, wie ein Blick ins Internet zeigt, teils mit einem eingezahlten Stammkapital von 1.000 Euro angeboten werden,[19] teils aber auch mit einem solchen von nur 100 oder 500 Euro.[20]

Das Bild der eher kapitalschwachen UG deckt sich mit statistischen Angaben von *Bayer* und *Hoffmann*, wonach das Stammkapital der UG überwiegend, nämlich zu fast 60 %, unter 1.000 Euro liegt.[21] Ältere Statistiken, die noch von einem durchschnittlichen Stammkapital von ca. 1.200 Euro ausgingen,[22] sind interpretationsbedürftig. Nimmt man die aussagekräftigeren Medianwerte, so haben sogar 80 % der UG nur ein Stammkapital bis zu 1.000 Euro, davon 60 % nur ein solches bis zu 500 Euro.[23] Nach neueren Berechnungen von *Niemeier* liegt der Prozentsatz von Gründungen bis 500 Euro bei 54,6 %, und das ohne Einrechnung der Vorratsgründungen und der Komplementär-UG.

Die Beliebtheit, die sich die UG in diesem Kreis kapitalschwacher Gründer erfreut, ist nicht überraschend. So günstig kam man noch nie an eine Kapitalgesellschaft, und so billig konnte man noch nie seine persönliche Haftung gewissermaßen „an der Garderobe abgeben". Es ist daher vielfach weniger das Interesse an einer Kapitalgesellschaft als vielmehr die anders nicht zu erreichende Haftungsabschirmung, welche die Gründer zur UG greifen lässt. In der Form der Einpersonen-UG ist

17 Dazu auch *Bayer/Hoffmann*, GmbHR 2009, R 255.

18 Siehe dazu für die Bundesländer Thüringen und Bremen *Bayer/Hoffmann/Lieder*, GmbHR 2010, 9 (11).

19 So z. B. Foratis AG, www.foratis.com.

20 Z. B. SOFORT-Gesellschaften! AG, www.sofort-gesellschaften.de.

21 *Bayer/Hoffmann/Lieder*, GmbHR 2010, 11.

22 *Bayer/Hoffmann*, GmbHR 2009, 124 (125).

23 *Niemeier*, Status:Recht, DB Beilage 09/2009, 184 (185); ausführl. *Niemeier* in FS Günter H. Roth, 2011, S. 285 (298 f.)

sie der Ersatz für den Einzelkaufmann ohne persönliche Haftung. Dass viele von dieser Möglichkeit Gebrauch machen würden, war zu erwarten.

Die Unternehmensgegenstände betreffen, wie auch vom Gesetzgeber vorausgesehen, überwiegend Dienstleistungen im Bereich Handel, Beratung, Gastronomie, Handwerk,[24] z.B. Verputzerkolonnen, die Einrichtung eines studentischen Internetportals oder Übernahme einer Handelsvertretung. Nicht auszuschließen ist, dass die Einpersonen-UG, wie zuvor schon die Ltd., auch gewählt werden könnte, um sozialversicherungsrechtlich Selbständigkeit zu dokumentieren.[25]

2. Vorratsgesellschaften, sonstige nicht realisierte unternehmerische Betätigungen

Dass sich unter den registrierten UG eine Reihe von Vorratsgesellschaften befindet, wurde bereits erwähnt. Die vom Gesetzgeber angestrebte, freilich nicht in vollem Maße erreichte Beschleunigung der GmbH-Gründung hat die Vorratsgesellschaften nicht überflüssig werden lassen. Im Gegenteil ist zu hören, dass auch etliche Rechtsanwälte UG bereithalten, um ihren Mandanten jederzeit einen bereits existenten Rechtsträger für deren Umstrukturierungen zur Verfügung stellen zu können.

Neben diesen Vorratsgesellschaften dürfte eine unbekannte Zahl von UG existieren, deren Unternehmensgegenstand infolge fehlender Geschäftserfahrung oder auch mangels ausreichender Mittel nicht realisiert wurde und die gewissermaßen vor sich hindämmern.[26], *Niemeier* hat hierzu Berechnungen aufgestellt, wonach der Realisierungsgrad bei deutlich unter 50 % liegen könnte.[27] Jedenfalls wird aus Notarkreisen berichtet, dass zum Teil völlig geschäftsunerfahrene Personen eine UG errichten wollen, die schon bei der Frage des beabsichtigten Unternehmensgegenstands in Verlegenheit geraten und anschließend Schwierig-

24 Statistische Angaben hier bei *Verein Creditreform*, Analyse „Insolvenzen, Neugründungen und Löschungen, Jahr 2010, abrufbar unter http://www.creditreform.de/Deutsch/Creditreform/Presse/Archiv/Insolvenzen_Neugruendungen_Loeschungen_DE/2010_-_Jahr/2010-11-29_Insolvenzen_Neugruendungen_Loeschungen.pdf.

25 Siehe etwa *Paura* in Ulmer, Großkomm. GmbHG, Ergänzungsband MoMiG, 2010, § 5a Rz. 88.

26 Dazu auch *Westermann* in Scholz, GmbHG, 10. Aufl. 2010, Nachtrag MoMiG, § 5a Rz. 3.

27 *Niemeier*, Status:Recht, DB Beilage 09/2009, 184 (185); *Niemeier* in FS Günter H. Roth, 2011, S. 285 (298).

keiten haben, den vom Registergericht verlangten Kostenvorschuss von 101 Euro innerhalb angemessener Frist zu begleichen.[28] Nimmt man hinzu, dass auch die Kontoeröffnung bei Banken für die UG auf Schwierigkeiten stoßen kann, solange keine Sicherheiten gestellt werden und dass mit den typischerweise auf 500 Euro begrenzten Einlagen zwar die Gründungskosten, nicht aber die Ingangsetzungskosten eines auch nur kleinen Unternehmens gedeckt werden können, dann erscheint es trotz der vorangegangenen notariellen Beratung nicht unplausibel, dass eine nicht unerhebliche Zahl der Neugründungen bereits im Vorfeld der Geschäftsaufnahme steckenbleibt.

Das alles ändert freilich nichts an der Tatsache, dass es doch eine sehr erhebliche Zahl von UG gibt, die tatsächlich die beabsichtigte Geschäftstätigkeit auf einer denkbar knappen Kapitalbasis aufnimmt und damit zumindest zunächst einen Beitrag zur Volkswirtschaft leistet. Inwieweit die unternehmerische Tätigkeit auf solcher Grundlage von Dauer ist, konnte bislang statistisch nicht ermittelt werden. Insbesondere fehlen Zahlen zur Insolvenzhäufigkeit der UG, da diese noch nicht getrennt von der GmbH in der Insolvenzstatistik erfasst wird. Anfragen bei einzelnen Insolvenzgerichten ergeben lediglich, dass dort die UG erwartungsgemäß schon angekommen ist und wohl überwiegend solche UG mit einem Stammkapital von bis zu 500 Euro.

3. Komplementärgesellschaften

Die Beratungspraxis scheint die UG bereits als geradezu ideale Komplementärin entdeckt zu haben, bei der das Problem der Verwendung des zur Erhaltung des Stammkapitals erforderlichen Gesellschaftsvermögens als Einlage bei der KG praktisch keine Rolle mehr spielt. Insofern wird der UG als Komplementärin eine große Zukunft vorausgesagt, die dazu führen könnte, dass die UG die GmbH als Komplementärin weitgehend verdrängt.[29] Statistisch lässt sich das derzeit allerdings noch nicht erkennen. Die Statistik weist für Ende August dieses Jahres erst 2.242 UG mit Komplementärfunktion aus, gegenüber nach wie vor über 5.000 Ltd. als Komplementärinnen.[30] Dass die UG die Ltd. insoweit noch nicht überholt hat, mag einstweilen auch an der ungeklärten Frage der Rücklagenbildung liegen.[31]

---

28 *Wicke*, GWR 2010, 259 ff.

29 *Römermann*, NJW 2010, 905 (910).

30 *Kornblum*, GmbHR 2010, R 53.

31 Dazu unten IV. 3. c).

4. Gemeinnützige UG, Konzerngesellschaften, Zweckgesellschaften

Verwendung findet die UG inzwischen auch für gemeinnützige Gesellschaften.[32] Ihre Zahl ist zwar noch gering.[33] Belege finden sich etwa im Bereich der Kindertagesstätten, der Umweltprojekte oder auch sozialkultureller Begegnungsstätten.[34] Das steuerliche Problem des Umgangs mit der Thesaurierungspflicht dürfte inzwischen dahin gelöst sein, dass der Grundsatz der zeitnahen Mittelverwendung nicht für die gesetzlich vorgeschriebene Rücklagenbildung der UG gilt.[35]

Über die tatsächliche Verwendung der UG im Konzern sind wir wiederum durch die verdienstvollen statistischen Untersuchungen von *Bayer* und *Hoffmann* unterrichtet. Danach gibt es (Stand 8/2010) inzwischen 27 eingetragene Ergebnis- bzw Gewinnabführungsverträge, wobei die UG dabei meist, aber nicht ausschließlich, als Organgesellschaft fungiert. Als Obergesellschaft tritt die UG danach bislang nur in 4 Fällen auf.[36] Denkbar sind dabei Holdingstrukturen, wobei freilich die von vornherein mehr oder weniger fehlende Kapitalreserve Probleme aufwerfen kann.[37] Dagegen dürfte das Problem der Thesaurierungspflicht bei Abschluss eines Gewinnabführungsvertrags mit der UG lösbar sein.[38]

Denkbar ist auch, die UG als Projektgesellschaft,[39] etwa als Käufergesellschaft im Private Equity Bereich, zu verwenden, um ohne größeren Aufwand Interesse zu testen. Auch sonst wird ihre Verwendung als Zielgesellschaft für Wagniskapitalbeteiligungsgesellschaften in Betracht gezogen.[40] Dass die UG sogar auch als Zweckgesellschaft für Verbriefungen in Betracht gezogen wird,[41] lässt sich dem Internet entnehmen. So bietet etwa die TSI (True Sale International GmbH) die UG neben der GmbH als Verbriefungszweckgesellschaft zur Verfügung.[42]

---

32 Näher *Ulrich*, GmbHR 2009, 750 ff.

33 *Bayer/Hoffmann/Lieder*, GmbHR 2010, 9 (11) gehen von knapp 50 Gesellschaften aus.

34 *Bayer/Hoffmann/Lieder*, GmbHR 2010, 9 (11).

35 Bay. Landesamt für Steuern, Verfügung S 0174.2.1-2/2 St31.

36 Näher *Bayer/Hoffmann*, GmbHR 2010, R 311.

37 *Waldenberger/Sieber*, GmbHR 2009, 114 (122).

38 Näher unten IV. 3. c).

39 Dazu *Paura* in Ulmer, Großkomm. GmbHG, Ergänzungsband MoMiG, 2010, § 5a Rz. 23.

40 *Waldenberger/Sieber*, GmbHR 2009, 114 (122).

41 Siehe auch *Wicke*, GWR 2010, 259.

42 http://www.true-sale-international.de/leistungen/spv/gmbh-reform.html?L=0.

All das mag angesichts der wirtschaftlichen Größenordnungen, um die es dort geht, verwundern. Aber die UG ist eben einfach die kostengünstigste Lösung, wenn man lediglich eine juristische Person zur Hand zu haben muss, um Beteiligungen vorübergehend oder längerfristig „daranhängen" zu können.

IV. Rechtsfragen

Wie jede Neuregelung wirft auch die Regelung der UG eine Fülle von Rechtsfragen auf. Sie können nicht in ihrer Gesamtheit Gegenstand der vorliegenden Darstellung sein. Vielmehr sollen als „erste Erkenntnisse" vor allem die Fragen behandelt werden, für die es inzwischen erste obergerichtliche Entscheidungen gibt. Diese liegen allerdings weitgehend im formellen Bereich des Gründungs- und Handelsregisterverfahrens. Die Klärung der materiellrechtlichen Fragen wird noch eine Zeit auf sich warten lassen, weil sie im wesentlichen im Bereich des Gläubigerschutzes liegen, dessen gerichtliche Klärung i.d.R. erst im Insolvenzverfahren erfolgt, und meist auch dann nur, wenn überhaupt ein Insolvenzverfahren eröffnet werden kann. Das wird angesichts der schwachen Kapitalisierung der meisten UG wohl noch einige Zeit auf sich warten lassen.

1. Gründung im vereinfachten Verfahren

Zu einem eigenen Thema hat sich die vom Gesetzgeber gutgemeinte Gründung im vereinfachten Verfahren entwickelt.[43] Diese ist zwar nicht auf die UG-Gründung beschränkt, sondern auch bei der Gründung einer klassischen GmbH anwendbar. Der mit ihr verbundene Kostenvorteil nach § 41d KostO wirkt sich jedoch nur auf die UG aus. Infolge dessen erfolgt die ganz überwiegende Zahl der UG-Gründungen im vereinfachten Verfahren.[44] Daher sollen hier wenigstens ein paar aktuelle Fragen angesprochen werden.

a) Funktion und Mängel der gesetzlichen Regelung

Der Gesetzgeber wollte mit der Möglichkeit der Gründung der UG im vereinfachten Verfahren die Gründungskosten reduzieren und die Ein-

43 Dazu ausführlich unten IV. 1.
44 Statistische Nachweise für Thüringen bei *Bayer/Hoffmann*, GmbHR 2009, R 225.

tragung beschleunigen. Ersteres ist ihm zu Lasten der Notare gelungen, Letzteres bislang wohl kaum.

§ 2 Abs. 1a GmbHG sieht bekanntlich wahlweise für die GmbH- wie die UG-Gründung die Verwendung eines Musterprotokolls vor, das den Gesellschaftsvertrag, die Geschäftsführerbestellung und die Gesellschafterliste in einer Urkunde zusammenfasst[45] und dessen Verwendung durch den zugleich eingeführten § 41d KostO gegenüber den sonstigen Mindestwerten privilegiert wird. Im Auge hatte der Gesetzgeber dabei wieder die Konkurrenz mit der Ltd., die innerhalb weniger Tage, ja im Expressverfahren sogar innerhalb von 24 Stunden im Gesellschaftsregister eingetragen wird.[46]

Leider wurden die beiden Alternativen des Musterprotokolls mit recht heißer Nadel gestrickt. Sie gehen schlicht davon aus, dass es über die gesetzlichen Minimalvoraussetzungen keiner vorausschauenden Satzungsgestaltung bedarf. Für die Einpersonengründung mag das noch angehen, dass man auf die Regelung möglicher künftiger Entwicklungen verzichtet. Für die Mehrpersonengründung reicht dagegen das gesetzliche Muster in aller Regel nicht aus, weil nahezu alle das Gesetz ergänzenden Regeln fehlen, die sich in der Praxis einer vorausschauenden Rechtspflege als unverzichtbar erwiesen haben.[47] Es gibt keine Möglichkeit, Vinkulierungen vorzusehen, es gibt keine Möglichkeit, Kündigungen und Abfindungen zu regeln u.v.m. Daher kommt die Verwendung des Musterprotokolls in der Regel praktisch allein für die Gründung einer Einpersonen-GmbH in Betracht, und auch dort wiegt der geringe Kostenvorteil der Verwendung den Nachteil einer wenig zukunftsbezogenen Satzung kaum auf. Manche Notare berichten daher, dass bei ihnen vom Musterprotokoll so gut wie kein Gebrauch gemacht wird.

b) Rechtsprechung

aa) Abänderungen des Musterprotokolls

Zunächst ist das Musterprotokoll oder – genauer gesagt – eines der beiden Musterprotokolle so zu verwenden, wie es als Anlage zu § 2 GmbHG

45 OLG Stuttgart NZG 2009, 754 (755).

46 Dazu statt anderer *H. P. Westermann* in Scholz, GmbHG, 10. Aufl. 2010, Nachtrag MoMiG, § 5a Rz. 2.

47 Zur Kritik etwa *Rieder* in MünchKomm. GmbHG, 2010, § 5a Rz. 10; *Löbbe* in Ulmer, Großkomm. GmbHG, Ergänzungsband MoMiG, 2010, § 2 Rz. 41; *Wicke*, GmbHG, 2008, § 2 Rz. 15; *Heidinger/Blath*, ZNotP 2010, 376 (386).

vom Gesetzgeber vorgegeben wurde. Darüber hinaus, so heißt es in § 2 Abs. 1a GmbHG, dürften keine vom Gesetz abweichenden Bestimmungen getroffen werden. Es war zu erwarten, dass dann die Fragen beginnen, was eine vom Gesetz abweichende Bestimmung ist. Im Ansatz war das leicht gedacht: Man ergänzt einfach die zur Ausfüllung offengelassenen Punkte des Musterprotokolls, und das Registergericht hat nichts anderes zu tun als zu prüfen, ob die Ergänzungen zulässig sind. Das war sicher die Idee, die ja zu einer Beschleunigung der Eintragung beitragen sollte.

Die Praxis ist allerdings eine andere. Man musste nicht nur klären, ob die Beifügung eines Vorsatzblattes mit dem Wappen des Bundeslandes zulässig war,[48] sondern man hat schnell erkannt, dass gewisse Angaben, die das Musterprotokoll nicht enthält, wie etwa zusätzliche Angaben zum vom Amtssitz abweichenden Ort der Beurkundung, zur Feststellungen über die Geschäftsfähigkeit und einer etwaigen Vorbefassung, beurkundungsrechtlich erforderlich sind und daher erlaubt sein mussten.[49] Auch spricht das Musterprotokoll von den Gründern als Herr/Frau und „der Erschienene" und lässt explizit eine Abweichung nur für Kapitalgesellschaften als Gründer zu. Da aber auch Personengesellschaften als Gründer in Betracht kommen, muss das Musterprotokoll in diesem Punkt als nicht zwingend und daher abänderbar angesehen werden.[50]

Aber was ist mit anderen, inhaltlich unwesentlichen formellen Abweichungen bei der Gründung,[51] etwa Umformulierungen eines Satzes, die innerhalb der üblichen Notarpraxis liegen? Das OLG München lässt jedenfalls völlig unbedeutende Abwandlungen bei Zeichensetzung, Satzstellung und Wortwahl ohne inhaltliche Auswirkungen zu.[52] Das ist an sich vernünftig, verhindert aber, dass das Registergericht lediglich förmlich prüfen muss, ob das Protokoll mit dem Text des Musterprotokolls

48 Dazu etwa *Heidinger/Blath*, ZNotP 2010, 376 (377).

49 LG Chemnitz GmbHR 2010, 155; *Löbbe* in Ulmer, Großkomm. GmbHG, Ergänzungsband MoMiG, 2010, § 2 Rz. 12 f., 31; *Heidinger/Blath*, ZNotP 2010, 376 (377).

50 *Mayer* in MünchKomm. GmbHG, 2010, § 2 Rz. 228; *Bayer* in Lutter/Hommelhoff, GmbHG, 17. Aufl. 2009, § 2 Rz. 39; *H. P. Westermann* in Scholz, 10. Aufl. 2010, Nachtrag MoMiG, § 2 Rz. 6; *Wicke*, GmbHG, 2008, § 2 Rz. 16; *Heidinger/Blath*, ZNotP 2010, 376; abw. noch etwa *Noack*, DB 2007, 1395 (1398) zur zunächst vorgesehenen Mustersatzung.

51 Zwingende Vorgaben gelten nicht für spätere Änderungen (OLG München GmbHR 2010, 312; OLG München NZG 2010, 998 [999]).

52 OLG München GmbHR 2010, 1262.

identisch ist. Das Registergericht muss dann eben doch wieder prüfen, ob die Abweichung im Wortlaut Auswirkung auf den Inhalt haben kann oder nicht. Einfacher wäre es gewesen, wenn der Gesetzgeber lediglich eine ausfüllbare EDV-Maske zur Verfügung gestellt hätte, die nur an bestimmten Stellen vervollständigt und sonst nicht geändert werden kann. Dann wäre die Frage der Übereinstimmung für das Registergericht eindeutig.

bb) Folgen einer unzulässigen Abänderung des Musterprotokolls

Fraglich ist, was passiert, wenn der enge Rahmen der zulässigen Abweichungen vom Musterprotokoll überschritten wird. In der Literatur wurde überwiegend angenommen, dass die Folge lediglich eine gebührenrechtliche sei: Wenn der Rahmen des Musterprotokolls überschritten werde, dann – so dachte man – gehe eben die kostenmäßige Privilegierung verloren, weil man ja im Protokoll dann zwar eine das Muster überschreitende Satzung habe, die deswegen aber nicht etwa unwirksam sei.[53] Vielmehr habe der Notar dann zwar, wie es seine Pflicht sei, protokolliert, was die Parteien erklärt hätten. Wenn das den sonstigen Voraussetzungen der GmbH-Satzung nicht widerspreche und die Stammkapitalziffer die 25.000 Euro nicht erreicht werde, dann liege eine kostenmäßig nicht privilegierte UG-Gründung vor.

Das hat nun allerdings das OLG München[54] anders gesehen: Nach seiner Ansicht geht die Privilegierung, die das Musterprotokoll ansonsten enthält, nämlich dass man nicht gesondert eine Satzung und eine Gesellschafterliste einreichen muss, verloren. Konkret ging es darum, dass das Gründungsprotokoll abweichend von dem Musterprotokoll die Übernahme von Gründungskosten durch die Gesellschaft nicht nur bis zum Betrag von höchstens 300 Euro, sondern bis zu einem Betrag von höchstens 1.500 Euro vorsah.

Ganz unzweifelhaft ist das allerdings nicht. Man hätte, wie im Schrifttum bereits näher ausgeführt wurde,[55] das Musterprotokoll durchaus als Satzung qualifizieren können, die auch den Anforderungen des regulären Gründungsverfahrens entspricht.

53 *Löbbe* in Ulmer, Großkomm. GmbHG, Ergänzungsband MoMiG, 2010, § 2 Rz. 32; *Wicke*, GmbHG, 2008, § 2 Rz. 14; *Hueck/Fastrich* in Baumbach/Hueck, GmbHG, 19. Aufl. 2010, § 2 Rz. 18; *Römermann*, GmbHR-Sonderheft Oktober 2008, 16 (18).

54 NZG 2010, 795.

55 *Herrler*, GmbHR 2010, 960 (964).

cc) Insbes. Geschäftsführerbestellung und Vertretung

Probleme haben sich auch gestellt hinsichtlich der Bedeutung der Regelung im Musterprotokoll, in dem es heißt, dass Herr/Frau XY zum Geschäftsführer bestellt wird und von den Beschränkungen des § 181 BGB befreit ist. Die Frage war zunächst, ob die Geschäftsführerbestellung hier echter Satzungsbestandteil ist, mit der Folge, dass es zur späteren Abberufung einer förmlichen Satzungsänderung bedürfte, oder, wie auch sonst in der Regel, lediglich unechter Satzungsbestandteil. Die Frage ist zu Recht im letztgenannten Sinne entschieden worden.[56] Ebensowenig spricht die Formulierung des Musterprotokolls dafür, in ihr eine satzungsmäßige Begrenzung auf nur einen Geschäftsführer zu sehen.[57] Vielmehr kann nach der Eintragung der Gesellschaft – und ggf. durch Vorratsbeschluss auch schon vorher – die Zahl der Geschäftsführer erweitert werden.

Damit stellt sich dann allerdings die Frage, wie die Regelung des Musterprotokolls zu interpretieren ist, wonach der namentlich genannte Geschäftsführer Alleinvertretungsmacht hat. Handelt es sich um eine diesbezüglich abstrakte Satzungsregelung, wonach alle Geschäftsführer Alleinvertretungsmacht haben sollen? Oder liegt hier eine individuelle, durch unechten Satzungsbestandteil getroffene Regelung für den ersten Geschäftsführer vor[58] oder wiederholt das Musterprotokoll insoweit lediglich die gesetzliche Regelung, nach der bei Bestellung nur eines Geschäftsführers dieser Alleinvertretungsmacht hat, während bei Bestellung mehrerer Gesamtvertretung gilt (§ 35 Abs. 2 Satz 1 GmbHG)? Die h. M. tendiert zutreffend zur letztgenannten Interpretation.[59]

Damit sind die Probleme aber noch keineswegs gelöst. Die nächste Frage ist nämlich, ob infolge dessen der zunächst mit Alleinvertretungsmacht bestellte, namentlich genannte Geschäftsführer seine Alleinvertretungsmacht verliert, wenn ein weiterer bestellt wird; oder ob die so protokol-

56 OLG Bremen NZG 2009, 1193; OLG Stuttgart NZG 2009, 754; *Löbbe* in Ulmer, Großkomm. GmbHG, Ergänzungsband MoMiG, 2010, § 2 Rz. 21; *Heckschen*, DStR 2009, 166 (167); *Heidinger/Blath*, ZNotP 2010, 376 (382).

57 OLG Hamm NZG 2009, 1431; *Löbbe* in Ulmer, Großkomm. GmbHG, Ergänzungsband MoMiG, 2010, § 2 Rz. 21; *Heckschen*, Das MoMiG in der notariellen Praxis, 2009, Rz. 297.

58 In diesem Sinne *Heidinger/Blath*, ZNotP 2010, 376 (382).

59 OLG Stuttgart NZG 2009, 754 (755); OLG Hamm NZG 2009, 1431; *Löbbe* in Ulmer, Großkomm. GmbHG, Ergänzungsband MoMiG, 2010, § 2 Rz. 22; *Mayer* in MünchKomm. GmbHG, 2010, § 2 Rz. 245; *Heckschen*, DStR 2009, 166 (167); *Heidinger/Blath*, ZNotP 2010, 376 (382).

lierte Alleinvertretungmacht für den namentlich benannten Geschäftsführer zwar keine abstrakte Satzungsregelung dahin impliziert, dass alle Geschäftsführer Alleinvertretungsmacht haben, wohl aber eine durch unechten Satzungsbestandteil individuell getroffene Regelung enthält, dass dieser Geschäftsführer immer, also auch bei Bestellung weiterer Geschäftsführer, Alleinvertretungsmacht hat, was dann allerdings für seinen Nachfolger nicht mehr ohne weiteres gelten würde. Die Tendenz dürfte derzeit dahin gehen, Letzteres anzunehmen.[60]

Gewissermaßen ein eigenes Kapitel stellt dann die im Musterprotokoll enthaltene Befreiung von den Beschränkungen des § 181 BGB dar. Fraglich ist, ob die im Musterprotokoll mitgeteilte Befreiung des Alleingeschäftsführers nur für diesen gilt oder die Protokollierung einer satzungsmäßigen Regelung enthält, nach der alle Alleingeschäftsführer oder auch alle weiteren Geschäftsführer von den Beschränkungen der Vorschrift befreit sein sollen. Letzteres wird sich kaum aus dem Musterprotokoll entnehmen lassen.[61]

Schwieriger ist die Frage zu beantworten, welche Qualität die Befreiung des Alleingesellschafters nach dem Musterprotokoll hat. In der Literatur und Teilen der Rechtsprechung herrscht hierzu die Ansicht vor, es handle sich, ähnlich wie bei der Geschäftsführerbestellung, lediglich um eine Art unechten Satzungsbestandteil von der Qualität eines bloßen Gesellschafterbeschlusses.[62] Dieser Lösung steht allerdings entgegen, dass nach h. M. die Befreiung von § 181 BGB beim Alleingesellschafter-Geschäftsführer durch Satzungsregelung oder zumindest auf der Grundlage einer satzungsmäßigen Ermächtigung zu erfolgen hat[63]. Sähe man darin allein eine Regelung zum Schutz von Mitgesellschaftern, könnte man allerdings bei einer Gründung durch einen Alleingesellschafter darauf verzichten. Jedoch soll das Gebot der satzungsmäßigen Grund-

60 OLG Stuttgart NZG 2009, 754 (755); *Heidinger/Blath*, ZNotP 2010, 376 (382).

61 OLG Stuttgart NZG 2009, 754 (755); *Löbbe* in MünchKomm. GmbHG, 2010, § 2 Rz. 23; *Mayer* in Ulmer, Großkomm. GmbHG, Ergänzungsband MoMiG, 2010, § 2 Rz. 247; *Wachter*, Anm. zu OLG Hamm NZG 2009, 1431.

62 OLG Stuttgart NZG 2009, 754 (755); auch OLG Bremen NZG 2009, 1193; *Löbbe* in Ulmer, Großkomm. GmbHG, Ergänzungsband MoMiG, 2010, § 2 Rz. 23; *Mayer* in MünchKomm. GmbHG, 2010, § 2 Rz. 46; *Bayer* in Lutter/Hommelhoff, GmbHG, 17. Aufl. 2009, § 2 Rz. 47.

63 BGH DStR 2000, 136 (137); *Paefgen* in Ulmer, Großkomm. GmbHG, 2006, § 35 Rz. 65; *Zöllner/Noack* in Baumbach/Hueck, 19. Aufl. 2010, § 35 Rz. 140; *Heidinger/Blath*, ZNotP 2010, 336 (382).

lage dem Schutz des Rechtsverkehrs dienen.[64] Folgt man dem, kann nicht, was unter dem Gesichtspunkt des Gesellschafterschutzes naheliegend wäre,[65] einfach für den Fall der Einpersonengründung auf die satzungsmäßige Grundlage verzichtet werden. Wenn daher das Musterprotokoll eine wirksame Befreiung dokumentiert, muss man den entsprechenden Passus entweder als Wiedergabe einer unmittelbaren satzungsmäßigen Befreiung interpretieren[66] oder, was gekünstelt wäre, als eine satzungsmäßige Ermächtigung mit gleichzeitiger Ausübung durch Gesellschafterbeschluss.[67]

Die nächste Frage ist dann, ob man die Befreiung als auf den konkreten Alleingeschäftsführer begrenzt interpretieren muss und, wenn ja, ob es dem Sinn der Erklärungen wirklich entspricht, dass die Befreiung für diesen Geschäftsführer auch dann fortbesteht, wenn er nicht mehr Alleingeschäftsführer ist. Die ganz überwiegende Ansicht in der Lit. begrenzt – allerdings auf der Prämisse des Vorliegens einer unechten Satzungsregelung – die Befreiung auf den konkret benannten Alleingeschäftsführer, mit der Folge, dass einerseits jeder andere Alleingeschäftsführer nicht automatisch von § 181 BGB befreit ist,[68] und andererseits die Befreiung für den benannten Geschäftsführer bestehen bleibt, wenn später weitere Geschäftsführer bestellt werden.[69] Letzteres ist dagegen vom OLG Stuttgart anders gesehen worden. Nach seiner Ansicht fällt die Befreiung für den namentlich benannten Alleingeschäftsführer weg, wenn ein weiterer Geschäftsführer bestellt wird.[70] In der Tat ist dem Musterprotokoll nicht zu entnehmen, welche Interpretation dem diesem zugrunde liegenden Parteiwillen entspricht. So wenig dafür spricht, darin eine abstrakte Regelung für alle späteren Alleingeschäftsführer zu sehen, so wenig spricht auch dafür, darin eine Rege-

---

64 Bericht des Rechtsausschusses, BT-Drucks. 8/3908, S. 74, 79 f.; *Zöllner/Noack* in Baumbach/Hueck, 19. Aufl. 2010, § 35 Rz. 140; *Goette*, Die GmbH, 2. Aufl. 2002, § 8 Rz. 66.

65 So noch BGH NJW 1971, 1355 zum früheren Recht.

66 So etwa *Heidinger/Blath*, ZNotP 2010, 336 (382).

67 So der Versuch von *Ries*, NZG 2009, 739 (740).

68 Insoweit OLG Stuttgart NZG 2009, 754 (755); auch OLG Bremen NZG 2009, 1193.

69 *Löbbe* in Ulmer, Großkomm. GmbHG, Ergänzungsband MoMiG, 2010, § 2 Rz. 24. *Mayer* in MünchKomm. GmbHG, 2010, § 2 Rz. 247; *Herrler/König*, DStR 2010, 2138; *Wachter*, GmbHR 2009, 785 (791); *Ries*, NZG 2009, 739 (740).

70 OLG Stuttgart NZG 2009, 754 (755); auch *H. P. Westermann* in Scholz, GmbHG, 10. Aufl. 2010, Nachtrag MoMiG, § 2 Rz. 9.

lung für den im Musterprotokoll nicht vorgesehenen Fall der Bestellung weiterer Geschäftsführer zu sehen. Geregelt ist nur, dass der konkret benannte Geschäftsführer als Alleingeschäftsführer von den Beschränkungen des § 181 BGB befreit ist. Was gelten soll, wenn er nicht mehr Alleingeschäftsführer ist, ist nicht geregelt. Also greift die allgemeine gesetzliche Regelung ein, nach der das Selbstkontrahieren mangels abweichender Satzungsgestattung unzulässig ist. Ich tendiere daher zur Ansicht des OLG Stuttgart.

dd) Satzungsänderung und Musterprotokoll

Eine besondere Tücke des Musterprotokolls zeigt sich bei späteren Satzungsänderungen. Denn das Musterprotokoll trennt nicht zwischen Gründungsurkunde und Satzung. Infolge dessen lautet die im Gründungsprotokoll enthaltene Satzung, dass Herr/Frau XY eine Gesellschaft mit beschränkter Haftung mit einem bestimmten Unternehmensgegenstand, einem von § 181 BGB befreiten Geschäftsführer und einem Stammkapital in Höhe von X gründen. Wenn nun später eines oder mehrere dieser Variablen durch Satzungsänderung geändert wird, dann kann der Anschein entstehen, die Gesellschaft sei von vornherein mit dem nachträglich geänderten Inhalt gegründet worden. Daher lässt das OLG München in solchen Fälle die isolierte Änderung etwa der Firma, des Unternehmensgegenstands oder der Höhe des Stammkapitals nicht zu, sondern verlangt, dass die Satzung entsprechend angepasst wird, was nicht einfach dem Notar überlassen werden kann, sondern eines konkreten Satzungsänderungsbeschlusses bedarf.

So hat das OLG München es beanstandet, wenn im Fall der Sitzänderung der Eingangssatz über die Gründung unverändert stehen blieb und nur der bisherige Sitz gegen den neu beschlossenen ausgetauscht wurde, weil dadurch die Satzung unrichtig werde, da die Gesellschaft nicht mit dem zuletzt beschlossenen Sitz gegründet worden sei.[71] Ebenso hat das OLG München bei einer Kapitalerhöhung mit Übernahme eines neuen Geschäftsanteils durch einen Dritten entschieden. Die beiden Gesellschafter hatten beschlossen, das Stammkapital um 1.000 Euro von 2.000 Euro auf 3.000 Euro zu erhöhen und einen Dritten zur Übernahme des neuen Geschäftsanteils zuzulassen. Nach Ansicht des OLG München wird dadurch die Satzung widersprüchlich, wenn der Eingangssatz stehenbleibt, dass die Erschienenen (es waren bisher zwei) eine

71 OLG München GmbHR 2010, 312.

GmbH gründen, während dann von drei Gesellschaftern die Rede sei.[72] In beiden Fällen verlangt das OLG München, dass der Satzungstext insoweit klargestellt wird, was nicht einfach dem Notar überlassen, sondern konkret beschlossen und durch Einreichung der neuen Satzung förmlich vollzogen werden muss. Man könnte etwa nach Ansicht des OLG München die Angaben zum ursprünglichen Stammkapital und dessen Übernehmern in späteren Fassungen der Satzung entfallen lassen, wenn, wie bei der UG notwendigerweise so, die Einlagen voll geleistet sind. Die notwendige Neufassung der Satzung muss aber konkret beschlossen werden. Es genügt nicht, zu beschließen, die Satzung werde „entsprechend angepasst".[73] Auch muss die geänderte Satzung dann vom Notar zum Registergericht eingereicht werden. Das Verbot von textlichen Abweichungen vom Gründungsprotokoll steht dem nicht entgegen, weil es sich bei diesem um ein „Gründungsset" handelt, das nicht mehr für Satzungsänderungen nach erfolgter Eintragung der Gesellschaft gilt.

c) Ziel einer schnelleren Eintragung wird bislang überwiegend nicht erreicht

Die zahlreichen Unsicherheiten, die noch mit der Verwendung des Musterprotokolls verbunden sind, haben dazu geführt, dass Eintragungen unter Verwendung des Musterprotokolls in der zurückliegenden Periode überwiegend länger gedauert haben als solche ohne Verwendung des Musterprotokolls.[74] Das mag sich in der Zukunft ändern, wenn sich das Verfahren erst einmal eingespielt hat und die offenen Fragen durch die Rechtsprechung geklärt sind. Einstweilen wird jedoch der nicht allzu große Kostenvorteil der Verwendung des Musterprotokolls bei der UG mit erheblichen Nachteilen erkauft.

2. Stammkapital

a) Volleinzahlungsgebot, Hin- und Herzahlen

Eine der Besonderheiten der UG-Gründung liegt darin, dass, abweichend von der Gründung der klassischen GmbH, nach § 5a Abs. 2 GmbHG das Stammkapital vor der Anmeldung voll einzuzahlen ist. Die Regierungs-

---

72 OLG München NZG 2010, 998.

73 OLG München NZG 2010, 998.

74 Dazu etwa *Heidinger/Blath*, ZNotP 2010, 376 (377); *Bayer/Hoffmann*, GmbHR 2009, R 225.

begründung führt hierzu aus, eine Halbeinzahlung sei nicht erforderlich, da das Stammkapital von den Gründern frei gewählt und bestimmt werden könne.[75]

Das führt dann freilich zu der unvermeidlichen Konsequenz, dass man bei Gründung einer UG mit einem Stammkapital von 20.000 Euro diese 20.000 Euro sofort voll einzahlen muss, während man bei Gründung einer klassischen GmbH mit dem Mindeststammkapital von 25.000 Euro zunächst nur die Hälfte des Mindestkapitals, also 12.500 Euro einzahlen müsste.[76] Das ist die klare Konsequenz der gesetzlichen Regelung, der Notar wird ggf. auf diese Konsequenz hinweisen, und es liegt in der Entscheidung des Gründers, ob er statt dessen mit einem geringeren Stammkapital antreten oder sogleich die GmbH als Gesellschaftsform wählen will.

Umstritten ist, ob das auch für eine Kapitalerhöhung gilt, und insbesondere auch dann, wenn mit ihr das Mindestkapital der GmbH erreicht oder gar überschritten wird. Die generelle Nichtanwendung des § 5a Abs. 2 GmbHG auf Kapitalerhöhungen überzeugt nicht. Andernfalls könnte man theoretisch eine UG mit 1 Euro gründen, anschließend das Kapital auf 25.000 Euro erhöhen und müsste dann nach § 7 Abs. 2 Satz 1 GmbHG nur ¼, also 6.249,75 Euro einzahlen.[77] Auf diese Weise könnte man die Mindesteinzahlung von 12.500 Euro für die GmbH-Gründung umgehen. Dass das unzulässig ist, hat bereits das AG Stendal zutreffend entschieden.[78]

Eher könnte man vertreten, dass § 5a Abs. 2 GmbHG keine Anwendung auf Kapitalerhöhungen findet, wenn durch diese das Stammkapital der GmbH erreicht oder überschritten wird.[79] Denn nach § 5a Abs. 5 GmbHG fallen die Beschränkungen für die UG weg, wenn die UG ihr Stammkapital so erhöht, dass es das Mindeststammkapital der GmbH erreicht oder übersteigt. Dazu bedarf es aber, wie jüngst das OLG München zutreffend betont hat, nicht nur des Erhöhungsbeschlusses, sondern auch dessen Eintragung und eben der vorausgehenden Volleinzah-

75 Regierungsbegründung, BT-Drucks. 16/6140, S. 32.

76 Übereinstimmend *Wicke*, GWR 2010, 259 ff.; *Rieder* in MünchKomm. GmbHG, 2010, § 5a Rz. 18; auch schon *Klose*, GmbHR 2009, 294 (296).

77 Abl. dazu auch *Heckschen*, DStR 2009, 166 (170).

78 Beschluss v. 3.9.2009 – HRB 8355 (bei Juris).

79 *Rieder* in MünchKomm. GmbHG, 2010, § 5a Rz. 40; *Paura* in Ulmer, Großkomm. GmbHG, Ergänzungband MoMiG, 2010, § 5a Rz. 46; *Wicke*, GmbHG, 2008, § 5a Rz. 7.

lung.[80] Infolge dessen muss bei einer Erhöhung des Stammkapitals auf 25.000 Euro oder mehr der Erhöhungsbetrag vor Eintragung voll eingezahlt werden, da erst mit der Eintragung das Volleinzahlungsgebot entfällt.[81]

Man mag dieses Argument auf den ersten Blick für formal halten. Entsprechend gibt es verbreitet die Ansicht, dass die Regelung teleologisch in dem Fall zu reduzieren sei, dass durch den Erhöhungsbeschluss das Mindestkapital erreicht werde. Aber es besteht kein ausreichender Grund, die gesetzliche Regelung allein wegen der Schlechterstellung der UG an dieser Stelle rechtsfortbildend nachzubessern. Und selbst wenn man hier nachbessern wollte, müsste man konsequenterweise auch die oben beschriebene Konsequenz der Volleinzahlung bei Stammkapitalbeträgen über 12.500 Euro in Frage stellen und könnte am Ende auch noch die Verpflichtung zur Thesaurierung bestreiten, wenn das Stammkapital den Betrag von 12.500 Euro erreicht hat und man könnte weiter fordern, dass bei Erreichen eines Stammkapitals von 12.500 Euro auch eine Umwandlung einer UG in eine GmbH möglich sein müsste.

Der Gesetzgeber hat für die UG nicht gesagt, dass das Volleinzahlungsgebot nur bis zum Betrag von 12.500 Euro gilt, weil ab diesem Betrag auch eine GmbH gegründet werden könnte. Vielmehr hat er eben zwei Modelle zur Wahl gestellt. Wer die UG wählt, muss voll einzahlen und er muss, anders als bei der GmbH-Gründung, auch noch thesaurieren, wenn das Stammkapital der UG bereits die Mindesteinzahlung bei der GmbH übersteigt.

Umgekehrt steht das Volleinzahlungsgebot aber einer Anwendung des neuen § 19 Abs. 5 GmbHG nicht entgegen. Danach kann vor der Eintragung die Abrede getroffen werden, dass die Geldeinlage als Darlehen wieder an den Gesellschafter zurückfließen soll, wenn der Darlehensrückgewähranspruch der Gesellschaft vollwertig und jederzeit fällig ist. Allerdings muss das bei der Anmeldung der Gesellschaft offengelegt werden.

Eine verbreitete Ansicht sieht darin einen Widerspruch zur Idee der Volleinzahlung und verneint infolge dessen die Anwendbarkeit des § 19 Abs. 5 GmbHG bei der UG.[82] Dem ist jedoch nicht zu folgen; denn § 5a

80 OLG München NZG 2010, 1303.

81 So i. E. auch *Heckschen*, DStR 2009, 166 (170); *Leuering*, NJW-Spezial 2007, 315 (316).

82 *Wicke*, GmbHG, 2008, § 5a Rz. 7; *H. P. Westermann* in Scholz, GmbHG, 10. Aufl. 2010, Nachtrag MoMiG, § 5a Rz. 17.

GmbHG enthält insoweit keine Einschränkung, und das ist auch konsequent, da der Gesetzgeber auch unter den Voraussetzungen des § 19 Abs. 5 GmbHG vom Vorliegen einer Bareinlage ausgeht. Daher gilt § 19 Abs. 5 GmbHG auch für die Aufbringung der Mindesteinlage bei der GmbH.[83] Die Aufbringung der Mindesteinlage bei GmbH ist aber nicht weniger geschützt als die Volleinzahlung bei UG. Wenn daher § 19 Abs. 5 GmbHG auch auf die Mindesteinzahlung bei der GmbH anwendbar ist, dann muss das auch für die Volleinzahlung bei der UG gelten.

Das Unbehagen, das sich bei der UG gegen die Anwendung des § 19 Abs. 5 GmbHG einstellt, richtet sich in Wahrheit dagegen, dass der Gesetzgeber für die GmbH wie für die UG auch bezüglich der Mindesteinlagen die darlehensweise Rückzahlung der Einlage zulässt. Das ist ein rechtspolitisches Problem, das man nicht durch partielle Nichtanwendung bei der UG lösen kann. § 19 Abs. 5 GmbHG ist daher auch bei der UG anwendbar.[84]

Praktisch empfiehlt sich das Verfahren nach § 19 Abs. 5 GmbHG ohnehin für die UG nicht, weil die darlehensweise Rückzahlung nach § 8 GmbHG gegenüber dem Registergericht offengelegt werden muss – soweit mir bekannt ist, fragen die Registergerichte sogar routinemäßig danach –, was bejahendenfalls umfangreiche Prüfungen und Nachweise zur Folge hat, die die Eintragung der UG nur verzögern.

b) Verbot von Sacheinlagen, verdeckte Sacheinlagen

Sacheinlangen sind bei der UG nach § 5a Abs. 2 GmbHG unzulässig. Dieses Verbot wirft derzeit zwei Fragen auf. Zunächst stellt sich, wie beim Volleinzahlungsgebot, die Frage, ob es auch für Kapitalerhöhungen gilt. Das wird teilweise grundsätzlich bestritten.[85] Das dafür angeführte Hauptargument, § 5a Abs. 2 Satz 2 GmbHG beziehe sich nur auf die Gründung, weshalb § 56 GmbHG eine entsprechende Einschränkung

83 Statt anderer *Casper* in Ulmer, Großkomm. GmbHG, Ergänzungsband MoMiG, 2010. § 19 Rz. 97.

84 *Paura* in Ulmer, Großkomm. GmbHG, Ergänzungsband MoMiG, 2010, § 5a Rz. 47; *Rieder* in MünchKomm. GmbHG, 2010, § 5a Rz. 24; *Roth* in Roth/Altmeppen, GmbHG, 6. Aufl. 2009, § 5a Rz. 12; *Lutter* in Lutter/Hommelhoff, GmbHG, 17. Aufl. 2009, § 5a Rz. 8; *Wachter*, GmbHR-Sonderheft Oktober 2008, 25 (32); *Heckschen*, DStR 2009, 166 (171).

85 *Hennrichs*, NZG 2009, 1161 (1162); *Klose*, GmbHR 2009, 294 (295 f.); *Paura* in Ulmer, Großkomm. GmbHG, Ergänzungsband MoMiG, 2010, § 5a Rz. 49.

nicht enthalte, dürfte jedoch der gesetzlichen Systematik in Bezug auf das MoMiG zuviel Ehre erweisen. Die wohl überwiegende Literatur hält daher das Verbot der Sacheinlage grundsätzlich auch für Kapitalerhöhungen für anwendbar.[86] Damit bleibt die bereits im Hinblick auf das Volleinzahlungsgebot umstrittene Frage, ob das Verbot auch Bestand hat, wenn mit Hilfe der Sachkapitalerhöhung das Mindeststammkapital der GmbH erreicht oder überschritten werden soll. Hier tendieren auch einige Autoren, die das Verbot der Sacheinlage an sich für Kapitalerhöhungen für anwendbar halten, für die Zulässigkeit von Sacheinlagen.[87] Das OLG München hat allerdings in einem *obiter dictum* aus denselben Gründen wie bei dem Volleinzahlungsgebot[88] auch insoweit Sacheinlagen für unzulässig gehalten.[89]

Das schwierigere Problem liegt darin, ob das Verbot von Sacheinlagen bei der UG auch die Anrechnung des Werts verdeckter Sacheinlagen hindert. Der Gesetzgeber hat diese Anrechnungsmöglichkeit für die GmbH in § 19 Abs. 4 GmbHG mit dem MoMiG neu geschaffen.

Man könnte sich nun auf den Standpunkt stellen, dass auf die UG die Vorschriften für die GmbH uneingeschränkt Anwendung fänden, soweit in § 5a GmbHG nichts anderes bestimmt sei; denn zur Frage der Anwendbarkeit der Regelung verdeckter Sacheinlagen ist dort nichts Ausdrückliches gesagt. Vor allem aber kann man sagen, dass das Sacheinlagenverbot wohl eher als Gründungsvereinfachung gedacht ist, die nicht unmittelbar davon tangiert ist, wenn sich nach Eintragung der UG herausstellt, dass verdeckte Sacheinlagen vorgekommen sind. Daher wird § 19 Abs. 4 GmbHG verbreitet für anwendbar gehalten.[90]

---

86 *Rieder* in MünchKomm. GmbHG, 2010, § 5a Rz. 25; *H. P. Westermann* in Scholz, GmbHG, 10. Aufl. 2010, Nachtrag MoMiG, § 5a Rz. 19; *Lutter* in Lutter/Hommelhoff, GmbHG, 17. Aufl. 2009, § 5a Rz. 12; *Heckschen*, DStR 2009, 166 (170); *Wicke*, GWR 2010, 259 ff.; *Freitag/Riemenschneider*, ZIP 2007, 1485 (1491); *Wachter*, GmbHR-Sonderheft Oktober 2008, 25 (32).

87 *Rieder* in MünchKomm. GmbHG, 2010, § 5a Rz. 25; *H. P. Westermann* in Scholz, GmbHG, 10. Aufl. 2010, Nachtrag MoMiG, § 5a Rz. 19; *Lutter* in Lutter/Hommelhoff, GmbHG, 17. Aufl. 2009, § 5a Rz. 12; *Wicke*, GWR 2010, 259 ff.

88 Oben a).

89 OLG München NZG 2010, 1303 (1304) obiter; *Ulmer*, GmbHR 2010, 1298 (1300 f.).

90 *Rieder* in MünchKomm. GmbHG, 2010, § 5a Rz. 23; *Paura* in Ulmer, Großkomm. GmbHG, Ergänzungsband MoMiG, 2010, § 5a Rz. 50; *Lutter* in Lutter/Hommelhoff, GmbHG, 17. Aufl. 2009, § 5a Rz. 13; *Gehrlein*, Der

Und doch liegen die Dinge hier anders als bei der GmbH. Bei dieser sind Sacheinlagen ja nicht verboten. Sie müssen lediglich offengelegt werden; wird diese Formalie, die eine präventive Prüfung ermöglichen soll, versäumt, dann nimmt § 19 Abs. 4 GmbHG von der früheren harten Regelung Abstand, wonach die Einlage insgesamt nicht erbracht ist und nochmals geleistet werden muss, was in der Insolvenz im Ergebnis zu einer doppelten Zahlung führen kann.[91] Bei der UG geht es dagegen nicht lediglich um eine Umgehung der präventiven Werthaltigkeitsprüfung. Bei ihr sind Sacheinlagen schlechthin verboten (§ 138 BGB).[92] Damit wäre schwerlich zu vereinbaren, gemäß § 19 Abs. 4 GmbHG das schuldrechtliche wie das dingliche Rechtsgeschäft für wirksam zu halten und ihm Erfüllungswirkung beizumessen.[93] Man würde das Verbot wenig ernst nehmen, wenn man mit Anwendung des § 19 Abs. 4 GmbHG der Umgehung praktisch Tür und Tor öffnete. Zwar bleibt die mögliche Strafbarkeit unrichtiger Gründungsangaben.[94] Aber wer wird das schon strafrechtlich ahnden, wenn der Gesellschafter der 500 Euro-UG für den nach Zahlung der Eintragungskosten verbliebenen Rest der Bareinlage den bisher privaten Computer in das Gesellschaftsvermögen überführt?

Die UG ist ein Einfachmodell, bei dem man Fragen wie diejenige Werthaltigkeit und der Kompliziertheiten der Anrechnung einfach nicht will. Wenn die Regelung der UG schon auf ein nennenswertes Mindeststammkapital verzichtet, dann fordert das Gesetz, dass das Stammkapital bar erbracht und weder offen noch durch die Hintertür mit Sachwerten belegt wird. § 19 Abs. 4 GmbHG ist daher unanwendbar.[95]

Konzern 2007, 771 (779); *Veil*, ZGR 2009, 623 (631); *Wälzholz*, GmbHR 2008, 841 (842 ff.); *Grigoleit/Rieder*, GmbH-Recht nach dem MoMiG, 2009, Rz. 102; *Hennrichs*, NZG 2009, 1164; *Witt*, ZIP 2009, 1102; wohl auch *Goette*, Einführung in das neue GmbH-Recht, 2008, Rz. 44.

91 Dazu statt anderer *Ulmer* in Ulmer, Großkomm. GmbHG, Bd. I, 2005, § 19 Rz. 132 f.

92 Betont etwa bei *H. P. Westermann* in Scholz, GmbHG, 10. Aufl, 2010, Nachtrag MoMiG, § 5a Rz. 19; *Gasteyer*, NZG 2009, 1364 (1365).

93 Insoweit übereinstimmend *H. P. Westermann* in Scholz, GmbHG, Nachtrag MoMiG, 10. Aufl. 2010, § 5a Rz. 19, 22.

94 Dazu statt anderer *Casper* in Ulmer, Großkomm. GmbHG, Ergänzungsband MoMiG, 2010, § 19 Rz. 86 m. w. N.

95 Ausführl. *Ulmer*, GmbHR 2010, 1298 (1302 f.); auch schon *Roth* in Roth/Altmeppen, GmbHG, 6. Aufl. 2009, § 5a Rz. 13; *Wicke*, GmbHG, 2008, § 5a Rz. 8; *Miras*, Die neue Unternehmergesellschaft, 2008, Rz. 155; *Gasteyer*, NZG 2009, 1364 (1365); *Wachter*, GmbHR-Sonderheft Oktober 2008, 25 (32 f.); *Schall*, ZGR 2009, 126 (152); *Weber*, BB 2009, 842 (845); *Hirte*, ZInsO

„Katastrophal" sind die Folgen einer solchen strikten Regelung in der Regel auch nicht. Denn bei der typischen Gründung mit einem Stammkapital von 500 Euro riskiert der Gesellschafter im schlimmsten Fall, dass er die 500 Euro im Insolvenzfall nochmals aufbringen muss. Das sind wohl doch nicht die „katastrophalen Rechtsfolgen", die der Gesetzgeber durch den neugeschaffenen § 19 Abs. 4 GmbHG abwenden wollte.

3. Thesaurierungspflicht

a) „Ansparmodell"

Nach § 5a Abs. 3 GmbHG muss bei der UG, solange sie noch nicht das Mindeststammkapital der GmbH erreicht hat, eine gesetzliche Rücklage gebildet werden, in welcher ein Viertel des um einen eventuellen Verlustvortrag des Vorjahres geminderten Jahresüberschusses einzustellen ist.

Die Idee dieses „Ansparmodells" ist klar: Die UG, die ja mit geringem Eigenkapital gegründet wird, soll im Laufe der Zeit ihre Eigenkapitalbasis stärken und so allmählich kapitalmäßig an die GmbH herangeführt werden. Die Vorstellung des Gesetzgebers ist, dass die UG solange Kapital anspart, bis ihr Stammkapital zuzüglich der Rücklage die 25.000 Euro erreicht, und dass dann die Gesellschafter zum Notar gehen, eine Kapitalerhöhung aus Gesellschaftsmitteln beschließen und die UG damit in die klassische GmbH überführen.

Verstöße gegen die Thesaurierungspflicht führen analog § 256 Abs. 1 Nr. 1 AktG zur Nichtigkeit des Jahresabschlusses und des darauf aufbauenden Gewinnverwendungsbeschlusses (§ 253 AktG).[96] Sie stellen außerdem Pflichtverletzungen des Geschäftsführers dar, für die dieser der Gesellschaft haftet.[97]

2008, 933 (935); *Freitag/Riemenschneider*, ZIP 2007, 1485 (1486); *Bormann*, GmbHR 2007, 897 (901); auch *Joost*, ZIP 2007, 2242 (2244); *Heckschen*, DStR 2009, 166 (171); in der Tendenz ebenso, aber nicht eindeutig *H. P. Westermann* in Scholz, GmbHG, 10. Aufl, 2010, Nachtrag MoMiG, § 5a Rz. 19.

96 Dazu statt anderer *Paura* in Ulmer, Großkomm. GmbHG, Ergänzungsband MoMiG, 2010, § 5a Rz. 60 m. w. N.

97 Siehe dazu statt anderer *Paura* in Ulmer, Großkomm. GmbHG, Ergänzungsband MoMiG, 2010, § 5a Rz. 60 m. w. N.

Ob sich die Thesaurierungspflicht in der Praxis bewähren wird, wird man sehen. Zweifel sind angebracht.[98] Denn die Thesaurierungspflicht ist eben gewinnabhängig. Wo es keinen Gewinn gibt, gibt es auch keine Rücklage. Schon der Gesetzgeber hat darauf hingewiesen, dass die Rücklage nur aus dem Gewinn zu errechnen ist, der sich nach Zahlung eines angemessenen Geschäftsführergehalts ergibt.[99] Das ist ja auch nach den relativ strengen Grundsätzen der Kapitalerhaltung des § 30 GmbHG so, dass ein angemessenes Geschäftsführergehalt, selbst wenn es an den Gesellschaftergeschäftsführer gezahlt wird, nicht als unzulässige Auszahlung zu Lasten des Stammkapitals gewertet wird.[100] Schon das wird bei der Thesaurierungspflicht vielfach dazu führen, dass die kleinen *Start-Ups* über längere Zeit keine Gewinne machen werden, aus denen sich die gesetzliche Rücklage bilden lässt. Und wenn es infolge vorangegangener Gewinne eine Rücklage geben sollte, dann darf diese nach dem Gesetz ganz oder teilweise aufgelöst werden zur Deckung von Verlusten. Wird die Gesellschaft insolvent, so wird im Regelfall die Rücklage, wenn sie denn gebildet worden ist, bereits zur Deckung vorheriger Verluste aufgezehrt sein.[101]

b) Problem verdeckter Gewinnausschüttungen

Was aber ist, wenn das Geschäftsführergehalt das jeweils Angemessene übersteigt oder wenn Angehörige beschäftigt werden, deren Leistung nicht erforderlich oder deren Vergütung nicht angemessen ist. Die Verführung wird vor allem bei Einmann-Gesellschaftergeschäftsführern groß sein, das Geschäftsführergehalt zunächst zur Vermeidung einer vorzeitigen Insolvenz der Lage der Gesellschaft anzupassen, später aber, wenn die UG in Fahrt kommt, den Ausweis von Gewinn dadurch zu vermeiden, dass man das Geschäftsführergehalt entsprechend erhöht, dass man Familienmitglieder mit Beschäftigungsverträgen ausstattet, die man etwas großzügig vergütet oder dass man vielleicht für vom Gesellschafter der UG zunächst kostenlos oder zu einem sehr niedrigen Mietzins zur Verfügung gestellten Geschäftsräume höhere Mieten anrechnet usw. und damit das Entstehen von Gewinnen verhindert.

---

98 Ein hohes Umgehungspotential bescheinigt der Regelung *Wicke*, GWR 2010, 259 ff.

99 Regierungsbegründung, BT-Drucks. 16/6140, S. 32.

100 Dazu statt anderer *Habersack* in Ulmer, Großkomm. GmbHG, 2006, § 30 Rz. 81.

101 *Römermann*, NJW 2010, 905 (908).

Das GmbHG kennt, anders als das AktG, an sich kein allgemeines Verbot verdeckter Gewinnausschüttungen,[102] sondern nur die Gleichbehandlungspflicht, die bei der Einpersonen-UG keine Rolle spielt, und das Verbot der Beeinträchtigung des zur Erhaltung des Stammkapitals erforderlichen Vermögens; solange daher nur Gewinne verhindert werden, ohne dass das Gesellschaftsvermögen unter den Betrag des Stammkapitals – bei der UG also typischerweise die 500 Euro – herabsinkt, greift das Verbot des § 30 GmbHG nicht oder jedenfalls nicht unmittelbar. Das ist bekanntlich bei der AG anders, bei der nur der bilanziell ausgewiesene Gewinn ausgeschüttet werden darf und verdeckte Gewinnausschüttungen als Einlagenrückgewähr unzulässig sind.[103]

Für die UG stellt sich damit die Frage, ob man die Kapitalerhaltung auch auf die nach § 5a Abs. 3 GmbHG gebildete oder zu bildende Rücklage erstrecken kann oder ob man im Hinblick auf die Vergleichbarkeit der Problematik das aktienrechtliche Verbot der Einlagenrückgewähr analog auf die verdeckten Gewinnausschüttungen bei der UG anwenden kann. Beides wird unter systematischen Gründen bezweifelt.[104] Letztlich aber wohl zu Unrecht; denn insoweit als es um die Thesaurierungsverpflichtung geht, sind wir eben nicht mehr im GmbH-System, sondern im System der AG, so dass jede Zuwendung an einen Gesellschafter, die nicht durch eine adäquate Gegenleistung gedeckt ist, Rückzahlung von dem Gläubigerschutz gewidmeten Kapital ist, die, soweit sie die Rücklagenbildung betrifft, teilrückgängig zu machen ist.

Das führt gewiss zu komplizierten Rückabwicklungen, aber das ist eben Folge der vom Gesetzgeber eingeführten Thesaurierungspflicht, deren Umgehung man nicht einfach sanktionslos[105] lassen kann.

c) Problem gesellschaftsrechtlicher Gestaltungen, welche das Entstehen von Gewinn von vornherein ausschließen

Ein weiteres, vom Gesetzgeber nicht bedachtes Problem der Thesaurierungspflicht stellen vertragliche Gestaltungen dar, die von vornherein

102 *W. Müller* in Ulmer, Großkomm. GmbHG, 2006, § 29 Rz. 162; *Hueck/Fastrich* in Baumbach/Hueck, GmbHG, 19. Aufl. 2010, § 29 Rz. 71.

103 Statt anderer *Hüffer*, AktG, 9. Aufl. 2010, § 57 Rz. 8, 12, 15.

104 *Römermann*, NJW 2010, 905 (908); im Grundsatz, wenn auch letztlich mit anderem Ergebnis auch *Paura* in Ulmer, Großkomm. GmbHG, Ergänzungsband MoMiG, 2010, § 5a Rz. 55.

105 So aber i. E. *Römermann*, NJW 2010, 905 (908).

die Thesaurierungspflicht leerlaufen lassen. Es handelt sich um bestimmte Fälle der UG & Co KG, um Gewinnabführungsverträge bei der Konzerneinbindung der UG und um die Verwendung der UG als Rechtsform gemeinnütziger Unternehmen.

Es gibt dafür im Grundsatz drei Lösungsmöglichkeiten: Man kann eine solche Verwendung, welche die Thesaurierungspflicht von vornherein leerlaufen lässt, als dem Sinn des Gesetzes widersprechend für unzulässig halten.[106] Man kann umgekehrt argumentieren, es gebe bei der UG keine Pflicht, Gewinne zu erwirtschaften und daher die Ansicht vertreten, solche Konstruktionen seien letztlich unproblematisch;[107] und man kann schließlich, was vorzugswürdig erscheint, versuchen, dem Sinn des Gesetzes dadurch zu entsprechen, dass man auf die Lösung eines vergleichbaren Problems bei der AG zurückgreift, bei der jedenfalls im Fall des Gewinnabführungsvertrags die Bildung der gesetzlichen Rücklage in der Weise gesichert wird, dass nach § 300 AktG vor der Gewinnabführung zunächst der Jahresüberschuss berechnet wird, der sich ohne Gewinnabführung ergäbe, und aus diesem dann die Rücklagendotierung so vorzunehmen, dass die Rücklage innerhalb einer vom Gesetz vorgegebenen Frist voll aufgebracht wird.[108]

Eine Lösung für die Komplementärstellung der UG hat man damit allerdings noch nicht. Wenn man hier die Thesaurierungspflicht nicht leerlaufen lassen will, muss man sich daran erinnern, dass die Rechtsprechung bei der GmbH & Co. KG Auszahlungen der KG an ihre Kommanditisten der Kapitalerhaltung der Komplementär-GmbH unterworfen hat. Ebenso könnte man auch die Gewinnverteilung bei der KG der Thesaurierungspflicht der UG unterwerfen und verlangen, dass diese so ausgestaltet wird, dass die UG, soweit dafür ausreichende Gewinne in der KG anfallen, ihrer Thesaurierungspflicht in der Weise nachkommen kann, dass Stammkapital und Rücklagen innerhalb von zehn Jahren

---

106 In diesem Sinne für eine zwingende Kapital- oder Gewinnbeteiligung *Wicke*, GmbHG, 2008, § 5a Rz. 19; *Veil*, GmbHR 2007, 1080 (1084); *Gehrlein*, Der Konzern 2007, 771 (779); *Wachter*, GmbHR-Sonderheft Oktober 2008, 25 (35).

107 *Paura* in Ulmer, Großkomm. GmbHG, Ergänzungsband MoMiG, 2010, § 5a Rz. 84; *Rieder* in MünchKomm. GmbHG, 2010, § 5a Rz. 55; *Heckschen*, DStR 2009, 166 (171).

108 Grds. für die analoge Anwendung der §§ 300, 301 AktG *Bayer/Hoffmann*, GmbHR 2010, R 311; siehe dazu auch *Rubel*, GmbHR 2010, 470 (472); *Römermann/Passarge*, ZIP 2009, 1497 (1503).

insgesamt das Stammkapital der GmbH erreichen.[109] Dass damit allerdings eine Reihe von ungelösten praktischen Problemen verbunden sind, sollte nicht verschwiegen werden.[110]

Für die gemeinnützige UG, die Gewinne erwirtschaftet, hat die Steuerverwaltung kürzlich anerkannt, dass der Grundsatz der zeitnahen Mittelverwendung nicht der gesetzlich vorgeschriebene Rücklagenbildung entgegensteht.[111]

4. Kapitalerhöhung, Übergang zur GmbH

a) Rechtstatsächliches

Wenn man bei Notaren nachfragt, dann erhält man das Bild, dass bislang Kapitalerhöhungen bei der UG eher selten sind. Dem widersprechen auch die statistischen Angaben von *Bayer* und *Hoffmann*[112] nicht, die lediglich Einzelfälle berichten. Ganz überwiegend bleibt es bei dem zunächst in der Satzung festgesetzten geringen Stammkapital, und man kann sich nur fragen, wie diese Gesellschaften die für die operative Tätigkeit in aller Regel notwendigen Mittel aufbringen. Man kann vermuten, dass in erheblichem Umfang bewusst oder unbewusst von der Möglichkeit der Finanzierung aus der eigenen Tasche des Gründers, juristisch also den Gesellschafterdarlehen, sowie der Möglichkeit der Nutzungsüberlassung Gebrauch gemacht wird. Eine UG kommt ja kaum ohne Computer aus. Und wenn die Einlage nach Abzug der Gründungskosten dafür nicht reicht, und das ist bei den verbreiteten 500 Euro Gründungen doch offensichtlich, dann wird eben der heimische Computer für die UG eingesetzt. Ähnliches gilt für Geschäftsräume, die PKW-Benutzung usw. Was sich daraus im Insolvenzfall für die Gesellschafter ergibt, ist in der Praxis noch nicht ausgelotet.

Nur ein kleiner Teil der UG-Gesellschafter hat alsbald eingesehen, dass man zur Geschäftsaufnahme mehr Kapital benötigt und daher das Kapital zum Teil kräftig erhöht. *Bayer/Hoffmann* berichten von Kapitalerhöhungen von 1 Euro auf 100.000 Euro oder von 1.000 Euro auf 300.000 Euro.[113] Aber diese sind atypisch. Der Grund für den Beginn

109 Siehe *Hueck/Fastrich* in Baumbach/Hueck GmbHG, 19. Aufl. 2010, § 5a Rz. 36.

110 Abl. daher vor allem *Rieder* in MünchKomm. GmbHG, 2010, § 5a Rz. 55.

111 Bay. Landesamt für Steuern, Verfügung S 0174.2.1-2/2 St31.

112 *Bayer/Hoffmann*, GmbHR 2010, R 161.

113 *Bayer/Hoffmann*, GmbHR 2010, R 161.

mit einer UG bei alsbaldigem hohen Eigenkapitalbedarf könnte nicht nur in besserer Einsicht über die Verwendbarkeit der UG liegen, sondern auch darin, dass man die UG gewissermaßen als Platzhalter verwendet hat, um zu sehen, ob das geplante Unternehmen zustande kommt, um dann im Erfolgsfall dem Unternehmen das für die operative Tätigkeit unter Beteiligung weiterer Gesellschafter erforderliche Eigenkapital zuzuführen.

Umgekehrt werden aber auch geradezu lächerlich geringe Kapitalerhöhungen gemacht. So berichten *Bayer* und *Hoffmann* von Kapitalerhöhungen von 1 Euro auf 2 Euro oder von 2 Euro auf 4 Euro.[114] Sogar die Rechtsprechung muss sich mit solchen Mini-Kapitalerhöhungen befassen. So hatte das OLG München sich mit einer Kapitalerhöhung von 2 Euro auf 10 Euro zu befassen.[115] Der Grund für diese minimalen Erhöhungen liegt natürlich nicht im Versuch einer Deckung des Eigenkapitalbedarfs, sondern wahrscheinlich einfach in der Beteiligung weiterer Gesellschafter.[116]

b) Übergang zur GmbH

aa) „Upgrading", kein „Downgrading"

Erhöht die UG ihr Stammkapital auf den Betrag das Mindeststammkapitals der GmbH oder darüber, also auf mindestens 25.000 Euro, dann fallen nach § 5a Abs. 5 GmbHG die Beschränkungen, die für die UG gelten, weg. Dieses „Upgrading", das wurde schon oft betont, ist eine Einbahnstraße.[117] Es gibt keinen Weg von der GmbH zur UG etwa durch Kapitalherabsetzung unter 25.000 Euro. Hier scheint wieder die Funktion der UG als eine Art Vorstufe der GmbH durch.

bb) Mögliche Formen der Kapitalerhöhung

Die für das Erreichen des Mindeststammkapitals der GmbH erforderliche Kapitalerhöhung kann entweder in Form der realen Kapitalerhöhung gegen Einlagen oder in Form der Kapitalerhöhung aus Gesellschaftsmitteln, nämlich in Form der Umwandlung der thesaurierten Rücklage in Stammkapital erfolgen. Die Kapitalerhöhung aus Gesell-

114 *Bayer/Hoffmann*, GmbHR 2010, R 161.
115 OLG München NZG 2010, 1302.
116 *Bayer/Hoffmann*, GmbHR 2010, R 161 (R 162).
117 So etwa *Wicke*, GWR 2010, 259 ff.

schaftsmitteln wird einstweilen schon am Vorhandensein ausreichender thesaurierter Mittel, aber auch künftig häufig an den mit ihr verbundenen Kosten einer Prüfung durch einen Wirtschaftsprüfer (§ 57e GmbHG) scheitern. In der Praxis herrscht daher, soweit bisher erkennbar, die reale Kapitalerhöhung gegen Einlagen vor.

cc) Volleinzahlungspflicht, Sacherhöhungsverbot?

Dass auch für Kapitalerhöhungen Volleinzahlungspflicht besteht und Sacheinlagen grundsätzlich verboten sind, entspricht der h. M.[118] Umstritten ist allerdings, ob diese Einschränkungen auch dann gelten, wenn die UG ihr Kapital mit dem jeweiligen Beschluss auf die Höhe des Mindeststammkapitals der GmbH oder darüber hinaus erhöht. Die Frage wurde bereits im Zusammenhang mit der Volleinzahlungspflicht und dem Sacheinlageverbot behandelt, worauf verwiesen werden kann.[119]

5. Umwandlung in die und aus der UG

Umwandlungen, an denen die UG beteiligt ist, sind grundsätzlich möglich, unterliegen allerdings den Schranken, die das Verbot der Sacheinlage zieht.

Lediglich zur Klarstellung sei aber vorab betont, dass der Übergang von der UG in die GmbH keine Umwandlung darstellt, da die UG bereits eine GmbH darstellt, für die nur ein paar Sonderregeln gelten. Es findet also kein Übergang in eine andere Rechtsform statt.[120]

Umwandlungen von der UG in andere Gesellschaftsformen sind nach den jeweiligen Bestimmungen des UmwG genauso wie für die GmbH möglich. Das Problem liegt daher bei den Umwandlungen in die Rechtsform der UG.

Hier stellen sich drei Probleme: Zum einen darf die Umwandlung nicht dazu führen, dass das Stammkapital die Grenze von 24.999 Euro überschreitet. Sonst haben wir keine Umwandlung in eine UG, sondern eine solche in eine GmbH. Zum anderen hindert das Sacheinlageverbot die Umwandlung von Einzelunternehmen und Personengesellschaften in die UG. Allerdings gibt es, wie in der Literatur schon dargelegt wurde, eine Variante, indem die UG als Gesellschafter in eine Personengesell-

---

118 Oben IV. 2.
119 Oben IV. 2. a) und b).
120 Statt anderer: *Rieder* in MünchKomm. GmbHG, 2010, § 5a Rz. 9.

schaft eintritt und alle übrigen Gesellschafter dann austreten. Dann geht das Vermögen der Personengesellschaft kraft Anwachsung auf die UG über.[121]

Bei der Verschmelzung anderer Gesellschaften auf die UG kann eine Verschmelzung durch Neugründung bei der UG nicht erfolgen, da dies eine Form der verbotenen Sacheinlage darstellt.[122]

Dagegen ist eine Verschmelzung durch Aufnahme dann möglich, wenn auf eine Anteilsgewährung an die Gesellschafter der verschmolzenen Gesellschaften verzichtet wird; dann ist keine Kapitalerhöhung erforderlich, die eine verbotene Sachkapitalerhöhung wäre.[123] Dass man diese Konstruktion beim *„downstream merger"* von der Mutter- auf die Tochtergesellschaft zum Schaden der Gläubiger auch missbrauchen kann, darauf hat *Heckschen* bereits hingewiesen.[124]

V. Die offene Frage des Gläubigerschutzes

1. Fehlen einer aussagekräftigen Insolvenzstatistik für die UG

Keine konkreten Erfahrungen gibt es bisher zur zentralen Frage des Gläubigerschutzes bei der UG. Nachfragen bei Insolvenzgerichten haben zwar ergeben, dass dort die UG bereits angekommen ist, und zwar ganz überwiegend solche mit einem Stammkapital bei 500 Euro. Aber eine aussagekräftige Statistik existiert bislang dort nicht, weil die UG nicht getrennt von der GmbH erfasst werden. Immerhin hat aber der *Verein Creditreform* in einer Analyse „Insolvenzen, Neugründungen und Löschungen, Jahr 2010" erste Zahlen zur UG veröffentlicht. Danach bestätigt sich die Vermutung, dass die UG deutlich insolvenzanfälliger ist als die GmbH.[125] Inwieweit die UG dabei schlechte Risiken von der GmbH abzieht, die andernfalls die GmbH-Statistik belasten würden, so dass nur eine Verlagerung stattfindet, ist offen, aber in Rechnung zu stellen.

---

121 Heckschen, Das MoMiG in der notariellen Praxis, 1. Aufl. 2009, Rz. 236.

122 Statt anderer *Wicke*, GmbHG, 2008, § 5a Rz. 16; *Rieder* in MünchKomm. GmbHG, 2010, § 5a Rz. 51.

123 *Heckschen*, Das MoMiG in der notariellen Praxis, 1. Aufl. 2009, Rz. 241.

124 *Heckschen*, Das MoMiG in der notariellen Praxis, 1. Aufl. 2009, Rz. 242.

125 *Verein Creditreform*, Insolvenzen, Neugründungen und Löschungen, Jahr 2010, S. 41, abrufbar unter http://www.creditreform.de/Deutsch/Creditreform/Presse/Archiv/Insolvenzen_Neugruendungen_Loeschungen_DE/2010_-_Jahr/2010-11-29_Insolvenzen_Neugruendungen_Loeschungen.pdf.

2. Szenarien

a) Parallelen zur Ltd.?

Man kann nach allem erwarten, dass die Zahl der scheiternden UG im Hinblick auf die vielfach fehlende unternehmerische Erfahrung der Gesellschafter und das ganz überwiegend fehlende nennenswerte Eigenkapital hoch sein wird. Von der scheinausländischen Ltd., die in diesem Punkt der UG ähnlich ist, ist eine hohe „Kindersterblichkeit" bekannt.[126] Gegen eine parallele Entwicklung bei der UG könnte zwar sprechen, dass sich zumindest teilweise der Kreis der Unternehmensgründer unterscheiden wird. Während sich die UG an die jungen und damit vielfach auch unerfahrenen Existenzgründer wendet, gehörte zur Wahl der Ltd. als ausländischer Gesellschaftsform doch eine gewisse Versiertheit, ohne welche die Wahl einer ausländischen Rechtsform eher unwahrscheinlich erscheint. Diese mag auch im negativen Sinne Personen anziehen, die sich bewusst dem vermeintlich strengeren deutschen Gesellschaftsrecht entziehen wollen und damit in gewissem Sinne auch die Tendenz zu einer Negativauslese begründen. Auf der anderen Seite scheint auch die UG in nicht unerheblichem Maße negativ vorbelastete Geschäftsführer und Gründer anzuziehen;[127] auch dürfte sich die vielfach mangelnde Geschäftserfahrung der UG-Gründer negativ auf deren Erfolgsquote auswirken.

b) Die besondere Insolvenzanfälligkeit von Kleinstunternehmen

Die zu erwartende Insolvenzanfälligkeit der UG muss allerdings kein alleiniges Problem der UG, sondern kann auch ein solches von Kleinstunternehmen sein, deren Insolvenzanfälligkeit bekannt ist. Nach der Statistik des *Vereins Creditreform* vom 29.11.2010 für dieses Jahr betreffen 79 % der Insolvenzen Unternehmen mit 1–5 Beschäftigten.[128] Es ist daher für die Insolvenzstatistik möglicherweise gar nicht so sehr entscheidend, ob wir ein Kleinstunternehmen in Form der UG oder in Form des Einzelkaufmanns vor uns haben: Die Insolvenzanfälligkeit resultiert zu einem erheblichen Teil weniger aus der Rechtsform als aus der geringen Unternehmensgröße, die typischerweise mit wenig Eigen-

126 *Niemeier*, ZIP 2007, 1794 (1798 f.); ausführl. *Niemeier* in FS Günter H. Roth, 2011, S. 285 (290).

127 Siehe die oben Fn. 16 zitierte Pressemitteilung des *Vereins Creditreform* Münster.

128 S. 21 der oben Fn. 125 zitierten Analyse des *Vereins Creditreform* Münster.

kapitalressourcen verbunden ist. Die Verwendung der UG für Kleinstunternehmen führt jedoch dazu, dass der besonderen Insolvenvenzanfälligkeit und der mit ihr verbundenen Gläubigergefährdung kein eigener Risikobeitrag des Betreibers des Unternehmens entspricht, der verhaltenssteuernd wirken kann.

c) Risikoallokation infolge fehlenden oder nur geringen eigenen Risikoeinsatzes

Neben dem Problem der Insolvenzanfälligkeit von Kleinstunternehmen dürfte allerdings die UG in besonderer Weise negative unternehmerische Risiken auf sich vereinigen, weil – wie schon bei der GmbH – Unternehmensgründer, welche von ihrem Konzept selbst nicht vollständig überzeugt sind und hohe Misserfolgs- und Haftungsrisiken sehen, die Kapitalgesellschaft mit dem geringstmöglichen eigenen Kapitaleinsatz wählen, um selbst möglichst wenig zu riskieren. Dass sich darunter auch gescheiterte Unternehmer mit einem Neuversuch finden werden, liegt auf der Hand.[129] Insofern führt die Zurverfügungstellung einer Kapitalgesellschaft mit geringem Kapitalaufwand von vornherein zu einer negativen Risikoauslese,[130] die allerdings die GmbH-Statistik teilweise entlastet, weil ein Teil dieser negativen Risiken von der andernfalls gewählten GmbH als Rechtsform zur UG wandern.

3. Kompensation durch Ausgleichsmechanismen im Rahmen des MoMiG?

a) Kein Ersatz durch die Thesaurierungspflicht

Dass die Thesaurierungspflicht keinen Ersatz für das Mindeststammkapital als Pfeiler des Gläubigerschutzes darstellen kann, wurde schon gezeigt. Sie ist nicht mehr als der berühmte Tropfen auf den heißen Stein, und sie ist auch allzuleicht zu umgehen.

b) Effizienz der Warnfunktion des Rechtsformzusatzes „haftungsbeschränkt"?

Der Gesetzgeber war der Ansicht, dass dem Gläubigerschutz unter anderem durch die Warnfunktion des Zusatzes „haftungsbeschränkt" Ge-

129 Siehe die oben Fn. 16 zitierte Pressemitteilung des *Vereins Creditreform* Münster.

130 „Sammelbecken für wenig aussichtsreiche Gründungen", *Wicke*, GWR 2010, 259.

nüge getan werde. Die Effizienz dieser Regelung für den Gläubigerschutz ist aber zweifelhaft.[131] Zum einen dachte man das ja auch schon zu Beginn der GmbH, dass der Rechtsformzusatz die Gläubiger zu ausreichender Selbstvorsorge veranlassen werde. Jeder wusste ja, dass die Gläubigerschutzregelungen der GmbH weniger strikt waren als die der AG. Aber das hat weder den Siegeszug der GmbH beeinträchtigt, noch verhindert, dass die GmbH seit jeher die Insolvenzstatistiken anführt. Der Grund ist einfach: Schützen können sich die großen Kreditgeber, auch manche Lieferanten, wenn die GmbH auf sie angewiesen ist. Aber es bleiben doch in jeder Insolvenz eine Vielzahl von Gläubigern ungesichert und fallen mehr oder minder ganz aus. Das sind nicht nur die ganz dummen, sondern die „normalen" Gläubiger ohne besondere Verhandlungsmacht. Es ist ja auch so, dass man ab einer bestimmten Zahl von GmbH einfach nicht darum herumkommt, mit Unternehmen in dieser Rechtsform Geschäfte zu machen und dass man sich nicht für alles absichern kann. Welcher Käufer im Internet kann für etwaige Gewährleistungsansprüche beim Kauf eine Sicherheit vereinbaren?

Für die UG wird das über kurz oder lang nicht anders sein. Noch kann man vielleicht die Nase rümpfen und sagen: Mit sowas kontrahiere ich nicht! Aber das wird sich bald ändern. Man wird sich an die UG gewöhnen, sie wird mehr oder minder allgegenwärtig sein. Immerhin hat sie ja schon die Zahl der Aktiengesellschaften deutlich überflügelt. Und man wird mit ihr Geschäfte machen[132] und im Insolvenzfall vor dem Nichts stehen.

4. Erforderlichkeit zusätzlicher Gläubigerschutzinstrumente?

a) Insolvenzantragspflicht und das Risiko des Agierens am Rande der Überschuldung

Der Gläubigerschutz bei der UG wird damit im Wesentlichen durch die Pflicht zur rechtzeitigen Insolvenzantragstellung (§ 15a Abs. 1 InsO) und die mit ihrer Verletzung verbundene Haftung wegen Insolvenzverschleppung (§ 64 GmbHG und §§ 823 Abs. 2 BGB i. V. m. § 15a Abs. 1 u. 4 InsO) gewährleistet werden. Hier dürfte für die vielfach wenig geschäftserfahrenen Geschäftsführer von UG[133] ein erhebliches persön-

131 Kritisch auch schon *Veil*, GmbHR 2007, 1080 (1082).

132 Siehe auch *Römermann*, NJW 2010, 905 (910).

133 Dazu auch *H. P. Westermann* in Scholz, 10. Aufl. 2010, Nachtrag MoMiG, § 5a Rz. 5.

liches Haftungs- und Strafbarkeitsrisiko bestehen; denn der Geschäftsführer muss nach § 19 Abs. 1 InsO bereits im Fall der Überschuldung und nicht erst bei Zahlungsunfähigkeit Insolvenzantrag stellen.[134] Dagegen wird vermutlich vielfach verstoßen werden. Zwar genügt nach § 19 Abs. 2 InsO in der derzeit geltenden Fassung die rechnerische Überschuldung nicht, wenn die Fortführung des Unternehmens nach den Umständen überwiegend wahrscheinlich ist. An dieser überwiegenden Wahrscheinlichkeit wird es aber bei den UG ohne nennenswertes Eigenkapital zumindest in den ersten Jahren ihres Bestehens in der Regel fehlen.[135] Ob sich die Geschäftsführer und im Hinblick auf eine mögliche Beteiligung auch die Gesellschafter über das damit verbundene Risiko im entscheidenden Moment im Klaren sind, wird sich zeigen müssen.

b) Haftung wegen vorsätzlicher Gläubigerschädigung

Neben der Haftung wegen Insolvenzverschleppung kann dann, wenn die UG bewusst zur Gläubigerschädigung eingesetzt wird, eine vorsätzliche sittenwidrige Schädigung im Sinne von § 826 BGB vorliegen.[136] Diese Haftung ist auch bei der UG nicht ausgeschlossen, greift allerdings nur in besonders schwerwiegenden Fällen gezielter Gläubigerschädigung. Die Tatsache, dass eine UG mit ganz unzureichendem Eigenkapital geführt wird (materielle Unterkapitalisierung), genügt, wie der BGH für die GmbH bereits entschieden[137] und *Goette* für die UG bestätigt hat,[138] dafür nicht. Eine solche Haftung stünde mit der rechtspolitischen Entscheidung des Gesetzgebers in Widerspruch, eine Kapitalgesellschaft ohne Mindestkapital zuzulassen.[139]

---

134 Zutr. *Wicke*, GWR 2010, 259 ff., der betont, dass eine praktisch ohne Stammkapital gegründete Gesellschaft ständig mit einem Bein in der Überschuldung steht.

135 Kritisch auch *Rieder* in MünchKomm. GmbHG, 2010, § 5a Rz. 12.

136 *Wicke*, GmbHG, 2008, § 13 Rz. 15; *Wicke*, GWR 2010, 259 ff.; *Hueck/Fastrich* in Baumbach/Hueck, GmbHG, 19. Aufl, 2010, § 13 Rz. 51, 53; wohl auch *Paura* in Ulmer, Großkomm. GmbHG, Ergänzungsband MoMiG, 2010, § 5a Rz. 22.

137 BGH NJW 2008, 2437 Rz. 18 (GAMMA).

138 *Goette*, Einführung in das neue GmbH-Recht, 2008, Rz. 48.

139 Vgl. *Wicke*, GWR 2010, 259 ff.; *Goette*, Einführung in das neue GmbH-Recht, 2008, Rz. 48; *Wachter*, GmbHR-Sonderheft Oktober 2008, 25 (31).

c) Entwicklung von Gläubigerschutzpflichten im Vorfeld der Insolvenz?

Wenn die verhaltenssteuernde Wirkung einer nennenswerten Beteiligung am Insolvenzrisiko für die Gesellschafter entfällt, könnte es naheliegen, dieses Defizit durch rechtliche Pflichten im Vorfeld der Insolvenz zu kompensieren, Ein erster Schritt in dieser Richtung wurde, freilich nicht spezifisch für die UG, sondern für UG wie für GmbH durch die Einführung des § 64 Satz 3 GmbHG getan. In der Literatur wird darüber hinaus vorgeschlagen, für die GmbH und dann auch für die UG, ähnlich der *wrongful-trading*-Haftung des englischen Rechts, vorinsolvenzliche Pflichten zu entwickeln,[140] Dafür könnte bei der UG sprechen, dass darin ein Ersatz für die fehlende Steuerungsfunktion des eigenen Risikobeitrags liegen könnte. Die Frage, ob eine solche Verpflichtung des Geschäftsführers in das deutsche Gesellschaftrecht integriert werden kann, ist jedoch höchst problematisch und muss der weiteren Diskussion vorbehalten bleiben.

VI. Fazit

1. Kurzfristig gesehen hat der Gesetzgeber sein Ziel erreicht. Die UG ist von der Praxis sehr gut angenommen worden. Die Ltd. ist derzeit keine ernsthafte Gefährdung der GmbH mehr.
2. Die UG wird als Rechtsform vor allem von kapitalschwachen Gründern im Dienstleistungsbereich verwendet. Daneben wird sie in einstweilen noch relativ geringer Zahl als Komplementärgesellschaft, im Konzernbereich und im Bereich der gemeinnützigen Gesellschaften verwendet und sogar als Zweckgesellschaft in Betracht gezogen.
3. Wie nicht anders zu erwarten, wirft die Neuregelung eine Reihe von Rechtsfragen auf, die bislang nur teilweise geklärt sind. Erste Klärungen sind im Bereich der Gründungsfragen erfolgt, wobei sich das vom Gesetzgeber vor allem mit Blick auf die UG bereitgestellte Verfahren der vereinfachten Gründung derzeit noch eher als Hindernis für eine schnelle Gründung erweist.
4. Zu Fehlentwicklungen und Missständen ist es, soweit erkennbar, bislang nicht gekommen. Die längerfristigen Folgen der Einführung einer Gesellschaft ohne Mindeststammkapital sind aber noch offen.

140 Dazu vor allem *Eidenmüller*, ZGR 2007, 168 (193 f.); *Schall*, Kapitalgesellschaftsrechtlicher Gläubigerschutz, 2009, 297 ff.

Die Befürchtung, dass die UG angesichts des durch sie typischerweise angesprochenen unerfahrenen Gründerkreises und des fehlenden oder zu knappen Eigenkapitals ähnlich wie die Ltd. hohe Misserfolgsquoten mit sich bringen wird, ist kaum von der Hand zu weisen. Es spricht daher viel dafür, dass bei der UG mit relativ hohen Insolvenzzahlen zu rechnen ist. Dabei wird es sich allerdings typischerweise um Kleininsolvenzen handeln, bei welchen die Höhe des Insolvenzschadens für die Gläubiger überschaubar bleiben wird.

5. Gleichwohl wirft der praktische Verzicht auf jede gläubigerschützende Wirkung eines Mindeststammkapitals die Frage nach rechtlicher Kompensation mit anderen Mitteln auf. Die hierfür vom Gesetzgeber des MoMiG vorgesehenen Kompensationsinstrumente werden sich als weitgehend ineffektiv erweisen.
6. Der Gläubigerschutz wird sich unvermeidlich auf die Exit-Haftung konzentrieren. Angesichts der typischerweise geringen Eigenkapitalisierung wird sich hier in besonderem Maße die Frage der rechtzeitigen Insolvenzantragstellung im Falle der Überschuldung stellen, da die Gesellschaften mit so geringem Eigenkapital kaum auf eine positive Fortführungsprognose bauen können. Das kann sich für die vielfach unbedarften Gesellschafter-Geschäftsführer als Bumerang erweisen und mit einem erheblichen und von diesen oft unterschätztem Haftungs- und Strafbarkeitsrisiko verbunden sein.
7. Darüber hinaus wird verstärkt über gläubigerschützende Pflichten des Geschäftsführers im Vorfeld der Insolvenz nachgedacht werden, was dann auch Folgen für die klassische GmbH haben könnte.
8. Ob der durch die zu erwartende Insolvenzanfälligkeit der UG verursachte Schaden die volkswirtschaftlichen Vorteile der neuen Rechtsform aufhebt oder ob die Bilanz für die UG insgesamt positiv sein wird, lässt sich zwei Jahre nach Einführung der Rechtsform noch nicht beurteilen.

Bericht über die Diskussion des Referats Fastrich

Christoph Weber
Wissenschaftlicher Angestellter, Universität Tübingen

In der von *Habersack* geleiteten Diskussion zeigte sich, dass die Unternehmergesellschaft (haftungsbeschränkt) – im Folgenden der Einfachheit halber nur „Unternehmergesellschaft" – nach wie vor sehr unterschiedlich bewertet wird. Ungeachtet dieser inhaltlichen Differenzen hoben viele Diskussionsteilnehmer die Ausgewogenheit des Referats von *Fastrich* hervor und bescheinigten ihm, die Probleme auf den Punkt gebracht zu haben, ohne die mit der Unternehmergesellschaft einhergehenden Chancen zu vernachlässigen.

I.

In einem ersten Diskussionsbeitrag wies *Niemeier* darauf hin, dass die statistischen Daten zur Bedeutung der Unternehmergesellschaft mit Vorsicht zu genießen seien. So dürfe die Zahl von ca. 40.000 Gesellschaften nicht nur isoliert gewürdigt werden, sondern müsse auch in Beziehung zur weitaus größeren Anzahl der einzelkaufmännischen Unternehmen gesetzt werden. Angesichts dessen sei die Verwendung von Unternehmergesellschaften als „Einzelkaufmann m.b.H." nicht mehr als eine Randerscheinung. Ebenso dürfe die Aussagekraft von mathematischen Durchschnittswerten über die Kapitalausstattung von Unternehmergesellschaften nicht überschätzt werden, weil diese Art der Durchschnittsberechnung in den Statistiken z. T. einer Unternehmergesellschaft mit einem Stammkapital von 5.000 Euro das gleiche Gewicht beimesse wie 5.000 Gesellschaften mit einem Stammkapital von jeweils nur einem Euro. Angesichts des methodisch zutreffenderen statistischen Durchschnitts (Medians) von unter 500 Euro Stammkapital betonte *Niemeier*, dass nach seiner Überzeugung nur ca. 10 % bis 15 % der Gründungen von Unternehmergesellschaften als seriös eingestuft werden könnten. Er habe schon 2007 den Rechtsausschuss des Deutschen Bundestags vor der Unternehmergesellschaft gewarnt und bleibe dabei, dass mit dem Scheitern sehr vieler Gründungen gerechnet werden müsse. Demgegenüber betonte *Bayer*, dass längst nicht allen Gründern von Unternehmergesellschaften mangelnde Seriosität vorgeworfen werden könne, zumal diese Gestaltungsform z. T. sogar für Universitätseinrichtungen verwendet werde. *Fastrich* äußerte darauf die Einschätzung, dass die vorliegenden rechtstatsächlichen Erkenntnisse für eine endgültige Bewertung noch nicht hinreichend gesichert seien, so dass die weitere Entwicklung abgewartet werden müsse. Die Unternehmergesellschaft habe jedenfalls verdient, dass man ihr eine Chance lasse.

II.

Klaus J. Müller hob die Bedeutung des Stammkapitals hervor, sprach sich aber gleichwohl für die – von *Fastrich* abgelehnte – teleologische Reduktion des Sacheinlageverbots (§ 5a Abs. 2 Satz 2 GmbHG) bei Kapitalerhöhungen aus, durch die das Mindeststammkapital von 25.000 Euro erreicht oder überschritten werde. Ansonsten, so *Müller*, werde der Gründer einer Unternehmergesellschaft schlechter gestellt als derjenige, der eine GmbH von vornherein im Wege der Sachgründung errichte. *Carsten Schäfer* gab zu bedenken, dass der Wortlaut des § 5a Abs. 2 Satz 2 GmbHG die Anwendung der Vorschrift auf Kapitalerhöhungen gar nicht ausdrücklich vorsehe. Es gehe also nicht, wie vielfach angenommen werde, um eine teleologische Reduktion des Sacheinlageverbots, sondern vielmehr darum, ob § 5a Abs. 2 Satz 2 GmbHG im Wege der erweiternden teleologischen Auslegung auf Kapitalerhöhungen erstreckt werden müsse. Dafür bestehe jedoch bei Kapitalerhöhungen, durch die das Mindeststammkapital von 25.000 Euro erreicht oder überschritten werde, kein Anlass. *Fastrich* betonte demgegenüber, der Gesetzgeber habe sich bei der Unternehmergesellschaft für ein „anderes Gründungsset" entschieden, mit dem sich der Rechtsverkehr abfinden müsse, soweit er auf die Unternehmergesellschaft zurückgreife.

III.

Eine Reihe von Diskussionsbeiträgen befasste sich mit der nach § 5a Abs. 3 GmbHG im Laufe der Zeit zu bildenden Rücklage. Ein Diskussionsteilnehmer äußerte Zweifel daran, ob diese Rücklage in der Praxis pflichtgemäß gebildet werde. Gerade diejenigen Gründer, die sich einer Unternehmergesellschaft bedienten, würden durch das gesetzliche Modell überfordert. Erst in der Insolvenz werde sich herausstellen, dass die Rücklage nicht gebildet worden sei. Die Gründer müssten dann mit Vorwürfen rechnen, die bis zum beabsichtigten Rechtsformmissbrauch reichen könnten. *Carsten Schäfer* sprach sich demgegenüber für einen Schutz der Rücklage nach § 5a Abs. 3 GmbHG durch entsprechende Anwendung des § 30 GmbHG aus. *Sieker* hob hervor, dass eine verdeckte Gewinnausschüttung den von der Unternehmergesellschaft erzielten Gewinn nicht mindere und damit auch die Bemessungsgrundlage für die nach § 5a Abs. 3 Satz 1 GmbHG zu bildende Rücklage unberührt lasse. *Karsten Schmidt* wies darauf hin, dass die anzusparende Rücklage nicht nur gesellschaftsrechtlich geschützt sei, sondern die gegen § 5a Abs. 3 GmbHG verstoßenden Gesellschafter darüber hinaus dem Risiko einer Strafbarkeit nach § 266 StGB ausgesetzt seien. Diesem Hinweis schloss sich *Fastrich* an, der allerdings die Befürchtung äußerte, dass das strafrechtliche Risiko vielen Gründern von Unternehmergesellschaften nicht bekannt sein dürfte. Darüber hinaus gab *Fastrich* zu bedenken, dass Insolvenzanträge von Unternehmergesellschaften voraussichtlich häufig mangels Masse abgewiesen werden würden, was die Bedeutung der Problematik für die Praxis relativiere.

IV.

Diskussionsstoff bildete ferner die Rechtsfigur der Unternehmergesellschaft und Co. KG. *Bayer* äußerte die Einschätzung, dass die Rücklage nach § 5a Abs. 3 GmbHG bei solchen Gestaltungen oftmals nicht dotiert werde, weil die Komplementär-Unternehmergesellschaft gar keine Gewinne erziele. Dies lasse sich, so führte er weiter, nach der Gesetzeslage aber nicht verhindern, da eine Gewinnerzielungspflicht der Unternehmergesellschaft oder ihrer Gesellschafter nicht angenommen werden könne. *Karsten Schmidt* stellte einen Bezug zu der von ihm abgelehnten Rechtsprechung des Bundesgerichtshofs her, dass die Einlageforderung einer Komplementär-GmbH nicht erlösche, wenn die an sie geleisteten Einlagemittel in Form eines Darlehens an die zugehörige GmbH & Co. KG weitergereicht würden, die der Inferent beherrsche.[1] Diese Rechtsprechung, so *Karsten Schmidt*, stelle geradezu eine Einladung an die Praxis dar, auf die Unternehmergesellschaft & Co. KG auszuweichen. *Fastrich* merkte dazu an, er könne sich ebenfalls vorstellen, dass die Unternehmergesellschaft ein Weg zur Lösung der von *Karsten Schmidt* angesprochenen Problematik sei.

1 Gemeint ist insbesondere die Entscheidung BGH NZG 2008, 143; kritisch dazu *K. Schmidt*, ZIP 2008, 481.

V.

Eberhard Vetter äußerte sich kritisch zum Einsatz von Unternehmergesellschaften als herrschende Unternehmen im Rahmen von Konzernen. Wenn eine Unternehmergesellschaft in Ermangelung einer hinreichenden Mittelausstattung nicht zur Verlusttragung fähig sei, so könne sie auch keinen Beherrschungsvertrag als herrschendes Unternehmen abschließen. *Fastrich* ergänzte, dass es sich bei den vier als Obergesellschaft fungierenden Unternehmergesellschaften, von denen in der Literatur berichtet werde, vermutlich um Zwischenholdings handele.

VI.

Weitere Diskussionsbeiträge hatten die Problematik der verdeckten Sacheinlage bei der Unternehmergesellschaft zum Gegenstand. *Bayer* befürwortete die Anwendung des § 19 Abs. 4 GmbHG auf die Unternehmergesellschaft. Wenngleich er dem Anrechnungsmodell bei der GmbH generell kritisch gegenüberstehe, sehe er keinen Grund zu einer strengeren Handhabung des Verbots verdeckter Sacheinlagen im Recht der Unternehmergesellschaft. Das Sacheinlageverbot bei der Unternehmergesellschaft (§ 5a Abs. 2 Satz 2 GmbHG) diene, so gab er zu bedenken, nicht dem Gläubigerschutz, sondern der Vereinfachung des Gründungsvorgangs. Ebenfalls für die Heranziehung des § 19 Abs. 4 GmbHG plädierte *Habersack*. Der Gesetzgeber habe in § 5a GmbHG zwar keine ausdrückliche Verweisung auf § 19 Abs. 4 GmbHG aufgenommen. Bei der Ausgestaltung des § 19 Abs. 4 GmbHG seien aber auch weitere Fallgestaltungen übersehen worden, etwa die nicht ordnungsgemäß offengelegte Sacheinlage, auf die § 19 Abs. 4 GmbHG analog angewendet werde. Angesichts dessen könnten die z. T. erhobenen methodischen Einwände gegen eine Erstreckung der Vorschrift auf das Recht der Unternehmergesellschaft nicht überzeugen.

Der Treuhandkommanditist

Dr. Joachim Tebben, LL.M. (Michigan)
Notar, Pulheim

I. Einführung und Themenabgrenzung

1. Einführung

„Der Treuhandkommanditist" – auf den ersten Blick fällt dieses Thema etwas aus dem Rahmen. Die VGR-Jahrestagung will „moderne Entwicklungen im Gesellschaftsrecht" behandeln, so steht es im Klappentext der Tagungsbände. Ist die Treuhand am Kommanditanteil eine „moderne Entwicklung im Gesellschaftsrecht"? Zwar liest man in Staubs Kommentar zum Handelsgesetzbuch über einen regelrechten Boom an Kommanditgesellschaften mit einem Treuhandkommanditisten – allerdings: in der 10. Auflage aus dem Jahr 1920[1]. Man könnte daher meinen, das Thema sei nach neunzig Jahren etwas abgestanden.

Warum also jetzt dieses Thema? Weil es die Gerichte heute so stark beschäftigt wie nie zuvor: Allein im Jahrgang 2009 der Neuen Zeitschrift für Gesellschaftsrecht findet sich weit mehr als ein Dutzend Entscheidungen zur treuhänderischen Beteiligung an Personengesellschaften[2]. Fast immer geht es um geschlossene Fonds, die wirtschaftlich gescheitert sind. Diese Welle an Entscheidungen ist der aktuelle Anlass für dieses Referat.

2. Themenabgrenzung

Aus dem Anlass ergibt sich zugleich die Themenabgrenzung. In der zur Verfügung stehenden Zeit können ausschließlich Fragen angesprochen werden, die auch die Rechtsprechung in aktueller Zeit beschäftigt haben. Aus der Vielzahl möglicher Treuhandkonstellationen geht es hier nur um die sogenannten „kupierten" Publikumsgesellschaften[3]. Das sind Anlagegesellschaften in Form der KG, manchmal auch in Form der GbR, an denen sich die Anleger mittelbar über einen Treuhandgesellschafter beteiligen[4]. Ausklammern muss ich Fragen der Prospekthaftung des Treuhandkommanditisten, ausklammern muss ich steuerliche Fragen[5], ausklammern auch die praxisrelevante Frage, ob der Treugeber vom Treuhandkommandisten Auskunft verlangen kann über Person und Anschrift der anderen Treugeber[6].

---

1 Staub/*Pinner*, HGB, 10. Aufl. 1920, § 161 Einleitung. Aus der älteren Literatur vgl. auch Schlegelberger/*Geßler*, HGB, 3. Aufl. 1955, § 161 Rz. 32; Baumbach/*Duden*, HGB, 8. Aufl. 1951, § 161 Anm. 1) C.

2 Vgl. die Nachweise im Folgenden.

3 Begriff bei *Bälz*, ZGR 1980, 12.

4 Überblick: Baumbach/*Hopt*, HGB, 34. Aufl. 2010, Anh § 177a Rz. 77 ff.

5 Zur Mitunternehmerschaft in Treuhandkonstellationen BFH, Urt. v. 30.6. 2005 – IV R 40/03, BFH/NV 2005, 1994; FG Baden-Württemberg, Urt. v. 17.5.2006 – 5 K 567/02, DStRE 2007, 688. Zur erbschaft- und schenkungsteuerlichen Behandlung der Übertragung treuhänderisch gehaltener Kommanditanteile vgl. *Lüdicke/Kaiser*, DStR 2005, 1926, sowie unter Berücksichtigung der sog. Treuhanderlasse *Wälzholz*, ZEV 2007, 369.

6 Ausführlich dazu *Armbrüster* in FS Kanzleiter, S. 31 ff. Aus der Rechtsprechung: LG Berlin, Urt. v. 31.10.2000 – 20 O 317/00, NZG 2001, 375; LG Frankfurt a.M., Urt. v. 8.5.2009 – 2-21 O 78/08, NZG 2009, 986; LG Aachen, Urt. 11.6.2010 – 8 O 466/09, zit. nach juris.

Aber ich will das Thema nicht nur eingrenzen, sondern auch ausweiten: Es soll nicht nur die Rede sein vom Treuhandkommanditisten, also dem Treuhänder, sondern genauso vom Treugeber. Genau genommen spielt der Treugeber sogar die Hauptrolle in den erwähnten aktuellen Gerichtsentscheidungen: Häufig soll er nämlich haften, nachdem beim Treuhandkommanditisten nichts zu holen war.

Um welche Fragen geht es im Einzelnen?

- Da ist zum Ersten die Frage, ob der Treugeber für Verbindlichkeiten der Gesellschaft unmittelbar in Anspruch genommen werden kann, obwohl er nicht Gesellschafter ist[7].
- Das sind zum Zweiten Fragen im Zusammenhang mit dem Anspruch des Treuhandkommanditisten gegen den Treugeber auf Haftungsfreistellung: Welchen Umfang hat dieser Anspruch, wann verjährt er, kann er an Gesellschaftsgläubiger abgetreten werden[8]? Schon an dieser Fragestellung sieht man: Auch insoweit geht es letztlich um die Haftung des Treugebers gegenüber Gesellschaftsgläubigern, nur eben keine unmittelbare Haftung, sondern eine mittelbare.
- Zum Dritten geht es um die Frage, ob der Treugeber gegen den Freistellungsanspruch aufrechnen kann mit Schadensersatzansprüchen, die ihm gegen den Treuhandkommanditisten möglicherweise zustehen[9] – gewissermaßen der letzte Versuch des Treugebers, sich der Haftung zu entziehen.

II. Außenhaftung des Treugebers

1. Fragestellung

Mehrfach mussten sich die Gerichte mit Kommanditgesellschaften beschäftigen, die planmäßig Ausschüttungen vorgenommen hatten zu einem Zeitpunkt, als entsprechende Gewinne noch nicht angefallen waren. Wirtschaftlich handelte es sich dabei um Vorauszahlungen auf erwartete Gewinne, rechtlich um die Rückzahlung der Kommanditeinlage und im Übrigen um ungerechtfertigten Optimismus. Leider blieben nämlich die erwarteten Gewinne auch später aus. Die Gläubiger der Gesellschaft nahmen daher die Kommanditisten in Höhe der zurückge-

7 Unten II.
8 Unten III.
9 Unten IV.

zahlten Einlage persönlich in Anspruch. Die Frage ist: Haftet nur der Treuhandkommanditist oder unmittelbar auch der Treugeber?

2. Stimmen für eine Außenhaftung

Eine unmittelbare gesellschaftsrechtliche Haftung des Treugebers ist in der Rechtsprechung tatsächlich für möglich gehalten worden. Das Oberlandesgericht Schleswig hat im Fall einer Immobilien-GbR die nur als Treugeber beteiligten Anleger analog § 128 HGB für Verbindlichkeiten der Gesellschaft haften lassen[10]. Für entscheidend hielt das Gericht, dass die Anleger zwar nicht selbst Gesellschafter waren, aber nach dem Gesellschaftsvertrag im Innenverhältnis wie Gesellschafter behandelt werden sollten. Eine Außenhaftung eines nur mittelbar Beteiligten sei dann zu bejahen, wenn er „nicht nur wirtschaftlich, sondern organisationsrechtlich direkt in den Mitgesellschafterkreis der Hauptgesellschaft einbezogen"[11] worden ist.

In der Literatur gibt es ebenfalls Stimmen für eine unmittelbare Außenhaftung des Treugebers. Insbesondere *Kindler*[12] hat sich dafür ausgesprochen, den Treugeber haften zu lassen, und zwar als „Kommanditist hinter dem Kommanditisten"[13]. In den hier interessierenden Fällen seien die Treugeber nämlich ihrer Rechtsstellung nach tatsächlich Gesellschafter und müssten daher auch als solche haften[14]. Für die Gesellschafterstellung spreche insbesondere, wenn dem Anleger im Gesellschaftsvertrag originäre Gesellschafterrechte eingeräumt würden. Der Typenzwang im Gesellschaftsrecht lasse es nicht zu, jemandem im Innenverhältnis Gesellschafterrechte einzuräumen, ohne ihn nach außen als Gesellschafter haften zu lassen; das sei Rosinenpicken. Selbst wenn nach Auslegung des Gesellschaftsvertrages die Treugeber im konkreten Fall nicht Gesellschafter sind, will *Kindler* sie als Hintermänner haften lassen. Dazu verweist er auf das Recht der Kapitalgesellschaften[15]. Dort unterwirft der BGH den Treugeber ebenso den Regeln der Kapitalaufbringung und Kapitalerhaltung wie einen Gesellschafter. Dem liege ein rechtsformübergreifendes Prinzip zugrunde. Auch andere Stimmen in

10 Urt. v. 24.5.2007 – 5 U 38/06, ZIP 2007, 2258.
11 OLG Schleswig, a. a. O.
12 ZIP 2009, 1146, 1149 (Erwiderung darauf von *Armbrüster*, ZIP 2009, 1885) sowie FS K. Schmidt, S. 871 (891).
13 So der Titel seines Beitrages in der Festschrift für Karsten Schmidt.
14 Ähnlich *Pfeifle/Heigl*, WM 2008, 1485 (1489).
15 FS K. Schmidt, S. 871 (885 f.).

der Literatur sprechen sich für eine unmittelbare Haftung der Treugeber aus, etwa mit der Erwägung, die Treugeber müssten schon aus Gründen der Gleichbehandlung ebenso haften wie Anleger, die an derselben Gesellschaft unmittelbar beteiligt sind[16].

3. Stimmen gegen eine Außenhaftung

Der BGH hatte sich ebenfalls mit der Frage zu befassen. Die erste Entscheidung dazu stammt vom Bankrechts-Senat[17]. Dabei ging es um genau den GbR-Immobilienfonds, der zuvor bereits das OLG Schleswig beschäftigt hatte. Anders als das OLG Schleswig verneint der BGH aber eine unmittelbare Haftung der Treugeber. Die Einbeziehung in das Innenverhältnis unter den Gesellschaftern ändere nichts daran, dass der Anleger weder Gesellschafter sei noch sich wie einer aufführe. Dem hat sich der III. Zivilsenat im Fall eines über einen Treuhandkommanditisten beteiligten Anlegers angeschlossen[18]. Zudem gibt es eine Vielzahl obergerichtlicher Entscheidungen, die eine unmittelbare Haftung des Treugebers ebenfalls verneinen[19]. Dies entspricht auch der h. M. in der Literatur[20].

16 *Pfeifle/Heigl*, WM 2008, 1485 (1491); für eine Durchgriffshaftung auch *Zacher*, DStR 1996, 1813, 1817 f.; *Schiemann* in FS Zöllner, S. 503 (511).

17 Urt. v. 11.11.2008 – XI ZR 468/07, BGHZ 178, 271 = NZG 2009, 57; vgl. auch die Vorinstanz OLG Karlsruhe, Urt. v. 4.9.2007 – 17 U 34/06, BeckRS 2009, 04099; ebenso (zu demselben Immobilien-Fonds) BGH, Urt. v. 21.4.2009 – XI ZR 148/08, NZG 2009, 779.

18 Urt. v. 12.2.2009 – III ZR 90/08, NZG 2009, 380, und Urt. v. 23.7.2009 – III ZR 323/07, GWR 2009, 300.

19 OLG Düsseldorf, Urt. v. 28.3.1991 – 6 U 163/90. ZIP 1991, 1494; OLG Bamberg, Urt. v. 7.1.2008 – 4 U 84/07, zitiert nach juris; OLG Nürnberg, Urt. v. 17.1.2008 – 2 U 782/07, WM 2009, 942; OLG Köln, Urt. v. 21.8.2008 – 18 U 63/08, NZG 2009, 543; OLG Düsseldorf, Urt. v. 20.11.2008 – I-6 U 8/08, GWR 2009, 9; OLG Hamm, Urt. v. 17.6.2009 – 8 U 99/08, zitiert nach juris; OLG Karlsruhe, Urt. v. 6.8.2009 – 4 U 9/08, NZG 2009, 1107; OLG Stuttgart, Urt. v. 18.3.2010 – 14 U 50/09, NZG 2010, 716.

20 Baumbach/*Hopt*, HGB, 34. Aufl. 2010, § 105 Rz. 34; *K. Schmidt* in MünchKomm. HGB, 2. Aufl. 2007, Vor § 230 Rz. 60; *C. Schäfer* in Großkomm. HGB, 5. Aufl., § 105 Rz. 103; *Armbrüster*, Die treuhänderische Beteiligung an Gesellschaften, 2001, S. 420 f.; *Armbrüster*, ZIP 2009, 1885; *Weipert*, ZHR 157 (1993), 513 (515); *Wiesner* in FS Ulmer, S. 673 (681); *Bürk*, EWiR 2009, 748; *Wagner*, NZG 2009, 213.

4. Stellungnahme

Der II. Zivilsenat hatte sich mit der Frage offenbar noch nicht zu beschäftigen[21]. Es wäre deshalb vielleicht verfrüht, schon von einer ständigen Rechtsprechung des BGH zu sprechen. Deshalb ganz kurz einige Überlegungen, warum der XI. und der III. Senat Zustimmung verdienen:

a) Haftung als Gesellschafter?

Dazu ist zunächst festzuhalten: Wer Gesellschafter ist, haftet natürlich auch als Gesellschafter. Die erste Frage ist also stets, ob nicht der Anleger nach der Gestaltung der Verträge möglicherweise selbst Gesellschafter geworden ist. Im Fall der Immobilien-GbR, den das OLG Schleswig und der Bankrechts-Senat zu beurteilen hatten, war das Vertragswerk offenbar so zweideutig, dass andere mit diesem Fonds befasste Gerichte die Anleger als echte Gesellschafter angesehen hatten[22]. Solche Fälle sind hoffentlich selten. Bei den Publikumskommanditgesellschaften, mit denen wir uns beschäftigen, hilft das Handelsregister: Wer nicht als Kommanditist im Handelsregister eingetragen ist und auch nicht eingetragen werden soll, der soll nach dem Willen der Beteiligten erkennbar nicht Kommanditist sein. Das gilt zumal, wenn an seiner Stelle im Handelsregister ein Treuhandkommanditist eingetragen ist. Daran ändert sich nichts, wenn die Anleger im Innenverhältnis einem Kommanditisten gleichgestellt werden. Aus meiner Sicht spricht es gerade gegen eine echte Gesellschafterstellung, wenn die Treugeber nach dem Gesellschaftsvertrag im Innenverhältnis „wie" Kommanditisten behandelt werden sollen. Diese „als ob"-Klausel wäre überflüssig, wenn man sich einig wäre, dass die Treugeber tatsächlich echte Kommanditisten sind.

Es ist verständlich, wenn man, wie *Kindler*, die Einbeziehung der Treugeber in das Innenverhältnis der Gesellschafter mit dogmatischem Unbehagen sieht, also jene Gestaltung, die häufig als „qualifizierte Treu-

21 Die Entscheidung BGHZ 76, 127 (Urt. v. 28.1.1980 – II ZR 250/78) betraf zwar die Haftung (nur) der Treuhandkommanditistin gemäß §§ 171 Abs. 1, 172 Abs. 4 HGB; es handelte sich aber offenbar nicht um einen Fall der qualifizierten Treuhand.

22 Für Gesellschafterstellung des „Treugebers" etwa OLG Frankfurt, Urt. v. 9.4.2008 – 9 U 93/06, als Vorinstanz zu BGH, Urt. v. 21.4.2009 – XI ZR 148/08, NZG 2009, 779; ebenso (zu demselben Immobilienfonds) OLG Frankfurt, Urt. v. 30.11.2004 – 24 U 55/03, zitiert nach juris; zu dieser Entscheidung vgl. *Brömmelmeyer*, NZG 2006, 529.

hand"[23] bezeichnet wird. Der Gedanke, dass einem Treugeber, also einem Nichtgesellschafter, durch Gesellschaftsvertrag mitgliedschaftliche Rechte eingeräumt werden, ist gewagt. Was das im Einzelnen dogmatisch bedeutet, ist bisher nur in Ansätzen geklärt und gerade unter dem Gesichtspunkt des Typenzwangs im Gesellschaftsrecht eine sehr interessante Frage[24]. Das Kind würde aber mit dem Bade ausgeschüttet, wenn man den in das Innenverhältnis einbezogenen Treugeber in der Konsequenz zum Vollgesellschafter erklärt. Wenn dem Treugeber als Nichtgesellschafter in der KG Gesellschafterrechte nicht zustehen könnten, folgt daraus die Unwirksamkeit der Einbeziehung in das Innenverhältnis, nicht eine Beförderung zum Vollgesellschafter wider Willen. Im Übrigen wird man für die Praxis akzeptieren müssen, dass Treugeber in das gesellschaftsrechtliche Innenverhältnis einbezogen werden können, also auch Gesellschafterrechte erhalten können, ohne Vollgesellschafter zu sein. Der BGH hat diesen Gedanken schon in seiner bekannten Entscheidung aus dem 10. Band der amtlichen Sammlung[25] akzeptiert, vor über fünfzig Jahren. Angesichts einer Reihe gleichlautender Entscheidungen seither[26] ist das geltendes Richterrecht.

b) Haftung als Folge der Einbeziehung in das Innenverhältnis unter den Gesellschaftern?

Im Übrigen kann man auch nicht behaupten, dass sonst im Gesellschaftsrecht die Gesellschafterstellung im Innenverhältnis zwingend zur gesellschaftsrechtlichen Außenhaftung führt. Bei Innengesellschaften etwa wird das gesellschaftsrechtliche Band zwischen den Innengesellschaftern generell nicht als hinreichender Grund angesehen, jeden Innengesellschafter nach außen haften zu lassen für Verbindlichkeiten, die einer der Gesellschafter sozusagen treuhänderisch für die Gesellschaft übernommen hat. § 230 Abs. 2 HGB regelt das für die stille Gesellschaft ausdrücklich. Interessanterweise musste der II. Zivilsenat sich jüngst mit der Frage beschäftigen, ob das auch für einen atypisch

23 Zum Begriff vgl. *Ulmer* in FS Odersky, S. 878; *Armbrüster*, Die treuhänderische Beteiligung an Gesellschaften, 2001, S. 20 f. Zur Dogmatik der qualifizierten Treuhand im Personengesellschaftsrecht vgl. *Tebben*, ZGR 2001, 586.

24 Vgl. dazu *Tebben*, ZGR 2001, 586.

25 Urt. v. 13.5.1953 – II ZR 157/52, BGHZ 10, 44.

26 BGH, Urt. v. 30.3.1987 – II ZR 163/86, WM 1987, 811; BGH, Urt. v. 23.6.2003 – II ZR 46/02, NZG 2003, 915; OLG Koblenz, Urt. v. 22.10.1987 – 6 U 777/86, ZIP 1989, 100; OLG Köln, Urt. v. 12.7.1996 – 19 U 257/95, DB 1996, 2123.

stillen Gesellschafter gilt, der nach dem Gesellschaftsvertrag im Innenverhältnis dieselben Rechte und Pflichten wie ein Kommanditist haben sollte[27]. Die Parallele zu den hier interessierenden Fällen liegt auf der Hand. Im Ergebnis hat der Senat die Außenhaftung eines solchen stillen Gesellschafters verneint, trotz der „als ob"-Klausel[28].

Der Typenzwang im Gesellschaftsrecht scheint mir im Übrigen nicht für, sondern eher gegen *Kindlers* Figur eines „Kommanditisten hinter dem Kommanditisten" zu sprechen. Was soll das für ein Konstrukt sein, wenn hinsichtlich ein und desselben Kommanditanteils nicht nur der Treuhandkommanditist Gesellschafter ist, sondern gleichermaßen auch der Treugeber, und zwar sowohl im Innen- wie im Außenverhältnis? Eine derartige umfassende echte Doppelmitgliedschaft aus einem Gesellschaftsanteil ist dem Gesellschaftsrecht bisher unbekannt. Die Konstruktion wirft mehr Probleme auf als sie löst[29].

c) Parallele zur Treugeberhaftung für die Kapitalaufbringung und -erhaltung bei der Kapitalgesellschaft?

Es bleibt die Überlegung, dass der BGH auch im Kapitalgesellschaftsrecht den Treugeber unmittelbar für die Kapitalaufbringung und Kapitalerhaltung haften lässt[30]. Ich meine aber, die Grenze dieser (durchaus auch kritisch gesehenen[31]) Rechtsprechung ist dort zu ziehen, wo es nicht wie bei der Kapitalgesellschaft nur um die Einlagepflicht gegenüber der Gesellschaft geht, sondern, wie bei der Kommanditistenhaftung aus §§ 171, 172 HGB, um die Haftung gegenüber Dritten[32]. Andernfalls ließe sich der Durchgriffsgedanke nicht mehr bändigen: Wenn

27 BGH, Beschl. v. 1.3.2010 – II ZR 249/08, NZG 2010, 920; schon früher BGH, Urt. v. 6.11.1963 – IV ZR 32/63, BB 1964, 327; ebenso OLG Schleswig, Urt. v. 30.10.2008 – 5 U 66/08, NZG 2009, 256 für eine stille Gesellschaft in Form der „Innen-KG".

28 Ebenso die Lit.: *K. Schmidt* in MünchKomm. HGB, § 230 Rz. 13 m.w.N.; *K. Schmidt*, NZG 2009, 361 (362); *Blaurock*, NZG 2010, 974.

29 Ebenso *Armbrüster*, ZIP 2009, 1885.

30 BGHZ 31, 258; BGHZ 75, 334; BGHZ 95, 188; BGHZ 118, 107; vgl. auch § 46 Abs. 5 AktG und § 9a Abs. 4 GmbHG zur Verantwortlichkeit des „Hintermanns".

31 Vgl. *Armbrüster*, Die treuhänderische Beteiligung an Gesellschaften, 2001, S. 395 ff.; *Tebben*, Unterbeteiligung und Treuhand an Gesellschaftsanteilen, 2000, S. 393 ff., 403 f.

32 *Tebben*, Unterbeteiligung und Treuhand an Gesellschaftsanteilen, 2000, S. 405.

nämlich bei der Treuhand am Kommanditanteil der Treugeber unmittelbar von Gesellschaftsgläubigern in Anspruch genommen werden könnte, müsste das konsequenterweise genauso gelten für Treugeber, die mittelbar an einer oHG oder einer BGB-Gesellschaft beteiligt sind. Dann wäre es nur noch ein kleiner Schritt, auch bei Treuhandverhältnissen außerhalb des Gesellschaftsrechts generell den Haftungsdurchgriff auf den Treugeber zuzulassen. Das will sicherlich niemand.

d) Schutzwürdige Erwartung der Gesellschaftsgläubiger?

Zu Recht hat schließlich der BGH darauf hingewiesen, dass der Schutz der Gläubiger es nicht erzwingt, neben dem Treuhänder auch die Treugeber gesellschaftsrechtlich haften zu lassen[33]. Tatsächlich gibt es keine schutzwürdige Erwartung, auch Nichtgesellschafter in die Haftung nehmen zu können[34]. Insbesondere die Banken, die das Fondsobjekt finanzieren, können leicht feststellen, wer Gesellschafter ist und wer nicht, zumal bei Kommanditgesellschaften das Handelsregister darüber Auskunft gibt[35]. Wenn den Banken an einer Haftung der Treugeber gelegen ist, sollen sie die Darlehensvergabe von einem Schuldbeitritt der Treugeber abhängig machen. Im Fall des OLG Schleswig[36] etwa war der Treuhandgesellschafter sogar bevollmächtigt, die Treugeber gegenüber der Bank mitzuverpflichten. Warum dies nicht geschehen ist, lässt sich dem veröffentlichten Sachverhalt nicht entnehmen, vielleicht aus Nachlässigkeit. Das kann nicht nachträglich über einen Haftungsdurchgriff korrigiert werden.

III. Freistellungsanspruch des Treuhandkommanditisten

1. Bestehen des Freistellungsanspruchs

Mit der Feststellung, dass Gesellschaftsgläubiger den Treugeber nicht unmittelbar gesellschaftsrechtlich in Anspruch nehmen können, ist das Thema der Treugeberhaftung natürlich noch nicht erledigt. Der Treuhänder kann nämlich vom Treugeber Freistellung verlangen, wenn die Gesellschaftsgläubiger ihn in die Haftung nehmen. Selbst wenn der Treuhandvertrag das nicht regelt, ergibt sich der Anspruch aus den

33 BGH, Urt. v. 11.11.2008 – XI ZR 468/07, BGHZ 178, 271 = NZG 2009, 57.
34 Siehe auch OLG Düsseldorf, Urt. v. 28.3.1991 – 6 U 163/90, ZIP 1991, 1494.
35 So auch der BGH im Rektorfall, Urt. v. 17.3.1966 – II ZR 282/63, BGHZ 45, 204 (208).
36 Urt. v. 24.5.2007 – 5 U 38/06, ZIP 2007, 2258.

gesetzlichen Regelungen zum Geschäftsbesorgungsvertrag (§§ 675, 670 BGB i.V.m. § 257 BGB)[37]. Man kann vielleicht noch weiter gehen: Die Treuhand ist nicht einfach nur Geschäftsbesorgung, sondern in ihrem Kern Handeln auf fremde Rechnung. Damit ist der Freistellungsanspruch des Treuhänders sogar typusprägend. Er ist das Spiegelbild des Treugeberanspruchs auf den wirtschaftlichen Nutzen des Treuguts[38]. Das hat m.E. Bedeutung für die Frage, ob der Freistellungsanspruch im Treuhandvertrag ausgeschlossen werden kann. Der BGH hat dies in einer Entscheidung offenbar für möglich gehalten, wenn auch für den konkreten Fall verneint[39]. Aus meiner Sicht wäre es aber ein sittenwidriger Knebelungsvertrag, der den Treuhänder umfassend den Weisungen des Treugebers unterwirft, wobei die Chancen weisungsgemäßen Handelns dem Treugeber zugewiesen sind, dem weisungsunterworfenen Treuhänder hingegen die Risiken[40]. Vergleichbare Gestaltungen, in denen ein Geschäftsinhaber sich in umfassende Abhängigkeit von seinem Vertragspartner begeben hat, der nicht das unternehmerische Risiko zu tragen hatte, am Gewinn aber beteiligt war, hat der BGH wiederholt als unvereinbar mit § 138 Abs. 1 BGB angesehen[41]. M.E. kann daher in einem Treuhandvertrag der Freistellungsanspruch des Treuhänders nicht wirksam ausgeschlossen werden.

2. Abtretbarkeit des Freistellungsanspruchs

Jetzt zu der Frage, wie die Gesellschafterhaftung über den Freistellungsanspruch auf den Treugeber durchschlägt. In den aktuellen Rechtsprechungsfällen hatte sich der Treuhänder jeweils durch Abtretung seines Freistellungsanspruchs an den Gläubiger und im Übrigen durch Vermögenslosigkeit aus der Affäre gezogen. Das ist aus Sicht des Treuhänders eine vernünftige Strategie. Damit widerlegt die Praxis im Übrigen

37 Vgl. nur *K. Schmidt* in MünchKomm. HGB, Vor § 230 Rz. 75 m.w.N. Einzelheiten zum Freistellungsanspruch: *Armbrüster*, NJW 2009, 2167 (2169); *Wagner*, NZG 2009, 733.

38 Vgl. auch *Grundmann*, Der Treuhandvertrag, 1997, S. 510: allgemeiner Gedanke des Treuhandrechts, dass der Treuhänder kein Risiko zu übernehmen hat.

39 BGH, Urt. v. 28.1.1980 – II ZR 250/78, BGHZ 76, 127.

40 Ebenso *Pfeifle/Heigl*, WM 2008, 1486; *Schaub*, DStR 1996, 65 (67 f.).

41 Vgl. BGH WM 1976, 181; BGH NJW 1967, 1043; RGZ 136, 247; näher zu diesen Fällen Staudinger/*Sack*, BGB, Bearb. 1996, § 138 Rz. 261; vgl. auch *Armbrüster* in MünchKomm. BGB, 5. Aufl. 2007, § 138 Rz. 71 ff. und Palandt/*Ellenberger*, BGB, 69. Aufl. 2010, § 138 Rz. 39 m.w.N.

Bedenken, es sei zu kompliziert, den Treugeber mittelbar in Anspruch zu nehmen, weil die Gesellschaftsgläubiger erst gegen den Treuhänder einen Titel erstreiten müssten, um dann dessen Freistellungsanspruch gegen den Treugeber zu pfänden[42]. So widerspenstig sind die Treuhänder offenbar nicht.

Es ist zulässig, einen Freistellungsanspruch an den Gläubiger der Verbindlichkeit abzutreten, von der freizustellen ist. Zwar wandelt sich dadurch der Inhalt der Forderung: Sie ist nicht mehr auf Freistellung gerichtet, sondern auf Zahlung. Dies ist aber nach allgemeiner Meinung keine Inhaltsänderung im Sinne des § 399 BGB, die ein Abtretungsverbot zur Folge hätte[43]. Natürlich gilt das auch, wenn der Freistellungsanspruch an den Insolvenzverwalter der KG abgetreten wird, der gemäß § 171 Abs. 2 HGB die Ansprüche der Gesellschaftsgläubiger geltend macht[44]. Der Insolvenzverwalter ist dann zwar nicht Gläubiger der entsprechenden Forderung, aber gesetzlich zur Wahrnehmung der Gläubigerrechte ermächtigt[45].

In den entschiedenen Fällen haben die Treugeber allerdings häufig geltend gemacht, die Abtretung verstoße gegen ein stillschweigend vereinbartes vertragliches Abtretungsverbot. Ins Feld geführt wurde ein „Recht auf Anonymität", das durch die Abtretung verletzt werde[46]. Völlig abwegig ist der Gedanke nicht, immerhin dient die Treuhand manchmal zur Verschleierung der Beteiligung. Der Treuhänder wird im Treuhandvertrag Dritten gegenüber auch regelmäßig zur Verschwiegenheit verpflichtet. Dass aus Verschwiegenheitspflichten ein Abtretungsverbot folgen kann, kennen wir beispielsweise aus dem Berufsrecht der Rechtsanwälte und der Notare, die deshalb ihre Gebührenforderungen nur mit Zustimmung der Mandanten an Dritte abtreten dürfen[47]. Allerdings wird in den meisten Fällen der hier interessierenden Publikums-

42 So aber das Argument von *Pfeifle/Heigl*, WM 2008, 1486 für die Notwendigkeit einer unmittelbaren Haftung der Treugeber für Gesellschaftsverbindlichkeiten.

43 BGHZ 71, 167 ff.; Palandt/*Grüneberg*, BGB, 69. Aufl. 2010, § 399 Rz. 4.

44 OLG Stuttgart, Urt. v. 18.3.2010 – 14 U 50/09, NZG 2010, 716; OLG Nürnberg, Urt. v. 17.1.2008 – 2 U 782/07, WM 2009, 942.

45 *K. Schmidt* in MünchKomm. HGB, §§ 171, 172 Rz. 108.

46 OLG Nürnberg, Urt. v. 17.1.2008 – 2 U 782/07, WM 2009, 942; OLG Köln, Beschl. v. 21.8.2008 – 18 U 63/08, NZG 2009, 543; OLG Hamm, Urt. v. 17.6.2009 – 8 U 99/08, zitiert nach juris.

47 BGH, Urt. v. 25.3.1993 – IX ZR 192/92, BGHZ 122, 115; allgemein Palandt/*Ellenberger*, BGB, 69. Aufl. 2010, § 134 Rz. 22a.

gesellschaften die Gesellschaft Kenntnis haben von den Treuhandverhältnissen, und damit auch ihr Insolvenzverwalter. Für Verschwiegenheit besteht dann also kein Anlass mehr. Unabhängig davon ist dem Treuhänder die Abtretung des Freistellungsanspruchs unter dem Gesichtspunkt der Wahrnehmung berechtigter eigener Interessen dann erlaubt, wenn der Treugeber ihn nicht auf erstes Anfordern freigestellt hat[48]. Dann dürfte nämlich der Treuhänder seinen Anspruch notfalls sogar klagweise gegen den Treugeber geltend machen, ohne dass die Verschwiegenheitspflicht ihn daran hindern würde. Der BGH hat deshalb jüngst zu Recht entschieden, dass sich aus der Natur des Treuhandverhältnisses kein vertragliches Verbot ergibt, den Freistellungsanspruch an Gesellschaftsgläubiger abzutreten[49].

3. Verjährung des Freistellungsanspruchs

In einigen der entschiedenen Fälle war die Frage streitentscheidend, wann der abgetretene Freistellungsanspruch verjährt. Für die Regelverjährung von drei Jahren ist nach der gesetzlichen Regelung die Anspruchsentstehung maßgeblich, § 199 Abs. 1 BGB. Der Freistellungsanspruch entsteht bereits mit Entstehen des Anspruchs, von dem freizustellen ist, unabhängig von dessen Fälligkeit[50]. Zumal seit der Verkürzung der Regelverjährung von dreißig auf drei Jahre hätte das die eigenartige Konsequenz, dass der Freistellungsanspruch verjähren kann lange bevor der Anspruch fällig geworden ist, von dem zu befreien ist. Das ist nicht vereinbar mit dem Sinn des § 257 BGB, den Ersatzberechtigten besser zu stellen als er stünde, wenn er nur nachträglich Ersatz seiner Aufwendungen verlangen könnte. Die obergerichtliche Rechtsprechung ist deshalb in einer Reihe von Entscheidungen zu dem Ergebnis gekommen, dass der Freistellungsanspruch eines Treuhänders in derselben Frist verjährt wie der Anspruch, von dem freizustellen ist[51]. Jetzt hat jüngst der BGH für Freistellungsansprüche generell entschieden, dass für den Beginn der Verjährung nicht auf den Schluss des Jahres

48 Ähnlich OLG Nürnberg, Urt. v. 17.1.2008 – 2 U 782/07, WM 2009, 942.
49 BGH, Urt. v. 5.5.2010 – III ZR 209/09, NZG 2010, 790.
50 Allg. Meinung, vgl. nur Palandt/*Grüneberg*, BGB, 69. Aufl. 2010, § 257 Rz. 1.
51 OLG Köln, Urt. v. 21.8.2009 – 18 U 63/08, NZG 2009, 543; i.E. ebenso OLG Nürnberg, Urt. v. 17.1.2008 – 2 U 782/07, WM 2009, 94; OLG Düsseldorf, Urt. v. 20.11.2008 – I-6 U 8/08, GWR 2009, 9; OLG Karlsruhe, Urt. v. 6.8.2009 – 4 U 9/08, NZG 2009, 1107; OLG Stuttgart, Urt. v. 18.3.2010 – 14 U 50/09, NZG 2010, 716.

abzustellen ist, in dem der Freistellungsanspruch entsteht, sondern auf den Schluss des Jahres, in dem die Drittforderung fällig wird[52].

Was bedeutet das für die Kommanditistenhaftung? Die Kommanditistenhaftung ist Haftung für Verbindlichkeiten der Gesellschaft[53]. Wenn diese fällig werden, beginnt nach dem eben Gesagten mit Jahresschluss die Verjährung des Freistellungsanspruchs. Das gilt für jede einzelne Gesellschaftsverbindlichkeit gesondert. Darin liegt ein wesentlicher Unterschied zu einem etwaigen Anspruch der Gesellschaft auf Wiedereinzahlung einer zurückgezahlten Einlage, der streng von der gesellschaftsrechtlichen Außenhaftung des Kommanditisten zu unterscheiden ist. Der Zeitpunkt der Einlagenrückgewähr ist für die Verjährung des Freistellungsanspruchs also nicht maßgeblich[54].

IV. Schadensersatzansprüche des Treugebers gegen den Treuhandkommanditisten

Wir sehen, es wird bedrohlich für die Treugeber: Der Freistellungsanspruch des Treuhänders besteht, er kann an die Gläubiger abgetreten werden, er ist in der der Regel noch nicht verjährt. Als Letztes bleibt der Versuch, gegen den Freistellungsanspruch aufzurechnen mit Schadensersatzansprüchen gegen den Treuhandkommanditisten. Der Treuhandkommanditist ist nach ständiger Rechtsprechung des BGH verpflichtet, den Anleger über alle wesentlichen Punkte aufzuklären, die für die zu übernehmende mittelbare Beteiligung von Bedeutung sind, auch über Prospektmängel[55]. In vielen der entschiedenen Fälle haben sich die Treugeber daher auf Schadensersatzansprüche aus Prospekthaftung und aus c.i.c. wegen Verletzung von Aufklärungspflichten berufen. Grundsätzlich wäre die Aufrechnung mit solchen Ansprüchen gegen den abgetretenen Freistellungsanspruch möglich: Nachdem sich der Freistellungsanspruch mit Abtretung an den Gläubiger des Anspruchs, von dem freizustellen ist, in einen Zahlungsanspruch wandelt[56], handelt es sich um gleichartige Forderungen. Die fehlende Gegenseitigkeit der Forderungen nach Abtretung des Freistellungsanspruchs stellt auch kein Problem dar:

52 BGH, Urt. v. 5.5.2010 – III ZR 209/09, NZG 2010, 790.
53 Vgl. nur *K. Schmidt* in MünchKomm. HGB, 2. Aufl. 2007, §§ 171, 172 Rz. 13.
54 OLG Nürnberg, Urt. v. 17.1.2008 – 2 U 782/07, WM 2009, 94.
55 BGHZ 84, 141; BGH NJW-RR 2007, 406; BGH NJW-RR 2008, 1129; BGH NJW-RR 2009, 329. Aktueller Überblick zur Prospekthaftung bei Kapitalanlagefonds: *Reinelt*, NJW 2009, 1.
56 S. o. III. 2.

Der Treugeber kann gemäß § 406 BGB gegenüber den Gesellschaftsgläubigern bzw. dem Insolvenzverwalter mit Zahlungsansprüchen gegen den Treuhandkommanditisten aufrechnen. Es stellt sich aber die Frage, ob andere Aufrechnungshindernisse bestehen.

1. Meinungsstand

Praktisch alle mit der Frage befassten Obergerichte wollen es dem Treugeber verbieten, mit seinen Schadensersatzansprüchen gegen den Freistellungsanspruch des Treuhänders aufzurechnen. Aus § 242 BGB in Verbindung mit dem Kapitalaufbringungsgrundsatz folge ein Aufrechnungsverbot[57]. Die Ansprüche der Gläubiger der KG verdienten den Vorrang. Zur Begründung wird auf die Entscheidung des BGH[58] verwiesen, wonach ein Kommanditist in der Gesellschaftsinsolvenz gegen eine Forderung der Gesellschaft nicht aufrechnen darf mit einem Anspruch, dessen Erfüllung eine Einlagenrückgewähr bedeuten würde. Die Einlagen müssten zuerst für die Befriedigung der Gläubiger zur Verfügung stehen[59].

Allein das OLG Karlsruhe hält es für zulässig, dass der Treugeber mit seinem Schadensersatzanspruch aufrechnet gegen den Freistellungsanspruch des Treuhandgesellschafters[60]. Das OLG Stuttgart hat daran kritisiert, dies mache es möglich, planmäßig vermögenslose Treuhandkommanditisten zwischenzuschalten und so das Gebot der Kapitalerhaltung zu unterlaufen[61]. Jedenfalls dieser Kritikpunkt ist aber unberechtigt. Tatsächlich ist es nämlich nicht schon die Zwischenschaltung vermögensloser Treuhänder, die die Gesellschaftsgläubiger gefährdet; die Treuhänder haben ja immerhin den Freistellungsanspruch gegen die Treugeber. Gefährlich für die Gläubiger ist die Aufrechnung des Treu-

57 OLG Düsseldorf, Urt. v. 28.3.1991 – 6 U 163/90, ZIP 1991, 1494; OLG Bamberg, Urt. v. 7.1.2008 – 4 U 84/07, zitiert nach juris; OLG Nürnberg, Urt. v. 17.1.2008 – 2 U 782/07, WM 2009, 942; OLG Köln, Beschl. v. 21.8.2008 – 18 U 63/08, NZG 2009, 543; OLG Stuttgart, Urt. v. 18.3.2010 – 14 U 50/09, NZG 2010, 716; aus der Lit. Ebenroth/Boujong/Strohn/*Henze*, HGB, 2. Aufl. 2008, § 177a Anh. B Rz. 102.

58 BGH, Urt. v. 10.12.1984 – II ZR 28/84, BGHZ 93, 159.

59 In dieselbe Richtung geht die Entscheidung, nach der ein Kommanditist die Einlageschuld durch Aufrechnung mit einer Forderung nur insoweit erfüllen kann, wie diese Forderung werthaltig ist, BGH, Urt. v. 8.7.1985 – II ZR 269/84, BGHZ 95, 188.

60 OLG Karlsruhe, Urt. v. 6.8.2009 – 4 U 9/08, NZG 2009, 1107.

61 So OLG Stuttgart, Urt. v. 18.3.2010 – 14 U 50/09, NZG 2010, 716.

gebers mit Schadensersatzansprüchen, und das setzt nun einmal Schadensersatzansprüche voraus. Die Befürchtung aber scheint unbegründet, dass sich Anleger planmäßig von Treuhändern schädigen lassen, um dann im Falle einer Inanspruchnahme mit dem Schadensersatzanspruch aufrechnen zu können.

2. Ansatz: Grundsätze der fehlerhaften Gesellschaft

Das OLG Karlsruhe wirft zu Recht eine Frage auf, die die herrschende Auffassung unbeantwortet lässt: Der Treugeber ist gerade nicht Gesellschafter. Wieso also sollen seine Schadensersatzansprüche beschnitten werden unter dem Gesichtspunkt des Kapitalschutzes? Außerdem fragt sich, ob die Aufrechnung mit Schadensersatzansprüchen etwa dann möglich sein soll, wenn es keinen Kapitalschutz gibt, nämlich im Falle einer BGB-Gesellschaft oder oHG? Diese Überlegung zeigt, dass es wohl nicht nur um den Schutz der Kapitalaufbringung bei der KG geht, sondern um mehr: Es stellt sich rechtsformübergreifend die Frage, inwieweit die Interessen eines geschädigten Anlegers zurückstehen müssen hinter den Interessen von Gesellschaftsgläubigern und von anderen Anlegern.

So formuliert ist die Frage nicht neu. Eine Antwort darauf geben die Grundsätze der fehlerhaften Gesellschaft. Die Anwendbarkeit dieser Grundsätze auf Anlagegesellschaften war bereits vor zwei Jahren Thema der VGR-Jahrestagung[62]. Deshalb nur einige Gedanken in aller Kürze: Der Lehre von der fehlerhaften Gesellschaft geht es (auch) darum, ein Windhundrennen zu vermeiden[63]. Es sollen nicht die schnellen Anleger ohne Schaden davonkommen, die sich als erste mit Rückwirkung von ihrer Beteiligung lösen, ohne den wirtschaftlichen Misserfolg der Gesellschaft anteilig mitzutragen, während die restlichen Anleger und die Gläubiger nur noch die Insolvenzquote erhalten und so im Ergebnis den gesamten Misserfolg der Gesellschaft alleine tragen. Die „Risikogemein-

62 Vgl. *H.P. Westermann* in Gesellschaftsrecht in der Diskussion 2008, 2009, S. 145. Zwischenzeitlich hat der EuGH die Vereinbarkeit der Grundsätze der fehlerhaften Gesellschaft mit Gemeinschaftsrecht auch bei Beteiligung von Verbrauchern bestätigt, EuGH, Urt. v. 15.4.2010 – C-215/08, NJW 2010, 1511; vgl. auch BGH, Urt. v. 12.7.2010 – II ZR 292/06, NZG 2010, 990 (FRIZ II).

63 Vgl. *H.P. Westermann* in Gesellschaftsrecht in der Diskussion 2008, 2009, S. 145 (150) m.w.N.

schaft" der fehlerhaft beigetretenen Anleger soll Bestand haben[64]. Zwei Regeln stellt die Lehre von der fehlerhaften Gesellschaft daher auf. Erstens: Der fehlerhaft Beigetretene kann seine Beteiligung nur ex nunc beenden, unter Beteiligung am bisherigen wirtschaftlichen Erfolg oder häufiger: Misserfolg der Gesellschaft. Zweitens: Dieses Ergebnis darf nicht durch Schadensersatzansprüche des Anlegers gegen die Gesellschaft konterkariert werden; nicht einmal der getäuschte Anleger kann daher von der Gesellschaft Schadensersatz verlangen[65]. Die dogmatische Begründung dafür ist zweifelhaft: Der Anleger bringe keinem Mitglied der Gesellschaft berechtigterweise Vertrauen entgegen[66]. Dennoch wird diese Rechtsprechung weithin akzeptiert, weil sie zum richtigen Ergebnis führt: Schadensersatzansprüche gegen die Gesellschaft würden nämlich eine geordnete Abwicklung der nur ex nunc zu kündigenden Beteiligung stören[67], und um diese geordnete Abwicklung geht es den Grundsätzen der fehlerhaften Gesellschaft.

3. Anwendung auf Treuhandbeteiligungen

Was folgt daraus für den Fall des über einen Treuhänder beteiligten Anlegers? Fest steht jedenfalls, dass auch für eine solche Beteiligung die Grundsätze der fehlerhaften Gesellschaft gelten. Das hat der II. Zivilsenat im Jahr 2001 entschieden und davon ist deshalb für die Praxis auszugehen[68]. Wie sich das im Einzelnen auswirkt, scheint aber noch weitgehend offen zu sein. Insbesondere stellte sich offenbar bisher noch nicht die Frage, was daraus folgt für Schadensersatzansprüche der Anleger gegen den Treuhänder.

Wenn ein geschädigter Anleger vom Treuhandkommanditisten Schadensersatz verlangen könnte, hätte das dieselben misslichen Folgen, wie es im Fall der Direktbeteiligung Schadensersatzansprüche des Anlegers gegen die Gesellschaft hätten: Die schnellen Anleger erhielten vom Treuhänder nicht nur das Abfindungsguthaben, sondern auch Ersatz

64 Zum Gedanken der „Risikogemeinschaft" vgl. BGHZ 55, 5 (8).

65 BGH NJW 1973, 1604; BGHZ 71, 284; BGHZ 156, 46.

66 BGH NJW 1973, 1604; kritisch zu dieser Begründung *C. Schäfer*, ZHR 170 (2006), 373 (385 f.); *Konzen* in FS H. P. Westermann, S. 1133 (1135).

67 *H. P. Westermann* in Gesellschaftsrecht in der Diskussion 2008, 2009, S. 145 (162); *Konzen* in FS H. P. Westermann, S. 1133 (1136); *C. Schäfer*, ZHR 170 (2006), 373 (386).

68 BGH, Urt. v. 2.7.2001 – II ZR 304/00, BGHZ 148, 201; gegen die Anwendbarkeit der Grundsätze auf die treuhänderische Beteiligung noch *Tebben*, Unterbeteiligung und Treuhand an Gesellschaftsanteilen, 2000, S. 246 ff.

ihres Schadens, ohne sich am wirtschaftlichen Misserfolg der Gesellschaft beteiligen zu müssen. Die langsamen Anleger erhielten nur die Insolvenzquote, müssten also für den ganzen Verlust aufkommen. Wie bei der Direktbeteiligung wäre das zudem ein häufiges Problem, weil regelmäßig sämtliche Treugeber durch denselben Prospekt getäuscht oder unter vergleichbaren Umständen zum Beitritt bewegt wurden. Dieses Windhundrennen ließe sich nur vermeiden, wenn man den Treugebern zwar ihr Abfindungsguthaben zugesteht, darüber hinausgehende Schadensersatzansprüche gegen den Treuhänder aber verweigert. Dann kann sich der Treugeber einer Inanspruchnahme auch nicht mehr dadurch entziehen, dass er mit Schadensersatzansprüchen gegen den Treuhänder aufrechnet; so lautete ja die Ausgangsfrage.

4. Sonderfall: fehlerhafte stille Beteiligung

Die Dinge werden leider zusätzlich dadurch kompliziert, dass der BGH[69] in bestimmten Fällen die Grundsätze der fehlerhaften Gesellschaft nicht anwendet.

Der erste Fall ist einfach: Der BGH gewährt dem Anleger vollen Ersatz dann, wenn nach den wirtschaftlichen Verhältnisse dadurch den anderen Anlegern und den Gläubigern keine Nachteile entstehen. So war es etwa in dem Fall, in dem der BGH die Grundsätze der fehlerhaften Gesellschaft auch auf Treuhandkonstellationen erstreckt hatte, denn die Fondsgesellschaft war wirtschaftlich gesund[70]. So kann es auch dann sein, wenn der Treuhandkommanditist wirtschaftlich stark ist, es sich also nicht lediglich um ein Vehikel ohne eigenes Vermögen handelt. In älteren Entscheidungen findet man gelegentlich den Fall, dass Banken als Treuhänder fungieren[71], in einer BGH-Entscheidung aus dem Jahr 1980[72] etwa eine Landesbank. Wie wir heute wissen, kann allerdings gerade dann besondere Vorsicht geboten sein.

Der zweite Fall, in dem der BGH die Grundsätze der fehlerhaften Gesellschaft nicht anwendet, ist komplizierter. In einer Reihe von Entscheidungen betreffend stille Beteiligungen hat der BGH die Grundsätze der fehlerhaften Gesellschaft eingeschränkt und dem getäuschten stil-

69 Vgl. BGH, Urt. v. 19.7.2004 – II ZR 354/02, NZG 2004, 96 und die Nachweise in den folgenden Fußnoten.
70 BGH, Urt. v. 2.7.2001 – II ZR 304/00, BGHZ 148, 201.
71 Vgl. *Grundmann*, Der Treuhandvertrag, 1997, S. 502 mit Fn. 88.
72 BGH, Urt. v. 28.1.1980 – II ZR 250/78, BGHZ 76, 127.

len Gesellschafter einen Schadensersatzanspruch zugestanden, Stichwort: „Göttinger Gruppe“[73]. Dahinter steht der Gedanke, dass es sich bei der stillen Gesellschaft im Ausgangspunkt um ein zweigliedriges Rechtsverhältnis handelt zwischen dem pflichtwidrig handelnden Geschäftsinhaber und dem geschädigten Anleger. Dann gibt es keine Mitgesellschafter, auf deren Interessen Rücksicht zu nehmen ist. Nach der etwas überraschenden Ansicht des BGH soll das allerdings auch dann gelten, wenn ein ganzes Bündel stiller Gesellschaften besteht. Denn zwischen den Stillen bestehe keine vertragliche Beziehung. Der BGH sieht sie also im Ergebnis nur als konkurrierende Gläubiger. Auch der Schutz der sonstigen Gläubiger gebiete keine Beschränkung, weil die stille Gesellschaft kein Gesellschaftsvermögen hat, das durch Kapitalaufbringungs- und Kapitalerhaltungsvorschriften geschützt wird.

Diese vom II. Zivilsenat für die stille Gesellschaft formulierten Gedanken könnten auch für den Fall des über einen Treuhandkommanditisten beteiligten Anlegers gelten. Um die Parallele zu verdeutlichen, kann man etwas ungenau, aber vielleicht doch nicht ganz falsch formulieren: Der Treugeber ist als „stiller Gesellschafter“ am Gesellschaftsanteil des Treuhänders beteiligt. Damit soll gesagt sein: Hier wie dort handelt es sich um ein im Ausgangspunkt zweigliedriges schuldrechtliches Verhältnis. Hier wie dort wird das Vertrauen der Gläubiger auf den Beitrag der nur still bzw. mittelbar Beteiligten gesetzlich nicht geschützt und die Beteiligung als solche nicht im Handelsregister verlautbart. Hier wie dort kann ein ganzes Bündel solcher Rechtsverhältnisse bestehen, ohne dass die Anleger untereinander vertraglich verbunden wären.

Ob die Rechtsprechung zur fehlerhaften stillen Beteiligung an Anlagegesellschaften schon ausgereift ist, ist vielfach besprochen und auch in Zweifel gezogen worden, insbesondere was die Grenzziehung angeht zwischen zweigliedrigen und mehrgliedrigen, gar verbandsmäßig organisierten stillen Gesellschaften[74]. Welchen Weg auch immer die Rechtsentwicklung nehmen wird: Zwischen der Treuhandbeteiligung am Gesellschaftsanteil einerseits und der stillen Beteiligung an der Gesellschaft andererseits gibt es im Hinblick auf ihre rechtliche Struktur

73 Vgl. BGH, Urt. v. 19.7.2004 – II ZR 354/02, NZG 2004, 961; BGH, Urt. v. 29.11.2004 – II ZR 6/03, NZG 2005, 261; BGH, Urt. v. 21.3.2005 – II ZR 310/03, NJW 2005, 1784; Überblick bei *Wertenbruch*, NJW 2005, 2823.

74 Vgl. *H.P. Westermann* in Gesellschaftsrecht in der Diskussion 2008, 2009, S. 145 (162 ff.); *Konzen* in FS H.P. Westermann, S. 1133 (1137); *Hey*, NZG 2004, 1097.

und auf die berührten Drittinteressen so viel Ähnlichkeit, dass die Grundsätze der fehlerhaften Gesellschaft auf diese Fälle in gleicher Weise angewendet oder gerade nicht angewendet werden sollten. Beim streng zweigliedrigen Treuhandverhältnis könnte der Treugeber daher ohne Rücksicht auf Gläubiger oder andere Anleger Schadensersatzansprüche gegen den Treuhänder geltend machen und damit konsequenterweise auch aufrechnen. Bei der verbandsmäßigen mehrgliedrigen Treuhand hingegen, wie sie gerade bei geschlossenen Fonds häufig ist, wäre dem Treugeber nach den Grundsätzen der fehlerhaften Gesellschaft ein Schadensersatzanspruch gegen den Treuhänder zu versagen, so dass er sich der Haftung nicht entziehen kann.

Bericht über die Diskussion des Referats Tebben

Andreas Hecker, LL.M. oec.
Rechtsanwalt, Düsseldorf

Anknüpfend an die Ausführungen von *Tebben* konstatierte der Diskussionsleiter *K. Schmidt* einleitend, dass er eine thematische Dreiteilung im Zusammenhang mit der Diskussion um die Haftung des Treugebers sehe. Erstens stelle sich die Frage einer Außenhaftung des Treugebers gegenüber den Gläubigern der Kommanditgesellschaft, welche – auch unter Berücksichtigung des bekannten Aufsatzes von *Kindler*[1] – mit der festen Rechtsprechung abzulehnen sei. Daran anschließend ergebe sich zweitens die Frage, inwieweit der Treugeber im Innenverhältnis gegenüber dem Treuhandkommanditisten hafte, wodurch sich der Treuhänder bei einem vollwertigen Freistellungsanspruch gegenüber dem Treugeber vollkommen schadlos halten könne. Schließlich stelle sich drittens die Frage, ob sich der Treugeber durch Aufrechnung mit eigenen Ansprüchen gegen eine Inanspruchnahme durch den Treuhänder wehren könne oder ob er den Ansprüchen des Treuhänders aufgrund eines Aufrechnungsverbots schutzlos ausgeliefert sei und damit – vereinfacht ausgedrückt – trotz der Absage an eine „echte Außenhaftung" im Ergebnis doch gegenüber den Gläubigern der Gesellschaft hafte.

In der sich an das Eingangsstatement anschließenden Debatte setzten sich die Diskutanten mit (I.) der Anwendbarkeit der Grundsätze zur fehlerhaften Gesellschaft auf das Treuhandverhältnis, (II.) der vertraglichen Abdingbarkeit des Freistellungsanspruchs des Treuhandkommanditisten sowie (III.) der Frage der Gegenseitigkeit der Ansprüche von Treuhandkommanditist und Treugeber auseinander.

I.

Anwendung der Grundsätze der fehlerhaften Gesellschaft

Unter Bezugnahme auf die Rechtsprechung zum Treuhandkommanditisten formulierte *K. Schmidt* die offene Frage, ob es sich tatsächlich bei

1 *Kindler*, ZIP 2009, 1146 ff.

der Haftung des Treugebers und dessen Einwendungen um ein Problem der fehlerhaften Gesellschaft handele. Zwar basiere die Mehrzahl der Urteile auf Fällen, in denen wegen eines Verstoßes gegen das Rechtsberatungsgesetz das Treuhandverhältnis nichtig sei und es damit nach dem BGH zur Anwendung der Grundsätze zur fehlerhaften Gesellschaft komme, jedoch seien auch andere Fälle denkbar, in denen die gegenseitigen Haftungsansprüche bei bestehendem Treuhandverhältnis relevant werden können. Die Haftungsfrage sei deshalb vielmehr so zu stellen, ob es eine unerbittliche Innenhaftung des Treugebers gegenüber dem Treuhänder oder die Möglichkeit zur Aufrechnung gebe. Vor allem bei dem Urteil des XI. Senats vom 20.7.2010 über die fehlerhafte Anteilsübertragung *„knirsche es bei der Anwendung der Grundsätze zur fehlerhaften Gesellschaft auf das Treuhandverhältnis gewaltig"*. *K. Schmidt* schränkte jedoch seine Kritik insoweit ein, als er ausführte, dass mit der Anwendung der Grundsätze zur fehlerhaften Gesellschaft – durch die verbandsmäßige Einbeziehung des Treugebers – zwischen den Fonds, die als Publikumsgesellschaften mit unmittelbarer Beteiligung der Anleger organisiert seien, und den Fonds, bei denen die Anleger über ein Treuhandverhältnis beteiligt seien, eine Gleichstellung entsprechend den parallelen Interessenlagen erreicht werde. Der Treugeber würde im Innenverhältnis in eine *„Quasi-Kommanditistenstellung"* gebracht, mit der Folge, dass die abgelehnte Außenhaftung als Kommanditist durch eine *„unerbittliche Innenhaftung"* substituiert werde. *K. Schmidt* wies darüber hinaus im Hinblick auf den Anwendungsbereich der Grundsätze zur fehlerhaften Gesellschaft darauf hin, dass der EUGH[2] mit seiner Rechtsprechung *„freie Fahrt für die Anwendung der Grundsätze zur fehlerhaften Gesellschaft auf Publikumsgesellschaften und die GbR"* gegeben und der XI. Senat des Bundesgerichtshofs[3] nunmehr die Anwendung der Grundsätze der fehlerhaften Gesellschaft auch auf die Übertragung von Anteilen ausgeweitet habe.

Auch *C. Schäfer* äußerte Kritik daran, den Problemkreis der Haftung des Treugebers und des Treuhänders an den Kategorien der fehlerhaften Gesellschaft aufzuhängen. Deutlicher noch als *K. Schmidt* zog er die systematische und dogmatische Berechtigung der Heranziehung dieser Rechtsfigur in Zweifel. Das Treuhandverhältnis sei eben gerade kein Mitgliedschaftsrecht, weshalb eine fehlerhafte Gesellschaft im eigentlichen Sinne nicht vorhanden sein könne. Durch die Anwendung der

2 EuGH, Urt. v. 15.4.2010 – Rs. C-215/08, ZIP 2010, 772.
3 BGH, Urt. v. 20.7.2010 – XI ZR 465/07, ZIP 2010, 1590.

Grundsätze der fehlerhaften Gesellschaft würde das Treuhandverhältnis aufgrund einer ergebnisorientierten Perspektive faktisch wie ein Mitgliedschaftsverhältnis behandelt.

Tebben erwiderte auf die vorstehende Kritik zunächst, dass sich die Frage der Aufrechnung mit Haftungsansprüchen gegen den Treuhandkommanditisten nur dann stelle, wenn es z. B. aufgrund einer Täuschung des Treugebers bzw. wegen einer Prospekthaftung Schadensersatzansprüche des Treugebers gegen den Treuhandkommanditisten gebe. In diesen Fällen sei der Anspruch auf eine Rückabwicklung des Treuhandverhältnisses mit Wirkung ex tunc gerichtet, mit derselben misslichen Folge eines „Windhundrennens" wie bei der Rückabwicklung eines fehlerhaften unmittelbaren Beitritts zu einer Anlagegesellschaft. Das spreche für die Anwendbarkeit der Grundsätze der fehlerhaften Gesellschaft auch in Treuhandfällen. Zwar habe auch er, wie bereits in seiner Dissertation[4] ausgeführt, Sympathien für die kritische Haltung zur Anwendung der Grundsätze zur fehlerhaften Gesellschaft auf Treuhandverhältnisse. Man könne aber nicht daran vorbeigehen, dass der BGH zwischenzeitlich die Grundsätze der fehlerhaften Gesellschaft ausdrücklich auch auf nur treugeberisch beteiligte Anleger erstreckt habe. Mit den für die Praxis maßgeblichen Vorgaben des BGH könne u. a. eine Gleichstellung für die Fälle erreicht werden, in denen ein Teil der Anleger geschlossener Fonds unmittelbar an dem Fonds beteiligt sei, ein anderer Teil der Anleger hingegen mittelbar über einen Treuhandkommanditisten beteiligt sei.

II.

Abdingbarkeit des Freistellungsanspruchs

A. Arnold griff den von *Tebben* im Zusammenhang mit dem Freistellungsanspruch des Treuhandkommanditisten verwendeten Begriff der „Kardinalpflicht" auf. Er kritisierte die Heranziehung des Begriffs in dem genannten Kontext, da dieser dem Recht der allgemeinen Geschäftsbedingungen zuzuordnen sei, welches für die Frage der Abdingbarkeit nicht zur Anwendung kommen könne. Zwar müsse man davon ausgehen, dass entsprechende Treuhandverträge regelmäßig vorformuliert seien, da diese Verträge jedoch durch den Treuhänder selbst entworfen

4 *Tebben*, Unterbeteiligung und Treuhand an Gesellschaftsanteilen, 2000.

werden, bestünden aus AGB-rechtlicher Sicht keine Bedenken gegen einen Verzicht auf Ansprüche des Treuhänders gegen den Treugeber. Eine Verneinung der Abdingbarkeit des Freistellungsanspruchs sei nur aus Gläubigerschutzgesichtspunkten denkbar. Es handele sich, aufgrund der möglichen Verletzung von Drittrechten durch die Vertragsgestaltung, um ein Problem im Anwendungsbereich des § 138 BGB.

Schmuck stellte anschließend die Frage, weshalb es überhaupt Freistellungsansprüche des Treuhänders gegenüber dem Treugeber geben solle. Mit der Übernahme der Haftung im Innenverhältnis komme es zum konkludenten Haftungsausschluss des Treuhänders. Im Falle der geschlossenen Fonds sei jedoch die Sachkenntnis gerade bei diesem und nicht beim Treugeber zu finden. Insoweit läge seines Erachtens auch keine Sittenwidrigkeit vor, soweit man einen Freistellungsanspruch des Treuhandkommanditisten gegenüber dem Treugeber ausschließe.

In seiner Erwiderung räumte *Tebben* ein, dass die Wortwahl „Kardinalpflicht" missverständlich gewesen sei, da er diesen Begriff untechnisch und nicht im Sinne des AGB-Rechts gemeint habe. Damit solle nur zum Ausdruck gebracht werden, dass es sich um eine wesentliche Pflicht des Treugebers handele, ohne die nur ein sittenwidriges „*Vertragswrack*" verbleibe. Der Treuhänder sei aus dem Treuhandvertrag verpflichtet, widerspruchslos das zu tun, was der Treugeber vorgebe, müsse aber bei Abbedingung des Freistellungsanspruchs alleine die wirtschaftlich nachteiligen Folgen tragen; das sei Knebelung. Grundgedanke des Treuhandrechts sei es nach Ansicht von *Tebben*, dass nicht nur das positive sondern auch das negative wirtschaftliche Ergebnis an Treugeber durchgereicht wird, sodass der Treuhandkommanditist zwar unmittelbar gegenüber der Gesellschaft bzw. den Gläubigern der Gesellschaft haftet, aber einen entsprechenden Ausgleich vom Treugeber verlangen kann.

III.

Gegenseitigkeit der Ansprüche

Altmeppen zog schließlich im Zusammenhang mit der Frage der Aufrechenbarkeit der Ansprüche gegen den Treugeber mit etwaigen Ansprüchen des Treugebers gegenüber dem Treuhandkommanditisten deren Gegenseitigkeit in Zweifel. Nach seiner Ansicht scheide eine Aufrechnung durch den Treugeber schon deshalb aus, weil der Anspruch des Treugebers aus einer Pflichtverletzung des Treuhänders aus dem Treuhandverhältnis resultiere, der Anspruch gegen den Treugeber hingegen ein mittelbarer Anspruch der Gesellschaft auf die Einlageschuld sei. Diese – die Einlageschuld! – sei nicht befreiend erbracht.

Dieser Einschätzung widersprachen *K. Schmidt* und *Tebben*. Zweitgenannter erklärte, es gehe um die weitergeleitete Außenhaftung des Treuhandkommanditisten gegenüber den Gesellschaftsgläubigern gemäß §§ 171, 172 Abs. 4 HGB und nicht um eine Einlagehaftung gegenüber der Gesellschaft. Der Treugeber habe Ansprüche aus Pflichtverletzungen des Treuhandkommanditisten. Diese stünden im Gegenseitigkeitsverhältnis mit den Ansprüchen des Treuhandkommanditisten auf Freistellung von der Haftung gegenüber Gesellschaftsgläubigern, weshalb zumindest grundsätzlich eine Aufrechenbarkeit in Betracht komme.

Anschleichen an börsennotierte Unternehmen als kapitalmarktrechtliches Problem

Jun.-Prof. Dr. Heribert M. Anzinger
Technische Universität Darmstadt

I. Einleitung

Im August 2008 haben sich die Finanzvorstände mehrerer DAX-Gesellschaften in einem offenen Brief an den Bundesfinanzminister gewandt. Gegenstand waren „Mögliche Verbesserungen von Kapitalmarktregelungen"[1]. Im Handelsblatt wurde daraus der berühmte „Brandbrief" und die Überschrift „DAX-Finanzchefs wollen Anschleicher stoppen"[2]. Glaubt man den Erkenntnissen der empirischen Sprachforschung, steht „Anschleichen" besonders häufig neben „Parasiten", „Verrat", „Löwen und „Beute".[3] Im kapitalmarktrechtlichen Kontext ist der Begriff nicht minder negativ belegt. „Anschleichen" oder der in manchen Ohren feindselig klingende englische Begriff „Stealth Take Over" werden als Missbrauch von Gestaltungsmöglichkeiten und als Umgehung der kapitalmarktrechtlichen Transparenzvorschriften diskutiert. Mit „Anschlei-

1 Handelsblatt v. 28.8.2008, „Der Brief der Dax-Finanzvorstände im Wortlaut".
2 Handelsblatt v. 28.8.2008, „Dax-Finanzchefs wollen Anschleicher stoppen".
3 Internet-Datenbank wortschatz.uni-leipzig.de, Kookkurrenzen zum Begriff „Anschleichen", Abfrage am 19.11.2010.

cher" wird mehrheitlich der Wolf im Schafspelz und nicht der listige Indianer Winnetou assoziiert.

Im systematischen Zusammenhang des Kapitalmarktrechts geht es beim „Anschleichen" indessen um zwei wertungsoffen zu stellende Fragen: Wie weit ist gegenwärtiger und zukünftiger Stimmrechtseinfluss auf börsennotierte Gesellschaften dem Kapitalmarkt, den Emittenten und den Aufsichtsbehörden offenzulegen? Und muss der Kapitalmarkt darüber hinaus, wenn Stimmrechtseinfluss und wirtschaftliches Interesse an einer wesentlichen Beteiligung auseinanderfallen, auch hierüber und über diejenigen informiert werden, die eine Beteiligung ohne eigenes wirtschaftliches Interesse halten? Oder umgekehrt, ist über diejenigen aufzuklären, die Chancen und Risiken einer Beteiligung übernommen haben, ohne selbst Stimmrechte zu halten? Beides ist, als Thema der wertpapierhandelsrechtlichen Meldepflichten, des Insiderhandelsverbots und des Übernahmerechts, in dreifacher Hinsicht zu diskutieren: erstens als Frage der optimalen Kapitalmarkttransparenz, zweitens bezogen auf das geltende Recht und drittens mit Blick auf anzustrebende Gesetzesänderungen auf nationaler, unionsrechtlicher und internationaler Ebene. Zu gewichten ist dabei das für einen funktionsfähigen Kapitalmarkt notwendige Vertrauen der Marktteilnehmer sowohl in ein transparentes Marktgeschehen als auch in die Regelungskraft des Gesetzgebers, aber auch das Vertrauen der gestaltenden Marktteilnehmer in die geltende Rechtsordnung und die Erwartungen an eine „gerechte" Zuweisung der Übernahmeprämie. Es geht damit ganz grundlegend um die Ausgestaltung der Kapitalmarkttransparenz, um die Glaubwürdigkeit des Gesetzgebers, um Regelungsziele und nebenbei auch um Regelungstechnik und methodologische Fragen der Rechtsanwendung. Letztere lassen sich unter der Überschrift Umgehung und Rechtsdurchsetzung im Kapitalmarktrecht zusammenfassen.

Nach dem Regierungsentwurf für ein Anlegerschutz- und Funktionsverbesserungsgesetz vom 22.9.2010[4] sollen die einschlägigen Regelungen im fünften Abschnitt des WpHG durch einen neuen § 25a WpHG um einen neuen Tatbestand mit Regelbeispielen ergänzt und damit der Gegenstand der kapitalmarktrechtlichen Transparenzpflichten erwei-

4 Entwurf eines Gesetzes zur Stärkung des Anlegerschutzes und Verbesserung der Funktionsfähigkeit des Kapitalmarktes (Anlegerschutz- und Funktionsverbesserungsgesetz) v. 22.9.2010, BR-Drucks. 584/10.

tert werden.[5] Parallel dazu plant die Europäische Kommission eine Überarbeitung der Transparenzrichtlinie.[6] Eine Konferenz zu diesem Thema, die im Juni 2010 auf Einladung der Kommission in Brüssel stattgefunden hat,[7] hat sich mit Blick auf das Phänomen des „Hidden Ownership“ für eine Erweiterung der Transparenzpflichten und am Rande auch für eine Vollharmonisierung der Transparenzvorschriften ausgesprochen.[8] Damit würde Deutschland seinen eigenen Gestaltungsspielraum verlieren. Handlungsempfehlungen, die im Wesentlichen in die gleiche Richtung gehen, haben die European Securities Markets Expert Group (ESME)[9] und das Committee of European Securities Regulators (CESR)[10] formuliert. Schließlich scheinen die neueren Regelungsvorbilder Frankreichs, Großbritanniens und der Schweiz sowie die Rechtsprechung amerikanischer Gerichte den Weg zu einem umfassenden Transparenzansatz und einer wirtschaftlichen Betrachtungsweise vorzuzeichnen.[11]

Gegen die vorgeschlagene Ausweitung der Transparenzpflichten und auch gegen eine Orientierung an den genannten ausländischen Rechtsordnungen sind im Schrifttum zum Teil mahnende Stimmen erhoben

5 Der dem Regierungsentwurf vorangegangene Diskussionsentwurf des Bundesfinanzministeriums von Mai 2010 ist besprochen worden von *Brandt*, BKR 2010, 270; *Fleischer/Schmolke*, NZG 2010, 846; *Merkner/Sustmann*, NZG 2010, 681; *Teichmann/Epe*, WM 2010, 1477; *Wackerbarth*, ZIP 2010, 1527.

6 Bericht der Kommission, KOM(2010)243 v. 27.5.2010.

7 Conference on the operation of the Transparency Directive 2004/109/EC (11.6.2010). Eine Zusammenfassung der Ergebnisse der Konferenz ist auf den Internetseiten der Generaldirektion Binnenmarkt abrufbar.

8 Für eine Vollharmonisierung auch *Demarigny/Clerc*, Mazars Transparency Directive Assessment Report, December 2009, http://ec.europa.eu/internal_market/securities/transparency/index_en.htm, S. 97; *Fleischer/Schmolke*, NZG 2010, 1241 (1248). Ähnlich bereits KOM(2010)243 v. 27.5.2010, Rz. 12; SEC(2009)611, Rz. 22 ff. und SEC(2008)3033.

9 European Securities Markets Expert Group (ESME), Views on the issue of transparency of holdings of cash settled derivates, November 2009, http://ec.europa.eu/internal_market/securities/esme/index_en.htm.

10 Committee of European Securities Regulators (CESR), CESR proposal to extend major shareholding notifications to instruments of similar economic effect to holding shares and entitlements to acquire shares, January 2010, http://www.cesr-eu.org.

11 *Hirte*, Der Konzern 2010, 599 (603); vgl. dazu unten V. 3. a).

worden.[12] Zuviel Transparenz könne die Funktionsfähigkeit des Kapitalmarktes beeinträchtigen und sinnvolle Übernahmen unverhältnismäßig erschweren.[13] Eine wirtschaftliche Betrachtungsweise, die nicht mehr an Stimmrechtsverhältnisse, sondern an die Beteiligungsinteressen anknüpfe, entferne sich von den Regelungsgedanken der Offenlegungspflichten.[14] Mit der damit in die Diskussion eingeführten Polarisierung zwischen einer Offenlegung der Stimmrechtsverhältnisse (Voting Rights Disclosure) und einer Offenlegung der wirtschaftlichen Beteiligungsinteressen (Beneficial Ownership bzw. Economic Only Disclosure) steht die normative Reichweite des dem Kapitalmarktrecht unterliegenden Transparenzgebots zur Diskussion.

Die folgenden Überlegungen strukturieren sich entlang der rechtsmethodischen und rechtspolitischen Diskussion zum Anschleichen an börsennotierte Unternehmen. Zunächst sollen kurz die Sachverhalte in Erinnerung gerufen werden, die das rechtstatsächliche Phänomen des „Anschleichens" charakterisieren (II.). Sodann sollen auf der Suche nach den Maßstäben „optimaler" Kapitalmarkttransparenz die Ziele und die Rechtfertigung der wertpapierhandelsrechtlichen Offenlegungspflichten reflektiert (III.) und auf dieser Grundlage das geltende Melderegime untersucht (IV.) und mögliche gesetzgeberische Maßnahmen bewertet werden. Dabei wird auch der jüngste Regelungsvorschlag des deutschen Gesetzgebers kritisch zu würdigen (V.) und Möglichkeiten der Rechtsdurchsetzung nachzugehen sein (VI.). Den Abschluss bilden sieben Thesen zur Fortentwicklung der wertpapierhandelsrechtlichen Transparenzpflichten. Der Beitrag beschränkt sich auf die Kernfrage der Meldepflichten und auf den Regelungsinhalt des fünften Abschnitts des WpHG. Auf die Zusammenhänge von Hidden Ownership und Empty

12 Deutlich *Zetzsche*, EBOR 11 (2010), S. 231; ähnlich *Eichner*, ZRP 2010, 5 (7); *Schiessl*, Der Konzern 2009, 291 (297); abwägend *Brandt*, BKR 2010, 270 (451); *Fleischer/Schmolke*, ZIP 2008, 1501 (1509); *Noack/Zetzsche* in FS Schwark, 2009, S. 569 (584 ff.).

13 In diesem Argument gleicht sich die Kritik, exemplarisch *Fleischer/Schmolke*, ZIP 2008, 1501 (1510).

14 *Eichner*, ZRP 2010, 5 (9); *Zetzsche*, EBOR 11 (2010), 231 (237).

Voting[15] und die insider- und übernahmerechtliche Dimension[16] kann nur hingewiesen werden.

II. Anschleichen als rechtstatsächliches Phänomen

1. Öffentlichkeitswirksame Fälle

a) Deutschland: Schaeffler/Conti, Porsche/Volkswagen und SKion/SGL Carbon

Auslöser für den „Brandbrief"[17]war der Fall Conti/Schaeffler und seine rechtliche Beurteilung durch die BaFin.[18] Die Schaeffler-Gruppe war im Juli 2008 mit einer Beteiligung von 2,97 % der Aktien der Continental AG sowie Optionen zum Erwerb weiterer 4,95 % jeweils knapp unter den Meldeschwellen der §§ 21 Abs. 1 Satz 1 und 25 Abs. 1 Satz 1 WpHG von 3 % bzw. 5 % geblieben.[19] Darüber hinaus hatte Schaeffler, ohne dies offenzulegen, mit verschiedenen Banken schuldrechtliche Differenzgeschäfte in Gestalt von Cash Settled Equity Swaps über 28 % der Continental-Aktien geschlossen und eröffnete Mitte Juli 2008 der überraschten Verwaltung der Continental AG, damit „jederzeit Zugriff" auf insgesamt 36 % der Anteile zu haben.[20] Schaeffler und später auch die BaFin waren der Auffassung, dass mit den eingegangenen Kontrakten weder meldepflichtige Stimmrechte noch Optionen zuzurechnen waren.[21] Mit der Vereinbarung von jederzeit kündbaren Cash Settled Equity Swaps konnte Schaeffler damit nicht nur die Meldepflichten umgehen und Management und Kapitalmarkt überraschen, sondern auch den Zeitpunkt für ein Übernahmeangebot und damit den Ange-

---

15 Vgl. dazu etwa *Merkner/Sustmann*, NZG 2010, 1170 (1173); *Seibt*, ZGR 2010, 795 (799); *Theusinger/Möritz*, NZG 2010, 607; *Bachmann*, ZHR 173 (2009), 596; *Hu/Black*, Business Lawyer 61 (2006), 1011.

16 Dazu zuletzt *Baums/Sauter*, ZHR 173 (2009), 454 (471 ff.); *Cascante/Topf*, AG 2009, 53 (54 ff.); *Lebherz*, WM 2010, 154 (157 ff.); *Meyer/Kiesewetter*, WM 2009, 340; *Teichmann/Epe*, WM 2010, 1477 (1479).

17 Siehe oben Fn. 2.

18 Vgl. *Habersack*, AG 2008, 817; *Möritz*, ZVglRWiss 109 (2010), 94 (103); *Seibt*, ZGR 2010, 795 (811) jeweils mit Darstellung des Sachverhalts.

19 Börsen-Zeitung v. 16.7.2008, S. 9: „Schaeffler verzichtet auf Zerschlagung von Conti".

20 Börsen-Zeitung v. 16.7.2008, S. 9: „Einkauf zum Schnäppchenpreis".

21 Börsen-Zeitung v. 31.7.2008, S. 9: „Schaeffler erhält grünes Licht für Continental-Offerte"; Pressemitteilung der BaFin v. 21.8.2008 „Keine Verletzung von Meldepflichten bei Übernahmeverfahren Continental AG festgestellt".

botspreis gestalten. Das Überschreiten der Kontrollschwelle von 30 % zieht nach § 35 WpÜG bekanntlich ein Pflichtangebot nach sich. Gesetzlicher Mindestangebotspreis ist nach § 31 WpÜG i. V. m. § 5 Abs. 1 WpÜG-AngV der Durchschnittsbörsenkurs der letzten drei Monate. Durch jederzeit kündbare Cash Settled Equity Swaps kann das Überschreiten der Kontrollschwelle gesteuert oder ein Pflichtangebot durch ein freiwilliges Angebot vorweggenommen werden. Liegt der Drei-Monats-Durchschnittskurs und damit der anzubietende Mindestpreis unter dem aktuellen Kurs, sinkt die Gefahr, dass der Bieter durch eine hohe Annahmequote überfordert wird.[22]

Im Fall Conti/Schaeffler wurde dieses Gestaltungsziel allerdings nicht erreicht. Zwar lag der Drei-Monats-Durchschnittskurs am ersten Tag der Angebotsfrist mit 70,12 Euro pro Aktie 2,6 % unter dem Aktienkurs des gleichen Tages.[23] Schaeffler musste dann aber im Zuge der Verhandlungen mit der Verwaltung der Continental AG den Angebotspreis auf 75 Euro erhöhen[24] und die Annahmefrist nach § 16 Abs. 2 WpÜG bis zum 16.9.2008 verlängern.[25] Schließlich gaben die Aktienkurse in Reaktion auf die Insolvenz der New Yorker Investmentbank Lehman Brothers am 15.9.2008 stark nach, so dass viele Conti-Aktionäre das Übernahmeangebot am letzten Tag der Frist annahmen. Schaeffler musste am Ende überraschend 90,2 % der Conti-Aktien übernehmen und den Kaufpreis hierfür mit den bekannten Folgen finanzieren.[26]

Ein auch im internationalen Schrifttum vielzitiertes Beispiel für „erfolgreiches" Anschleichen bildet der Fall Porsche/VW. In einem ersten Akt überraschte die Porsche AG im März 2007 den Markt mit einem

22 Vgl. *Baums*, Low Balling, Creeping in und deutsches Übernahmerecht, ZIP 2010, 2374, (2377).

23 Elektronisches Unternehmensregister, Bekanntmachung der Schaeffler KG v. 22.9.2008; Börsen-Zeitung v. 22.7.2008, S. 9: „Schaeffler korrigiert Mindestpreis auf 70,12 Euro"; v. 14.8.2008, S. 9: „Continental und Schaeffler bewegen sich aufeinander zu".

24 Börsen-Zeitung v. 22.8.2008, S. 1: „Schaeffler siegt auf ganzer Linie".

25 Elektronisches Unternehmensregister, Bekanntmachung der Schaeffler KG v. 22.9.2008; Börsen-Zeitung v. 23.8.2008, S. 9: „Schaeffler-Gruppe macht Nägel mit Köpfen".

26 Elektronisches Unternehmensregister, Bekanntmachung der Schaeffler KG gem. § 23 Abs. 1 Satz 1 Nr. 3 WpÜG v. 22.9.2008; Börsen-Zeitung v. 23.9.2008, S. 10: „Continental-Aktionäre machen Kasse".

Pflichtangebot für VW-Aktien.[27] Eine offengelegte strategische Beteiligung war durch Finanzderivate flankiert worden, die die kurzfristige Aufstockung der Beteiligung auf über 30 % ermöglicht hatten.[28] Der Zeitpunkt der Aufstockung war so gewählt, dass der Drei-Monats-Durchschnittskurs als übernahmerechtlicher Mindestangebotspreis zu Beginn der Annahmefrist fast 10 % unter dem Börsenkurs vom gleichen Tag lag.[29] Bis zum Ende der Annahmefrist stieg der Kurs der VW-Aktie noch, so dass, wie von Porsche angestrebt, nur wenige Aktionäre das Angebot annahmen.[30] Im Oktober 2008 teilte die Porsche Automobil Holding SE schließlich mit, neben der offengelegten Beteiligung von 42,6 % durch Cash Settled Equity Swaps Zugriff auf weitere 31,5 % der VW-Aktien zu haben.[31] Das führte bekanntlich zu erheblichen Kursverwerfungen, weil der Markt überraschend mit der Erkenntnis konfrontiert war, dass nur noch 5,8 % der VW-Aktien gehandelt werden konnten, während zugleich im Markt Optionsgeschäfte über 13 % der VW-Aktien offen waren.[32]

Als jüngerer Fall ist der Einstieg von Susanne Klatten bei SGL Carbon zu ergänzen. Diese hatte im März 2009 das Management von SGL Carbon darüber in Kenntnis gesetzt, über eine Beteiligungsgesellschaft 7,98 % der Stimmrechte erworben und zugleich offengelegt, sich über Finanzderivate den Zugriff auf bis unter 25 % der Anteile gesichert zu haben. Aktionärsvertreter zogen Parallelen zu den Fällen Conti/Schaeffler und Porsche/VW und kritisierten, dass wiederum mit Derivatgeschäften eine verdeckte Kontrollposition aufgebaut wurde und damit der marktmäßig vorgegebene höhere Preis vermieden worden sei.[33] Die Vermeidung der Transparenzpflichten ist freilich kein deutsches Phänomen. Die Liste der Beispiele lässt sich für beinahe alle großen Kapitalmärkte fortsetzen.

---

27 Pressemitteilung v. 24.3.2007, www.porsche.com; Börsen-Zeitung v. 27.3.2007, S. 11: „Porsche macht Nägel mit Köpfen"; F.A.Z. v. 27.3.2007, S. 14.

28 Börsen-Zeitung v. 27.3.2007, S. 11: „Wiedeking hält sich in Wolfsburg Optionen offen".

29 Börsen-Zeitung v. 27.3.2007, S. 1: „Ein fast perfektes Timing".

30 Börsen-Zeitung v. 5.6.2007, S. 9: „Porsche-Kalkül geht auf".

31 Pressemitteilung vom 26.10.2008 (abrufbar auf www.porsche-se.com unter Investor Relations, Presse, News, Newsarchiv).

32 Vgl. F.A.Z. v. 27.1.2009, S. 15.

33 Vgl. Börsen-Zeitung v. 30.4.2009, S. 13: „SGL-Aktionär DWS geht Klatten an".

b) Schweiz: Sulzer/Victory und Implenia/Laxey

In der Schweiz prägten die Fälle Sulzer/Victory und Implenia/Laxey[34] die rechtspolitische Diskussion[35]: Im April 2007 teilte die britische Beteiligungsgesellschaft Laxey Partners kurz vor der Generalversammlung des Schweizer Bauunternehmens Implenia AG in enger zeitlicher Folge mit, an dieser Gesellschaft einen Anteil von 12,3 % erworben und diesen binnen einer Woche auf 22,89 % erhöht zu haben.[36] Die Beteiligung war verdeckt durch Barausgleichsderivate aufgebaut worden.[37] Im gleichen Jahr trat eine Gruppe russischer und österreichischer Investoren durch eine Beteiligungsgesellschaft auf dem Schweizer Kapitalmarkt auf, die in größerem Umfang Anteilskäufe durch nicht offengelegte Differenzgeschäfte vorbereitete. Die dadurch bewirkten intransparenten Beteiligungsverhältnisse führten zu vielfältigen Gerüchten am Markt und es blieb lange unklar, welchen Anteil am Aktienkapital des Schweizer Industriekonzerns Sulzer die Beteiligungsgesellschaft Everest mittelbar durch Cash Settled Equity Swaps beherrscht hatte.[38]

c) Italien: Agnelli/Fiat

In Italien nutzte die Familie Agnelli über einen längeren Zeitraum Cash Settled Equity Swaps, um sich Zugriff auf 7 % der Anteile an der Fiat S.p.A. zu sichern. Zusammen mit einem selbst gehaltenen Anteil von 23 % behielt sie damit die Kontrolle über Fiat, ohne die ein Pflichtangebot auslösende Kontrollschwelle von 30 % zu überschreiten und den Erwerb offenzulegen.[39]

34 Beide Fälle sind zusammengefasst bei *Emmenegger* in FS Hopt, 2010, S. 1763 (1766 ff.).

35 Handelszeitung v. 25.4.2007, S. 5: „Der Hunger der Raider ist noch nicht gestillt".

36 Pressemitteilung der Implenia AG v. 11.4.2007 und v. 18.4.2007, www.implenia.com, Medien, Medienmitteilungen, Archiv; AFX-Swiss v. 25.4.3007, „UNP Implenia AG"; *Emmenegger* in FS Hopt, 2010, S. 1763 (1769).

37 Der Sachverhalt ist wiedergegeben im Urteil des Schweizer Bundesverwaltungsgerichts v. 18.12.2008 – B-2775/2008, www.bundesverwaltungsgericht.ch und im EBK-Jahresbericht 2007, S. 66 f., www.finma.ch.

38 Vgl. NZZ v. 12./13.5.2007, S. 27. Die Beteiligungsgesellschaft Everest wurde von den Investoren Ronny Pecik und Georg Stumpf (Victory) sowie dem russischen Miliardär Viktor Vekselberg (Renova) kontrolliert (*Emmenegger*, in FS Hopt, 2010, S. 1763 [1767]).

39 Der Sachverhalt ist wiedergegeben in Sentenza della Corte d'Appello di Torino, Sez. I, 5.12.2007/23.1.2008 (IFIL/Consob), 214/07 VG und zusammengefasst bei *Ferrarini* in FS Hopt, 2010, S. 1803 (1816).

d) Australien: Centennial/Austral Coal/Glencore

Ein vieldiskutierter australischer Fall bildet ein Beispiel dafür, wie mit schuldrechtlichen Differenzgeschäften Übernahmen auch behindert werden können. Mit einer verdeckten Sperrminorität an der australischen Minengesellschaft Austral Coal Ltd. störte 2005 die Glencore International AG Schweiz deren Übernahme durch den australischen Konkurrenten Centennial Coal Ltd. Glencore deckte seine teilweise durch Barausgleichsderivate vermittelte wirtschaftliche Minderheitsbeteiligung an Austral Coal erst auf, nachdem Centennial ein förmliches Übernahmeangebot abgegeben hatte und dieses von ersten freien Aktionären bereits angenommen war.[40] Centennial gelang es später wegen dieser von Glencore wirtschaftlich beherrschten Sperrminorität über einen längeren Zeitraum nicht, wie angestrebt, die für einen Squeeze Out erforderlichen 90 % der Anteile an Austral Coal zu erwerben. Der von Centennial angerufene australische Takeovers Panel entschied im ersten Rechtsgang, dass Glencore seine wirtschaftliche Beteiligung hätte aufdecken müssen und ordnete an, dass Glencore den freien Aktionären, die nach Veröffentlichung des Übernahmeangebots durch Centennial, aber vor Offenlegung der wirtschaftlichen Beteiligung durch Glencore, Aktien der Austral Coal verkauft hatten, in diesem Umfang Aktien der Austral Coal zum damaligen Verkaufspreis anbieten müsse.[41] Im zweiten Rechtsgang hielt der Takeovers Panel an seiner Entscheidung fest, dass die wirtschaftliche Beteiligung durch Cash Settled Equity Swaps offenlegungspflichtig gewesen wäre, verpflichtete Glencore aber nur mehr zur Zahlung von Schadensersatz an die freien Aktionäre, die ihre Aktien in Unkenntnis dieser Beteiligung veräußert hatten.[42] Der Australische Federal Court hob auch diese Entscheidung mit der Begründung auf, dass eine Offenlegungspflicht für Barausgleichs-

40 The Daily Telegraph (Sydney, Australia) v. 6.4.2005, Pg. 37: „Raiders swoops on coal miner".

41 Takeovers Panel v. 1.7.2005, Austral Coal Limited 02 – Decision and Review Application, [2005] ATP 13, v. 15.7.2005, Austral Coal Limited 03(R) – Panel Declines Review Application, v. 25.7.2005, Austral Coal Limited 02(R) – Declaration of Unacceptable Circumstances and Final Orders, www.takeovers.gov.au. Aufgehoben und zurückverwiesen durch Federal Court of Australia, Glencore International AG & Anor v Takeovers Panel & Ors (with Corrigendum dated 15 September 2005) [2005] FCA 1290 (14 September 2005).

42 Takeovers Panel v. 14.11.2005, Austral Coal Limited 02 RR, [2005] ATP 20, www.takeovers.gov.au.

derivate dem australischen Gesetz im fraglichen Zeitraum nicht entnommen werden konnte.[43]

e) USA: TCI/CSX

Mit einer Entscheidung eines New Yorker Gerichts zum verdeckten Einstieg von The Children's Investment Funds (TCI) und 3G Capital Partners bei der Eisenbahngesellschaft CSX[44] ist auch die US-amerikanische Diskussion zur Vermeidung der kapitalmarktrechtlichen Meldepflichten durch Cash Settled Equity Swaps bei uns ins Blickfeld gelangt.[45] TCI hatte im Laufe des Jahres 2007 Barausgleichsderivate über 14 % der Anteile von CSX abgeschlossen und strebte, zunächst ohne selbst Aktionär zu sein, einen Strategiewechsel bei CSX an.[46] In Kamingesprächen mit dem Board betonte TCI, eine Beteiligung von 14 % zwar nicht offenlegungspflichtig innezuhaben, aber zu beherrschen und weitere große Anteilseigner für einen Strategiewechsel auf seiner Seite zu haben.[47] Erst gegen Ende des Jahres 2007 erwarb TCI zusätzlich eine kleinere Beteiligung[48] und nominierte fünf neue Verwaltungsratsmitglieder.[49] CSX wollte daraufhin TCI und einem weiteren Hedge Fund verbieten, deren Stimmrechte auf der Hauptversammlung auszuüben, weil der durch die Swap-Geschäfte vermittelte Stimmrechtseinfluss offenlegungspflichtig gewesen wäre[50]. Vor dem District Court bekam CSX mit seiner Beurteilung der Offenlegungspflicht in der Sache Recht, drang mit seinem Antrag auf ein Stimmverbot im Verfahren des einstweiligen Rechtsschutz aber auch in der Berufungsinstanz nicht durch.[51]

---

43 Vgl. Federal Court of Australia, Glencore International AG (ACN 114 271 055) v Takeovers Panel [2006] FCA 274 (22 March 2006). Unter dem Eindruck dieser zweiten Entscheidung des Federal Court in Sachen Austral Coal erweitere der australische Gesetzgeber die Offenlegungspflichten. Das Merkmal der offenlegungspflichtigen wesentlichen Beteiligung (Sec. 672 Corporate Act 2001) wird nunmehr durch die weit verstandenen *Relevant Interests in Securities* (Sec. 9, 608 Corporate Act 2001) charakterisiert.

44 US-District Court SDNY v. 11.6.2008 – 08 CV 2764, CSX Corporation vs. The Children's Investment Fund Management (UK) LLP, 2008 WL 2372693.

45 Vgl. *Seibt*, ZGR 2010, 795 (810); *Möritz*, ZVglRWiss 109 (2010), 94 (99).

46 US-District Court SDNY (Fn. 44), p. 17.

47 US-District Court SDNY (Fn. 44), p. 18.

48 US-District Court SDNY (Fn. 44), p. 25.

49 US-District Court SDNY (Fn. 44), p. 44.

50 US-District Court SDNY (Fn. 44), p. 45.

51 US-District Court SDNY (Fn. 44), p. 105 ff., 115; U.S. Court of Appeals for the Second Circuit v. 15.9.2008, No. 08-2899-cv.

2. Gestaltungen

Die vorgestellten Fälle sind insofern repräsentativ, als sie derzeit den Mittelpunkt der rechtswissenschaftlichen und rechtspolitischen Diskussion bilden, die sich auf die Umgehung der wertpapierrechtlichen Meldepflichten durch schuldrechtliche Differenzgeschäfte mit Barausgleichsverpflichtung (Cash Settled Equity Swaps) konzentriert. Auf diese Finanzinstrumente wird gleich zurückzukommen sein. Andere Gestaltungen darf man aber nicht ganz aus dem Blick verlieren, auch soweit sie vom geltenden Melderegime überwiegend eingefangen werden. Einteilen lassen sich die verschiedenen Gestaltungsmodelle zur Umgehung der Transparenzpflichten mit *Noack* und *Zetzsche* in Equitymodelle und Servicemodelle[52] oder, wie im Folgenden, in erstens abgestimmtes Verhalten, zweitens Treuhandgestaltungen, die gegenwärtigen Stimmrechtseinfluss vermitteln, und drittens andere schuldrechtliche Zugriffsmöglichkeiten, die zukünftig-potentiellen Stimmrechtseinfluss ermöglichen.

a) Abgestimmtes Verhalten

Geht es bei den Transparenzvorschriften um die Offenlegung von Stimmrechtseinfluss, liegt es nahe, dass auch Umstände offengelegt werden müssen, die die Stimmrechtsmacht des einzelnen Aktionärs erhöhen. Der zuletzt vorgestellte Fall TCI/CSX[53] handelte nicht nur vom Anschleichen mittels Cash Settled Equity Swaps, sondern auch von der im Schrifttum mit dem Begriff *Wolf Pack Tactics*[54] etikettierten verborgenen Bündelung von Stimmrechtseinfluss. Mit dem Risikobegrenzungsgesetz[55] sind die Zurechnungsvorschriften und damit die Meldepflichten für abgestimmtes Verhalten in § 22 Abs. 2 WpHG zwar erweitert worden.[56] Das Beweis- und Abgrenzungsproblem zur Abstimmung in Einzelfällen[57] bleibt aber, und damit auch ein Bereich, in dem verdeckt Stimmrechtsmacht akkumuliert werden kann.[58]

---

52 *Noack/Zetzsche* (Fn. 12), S. 569 (570 ff.).
53 Oben II. 1. e).
54 *Uwe H. Schneider/Müller-von Pilchau*, AG 2007, 181 (182, Fn. 11).
55 Gesetz zur Begrenzung der mit Finanzinstrumenten verbundenen Risiken (Risikobegrenzungsgesetz) v. 12.8.2008, BGBl. I 2008, 1666.
56 *Assmann* in Assmann/Uwe H. Schneider, WpHG, 5. Aufl. 2009, Einl. Rz. 84.
57 Vgl. BGH v. 18.9.2006 – II ZR 137/05, BGHZ 169, 98.
58 *Uwe H. Schneider* in Assmann/Uwe H. Schneider, 5. Aufl. 2009, § 22 WpHG Rz. 195.

b) Treuhandgestaltungen

Einfache Strohmann-Gestaltungen etwa durch ein Treuhandverhältnis fängt das geltende Melderegime durch die Zurechnungsregeln in § 22 WpHG, zumindest materiell-rechtlich, umfassend ein.[59] Zu melden hat nach § 21 Abs. 1 WpHG der Treuhänder selbst, wenn er die Aktien hält, und nach §§ 22 Abs. 1 Nr. 2 WpHG der Treugeber, wenn er die wirtschaftlichen Chancen und Risiken trägt und er Einfluss auf die Ausübung des Stimmrechts durch den Treuhänder nehmen kann.[60] Das ist den typischen Treuhandverhältnissen wesensimmanent. Schwieriger sind die Grenzfälle, etwa wenn das wirtschaftliche Risiko aufgeteilt ist oder weder ein gesetzliches noch vertragliches Weisungsrecht hinsichtlich der Stimmrechtsausübung besteht. Entscheidend soll dann sein, dass das vom Treugeber übernommene Risiko so wesentlich ist, dass dieser rechtlich oder tatsächlich wesentlichen Einfluss auf die Ausübung der Stimmrechte hat.[61] Im breit schraffierten Grenzbereich treffen sich Rechtsunsicherheit und Umgehungsgestaltungen. Beides ist mit dem Zweck der Norm einzufangen. Aber auch wenn die Zurechnungstatbestände des § 22 Abs. 1 Satz 1, Abs. 2 WpHG dazu bestimmt sind, den Anwendungsbereich der Meldepflichten auf Fälle mittelbarer Stimmrechtsherrschaft sowie auf Umgehungssachverhalte zu erstrecken[62], kann dieser Zweck des § 22 WpHG nicht gleichsam den Wortlaut ersetzend in die Regelung des § 22 Abs. 1 Nr. 2 WpHG hineingelesen werden. Anzuerkennen ist jedoch, dass der Wortsinn der Formulierung „für Rechnung (…) gehalten werden" auch eine stärker durch eine wirtschaftliche Betrachtungsweise akzentuierte Auslegung zulässt[63].

59 *von Bülow* in KölnKomm. WpHG, 2007, § 22 WpHG Rz. 69 ff.; *Dehlinger/Zimmermann* in *Fuchs*, 2009, § 22 WpHG Rz. 50; *Uwe H. Schneider* (Fn. 58), § 22 WpHG Rz. 56; *Schwark* in *Schwark/Zimmer*, Kapitalmarktrechtskommentar, 4. Aufl. 2010, § 22 WpHG Rz. 4.

60 *Burgard*, BB 1995, 2069 (2072); *von Bülow* (Fn. 59), § 22 WpHG Rz. 65 f.; Koppensteiner in KölnKomm. AktG, 3. Aufl. 2004, § 20 Anh. §§ 21 ff. WpHG Rz. 18; *Uwe H. Schneider* (Fn. 58), § 22 WpHG Rz. 55.

61 *Uwe H. Schneider* (Fn. 58), § 22 WpHG Rz. 59 f.

62 *Dehlinger/Zimmermann* (Fn. 59), § 22 WpHG Rz. 1; *Uwe H. Schneider* (Fn. 58), § 22 WpHG Rz. 3.

63 *von Bülow* (Fn. 59), § 22 WpHG Rz. 66; *Dehlinger/Zimmermann* (Fn. 59), § 22 WpHG Rz. 49; dazu unten II. 2. c) ee) und IV. 2. b).

c) Andere schuldrechtliche Zugriffsmöglichkeiten

aa) Überblick

Die §§ 21 ff. WpHG knüpfen ebenso wie die Transparenzrichtlinie an den Stimmrechtseinfluss an[64]. Schuldrechtliche Zugriffsmöglichkeiten auf Aktien begründen, soweit es sich nicht um treuhandähnliche Verhältnisse handelt und eine rechtliche oder tatsächliche Weisungsmacht über die Ausübung der Stimmrechte besteht, grundsätzlich keinen gegenwärtigen Stimmrechtseinfluss[65]. Die Fälle, die als Umgehungsgestaltungen derzeit diskutiert werden[66], handeln, damit kommen wir zum Kern des Problems, überwiegend von schuldrechtlichen Ansprüchen, die entweder einen zukünftigen Stimmrechtseinfluss ermöglichen[67], weil sie den Erwerb von Anteilen erleichtern oder weil sie die wesentlichen Chancen und Risiken einer Aktie einem anderen als dem Inhaber der Aktie zuweisen und dann, nach den Regeln wirtschaftlicher Vernunft, ein faktischer Stimmrechtseinfluss bestehen könnte[68].

bb) Schuldrechtliche Übertragungsansprüche

Dabei geht es erstens um Finanzinstrumente, die das Recht zum Erwerb von Aktien gewähren. Das ist der Fall des § 25 WpHG. Dieser begründet eine gesonderte Meldepflicht für schuldrechtliche Übertragungsansprüche aus Finanzinstrumenten, die sich zum Beispiel aus Termin- und Optionsgeschäften[69], nicht aber, weil diese keine Finanzinstrumente sind, aus Wertpapierdarlehen, Sell-Buyback-Arrangements, Repo-Geschäften und ähnlichen Verträgen[70], die einen Anspruch auf Übertragung von Aktien begründen, ergeben können. Der „Schleichweg“, sich schuldrechtlich einzudecken, die Übertragung der Aktien aber hinauszuzögern, ist im Anwendungsbereich der Vorschrift damit auch dann versperrt, wenn eine Zurechnung der Stimmrechte nach § 22 Abs. 1 Nr. 2 WpHG ausscheidet. Dass es sich bei diesen schuldrechtlichen An-

---

64 *Hirte* in KölnKomm. WpHG, 2007, § 22 WpHG Rz. 72; kritisch *Wansleben*, StudZR 2009, 465 (480).

65 *Möritz*, ZVglRWiss 109 (2010), 94 (119 f.).

66 Oben II. 1.

67 *Eichner*, ZRP 2010, 5; *Merkner/Sustmann*, NZG 2010, 681 f.; *Wansleben*, StudZR 2009, 465 (485 f.).

68 *Habersack*, AG 2008, 817 (818); *Seibt*, ZGR 2010, 795 (813 f.).

69 *Dehlinger/Zimmermann* (Fn. 59), § 25 WpHG Rz. 6 ff.; *Uwe H. Schneider* (Fn. 58), § 25 WpHG Rz. 14 ff.; *Schwark* (Fn. 59), § 25 WpHG Rz. 3 f.

70 Zum Stand der Diskussion: *Uwe H. Schneider* (Fn. 58), § 22 WpHG Rz. 78 ff.

sprüchen noch nicht um gegenwärtigen Stimmrechtseinfluss handelt, kommt durch die gesonderte Meldepflicht und eine höhere Eingangsmeldeschwelle von 5 % zum Ausdruck.[71]

cc) Aufschiebend bedingte Ansprüche und auflösend bedingte Übereignungen

Nicht in den Anwendungsbereich des § 25 WpHG fallen nach herrschender Auffassung aufschiebend bedingte Erwerbsoptionen sowie auflösend bedingte Übereignungen.[72] Begründet wird dies damit, dass ein Erwerbsrecht i. S. d. § 25 WpHG nach richtlinienkonformer Auslegung ein unbedingtes Recht voraussetzt.[73] Nach dieser Auffassung begründen Erwerbsrechte, die von einem ungewissen Ereignis abhängig sind, etwa vom Erreichen eines bestimmten Kursniveaus oder, bei Übernahmeangeboten, von einer bestimmten Mindestannahmeschwelle an, keine Meldepflicht.[74]

Als „Neues Modell" zur Vermeidung der Meldepflicht annonciert wurde auf dieser Grundlage der Beteiligungserwerb unter der aufschiebenden Bedingung der kartellrechtlichen Genehmigung.[75] Gemeint ist dabei nicht der Erwerb im Rahmen eines Unternehmens- oder Beteiligungskaufvertrags.[76] Dieser ist schon kein Finanzinstrument i. S. d. §§ 2 Abs. 2b, 25 Abs. 1 Satz 1 WpHG. Angesprochen ist vielmehr eine Zusatzvereinbarung zu solchen Finanzinstrumenten, die einen Lieferanspruch auf Aktien nicht gewähren, wie etwa Cash Settled Equity Swaps. Mit dieser Zusatzvereinbarung soll der angestrebte Lieferanspruch begründet werden, ohne eine Meldepflicht nach §§ 22 Abs. 1 Nr. 5 oder 25 WpHG auszulösen, indem dieser unter die von den Parteien nicht beeinflussbare Bedingung der kartellrechtlichen Genehmigung gestellt wird.[77]

---

71 Kritisch zu dieser Segmentierung *Uwe H. Schneider/Brouwer*, AG 2008, 557 f.

72 *Dehlinger/Zimmermann* (Fn. 59), § 25 WpHG Rz. 11; *Uwe H. Schneider* (Fn. 58), § 25 WpHG Rz. 12; *Schwark* (Fn. 59), § 25 WpHG Rz. 4.

73 Erwägungsgrund 13, Art. 11 Abs. 1 der Durchführungsrichtlinie 2007/14/EG v. 8.3.2007, ABl. EU Nr. L 69 v. 9.3.2007, 27, 28, 32; *Meyer/Kiesewetter* WM 2009, 340 (344 f.); *Uwe H. Schneider/Brouwer*, AG 2008, 557 (559).

74 *Uwe H.Schneider/Brouwer*, AG 2008, 557 (559).

75 *Merkner/Sustmann*, NZG 2010, 681 (688, Fn. 32); *Schiessl*, Der Konzern 2009, 291 (296).

76 *Schiessl*, Der Konzern 2009, 291 (296).

77 *Ebenda.*

dd) Beteiligungskaufverträge, Irrevocable Undertakings, Gesellschaftervereinbarungen und Vorkaufsrechte

Die mit § 25 WpHG bewirkte Vorverlagerung der Meldepflichten bezieht sich nach dem geltenden Wortlaut nur auf schuldrechtliche Ansprüche aus *Finanzinstrumenten*. Das sind gem. § 2 Abs. 2b WpHG Wertpapiere, Geldmarktinstrumente, Derivate und Rechte auf Zeichnung von Wertpapieren.[78] Übertragungsansprüche aus Unternehmens- und Beteiligungskaufverträgen, Irrevocable Undertakings, Gesellschaftervereinbarungen und Vorkaufsrechten, die allesamt nicht als Finanzinstrument qualifiziert werden können, fallen nicht unter den geltenden § 25 WpHG[79] und, soweit durch sie die Chancen und Risiken an den Aktien, auf die sie Bezug nehmen, nicht dem Anspruchsberechtigten zugewiesen werden und sie keinen Stimmrechtseinfluss vermitteln, auch nicht unter § 22 WpHG.[80]

ee) Differenzgeschäfte

Im Zentrum der Diskussion über die Umgehung von Meldepflichten stehen schuldrechtliche Differenzgeschäfte (Contracts for Difference) und ihre Untergruppe mit Barausgleichsverpflichtung (Barausgleichsderivate, Cash Settled Equity Swaps). Deren Wesen und Rechtsnatur sind vielfach beschrieben worden.[81] Nur die diskussionsleitenden Eckpunkte sollen noch einmal hervorgehoben werden. Cash Settled Total Return Equity Swaps sind zunächst ein Standardinstrument am Derivatemarkt, das universell und überwiegend zu anderen Zwecken als zum verdeckten Beteiligungsaufbau verwendet wird.[82] Rechtstechnisch handelt es sich um eine schuldrechtliche Vereinbarung, mit der sich eine Bank gegen eine Gebühr verpflichtet, dem Investor die Wertdifferenz zwischen dem Kurs einer Aktie (EQUITY) bei Abschluss des Swap-

78 *Dehlinger/Zimmermann* (Fn. 59), § 25 WpHG Rz. 10; *Uwe H. Schneider* (Fn. 58), § 25 WpHG Rz. 9 f.; *Uwe H. Schneider/Brouwer*, AG 2008, 557 (559 f.); *Schwark* (Fn. 59), § 25 WpHG Rz. 2 ff.

79 *Meyer/Kiesewetter*, WM 2009, 340 (344 f.). Zur Einordnung nach der durch den Regierungsentwurf v. 22.9.2010 (oben Fn. 4) vorgeschlagenen Erweiterung des § 25 WpHG auf sonstige Instrumente, *Merkner/Sustmann*, NZG 2010, 681 (685).

80 *von Bülow* (Fn. 59), § 22 WpHG Rz. 66; *Schiessl*, Der Konzern 2009, 291 (295).

81 Exemplarisch dazu *Cascante/Topf*, AG 2009, 53 ff.; *Fleischer/Schmolke*, NZG 2009, 401 ff.; *Merkner/Sustmann*, NZG 2010, 681 ff.; *Schiessl*, Der Konzern 2009, 291 ff.

82 ESME (Fn. 9), S. 7.

Geschäfts und deren Kurs bei Beendigung des SWAP-Geschäfts samt ausgeschütteter Dividenden und sonstiger aus der Aktie geleisteten Zahlungen bar (CASH) auszuzahlen[83]. Ist die Wertdifferenz negativ, muss der Investor diese Wertdifferenz durch Zahlung an die Bank ausgleichen. Der Investor wird also wirtschaftlich so gestellt, als ob er die Aktie selbst halten würde, ohne aber Verbandsmitglied mit den damit verbundenen Rechten und Pflichten zu sein.[84] Die Bank selbst verfolgt typischerweise kein spekulatives Interesse. Ihr Geschäftsinteresse bezieht sich allein auf die Gebühren. Deshalb sichert sie sich ihrerseits durch Finanzinstrumente gegen Wertänderungen des Basispapiers ab, oder erwirbt die zugrundeliegenden Aktien selbst und hält sie im Handelsbestand bis zum Ablauf des SWAP-Geschäfts.[85] Bei Beendigung des SWAP-Geschäfts verkauft sie die Papiere und bildet damit exakt die Wertdifferenz ab. Einen rechtlichen Anspruch auf Erwerb der von der Bank veräußerten Aktien hat der Investor ebenso wenig wie er verlangen kann, dass sich die Bank überhaupt mit Aktien eindeckt. So betrachtet liegen Meldepflichten des Investors nach den §§ 22, 25 WpHG eher fern, wenn der Investor keinen rechtlichen Anspruch auf Übertragung und auch keinen Stimmrechtseinfluss hat.[86] Ausgestalten und beschreiben lassen sich Cash Settled Equity Swaps aber auch als Abwandlung der Optionsgeschäfte, etwa indem sie dem Stillhalter ein Wahlrecht einräumen, im Fälligkeits-/Verfallszeitpunkt seine Leistungspflicht entweder durch die Lieferung von Aktien oder durch die Zahlung eines Barausgleichs zu erfüllen.[87]

Der Kern der Diskussion um die Meldepflicht für Cash Settled Equity Swaps dreht sich danach zunächst in tatsächlicher Hinsicht um die Frage, ob der Investor davon ausgehen kann, dass sich die Bank stets durch physischen Erwerb der Aktien absichert und die Papiere bei Beendigung des Vertrags an ihn verkauft. Hier liegt für die einen auf der Hand, dass die Bank die Aktien, vor allem dann, wenn es sich um große Aktienpakete handelt, aus wirtschaftlicher Vernunft heraus selbst erwirbt und

83 *Baums/Sauter*, ZHR 173 (2009), 454 (457 f.); *Schiessl*, Der Konzern 2009, 291 (292 f.); *Uwe H. Schneider* (Fn. 58), § 25 WpHG Rz. 37 f.

84 *Baums/Sauter*, ZHR 173 (2009), 454 (457 f.).

85 *Schiessl*, Der Konzern, 2009, 291 (293).

86 *Baums/Sauter*, ZHR 173 (2009), 454 (457); *Schiessl*, Der Konzern, 2009, 291 (294).

87 *Uwe H. Schneider* (Fn. 58), § 25 WpHG Rz. 37; *Uwe H. Schneider/Brouwer*, AG 2008, 557 (562).

später an den Investor verkaufen wird.[88] Andere sehen diese Zwangsläufigkeit nicht, betonen sogar, dass die Bank keinesfalls allein den Investor als potentiellen Käufer in den Blick nehmen dürfe, weil sie sich zum einen nicht darauf verlassen könne, dass dieser die Papiere auch abnimmt und weil sie zum anderen zur bestmöglichen Verwertung verpflichtet ist, die sich eben auch durch Verkauf an einen Dritten realisieren lassen könnte.[89]

Die rechtliche Bewertung kreist um die Auslegung der Begriffe „Recht" und „rechtlich bindende Vereinbarung" in § 25 Abs. 1 Satz 1 WpHG, um das „Halten für Rechnung" in § 22 Abs. 1 Nr. 2 WpHG und den Anwendungsbereich des § 25 Abs. 1 Nr. 5 WpHG. Um § 25 WpHG in Stellung zu bringen, muss man zunächst bereit sein, diesen losgelöst von der Transparenzrichtlinie auszulegen. Art. 11 Abs. 1 Sätze 1 und 3 der Durchführungsrichtlinie[90] zur Transparenzrichtlinie schließen eine Meldepflicht für Finanzinstrumente aus, die dem Emittenten ein Wahlrecht einräumen, durch Aktien oder Barmittel zu erfüllen. Das ist bei Cash Settled Equity Swaps der Fall, bei denen der Investor die Leistung des Barausgleichs „an Erfüllungs statt" durch Lieferung der Aktien nicht verlangen kann. Weiter muss man sich von einer formalen Betrachtungsweise lösen und die in § 25 WpHG verwendeten Begriffe „Recht" und „rechtlich bindende Vereinbarung" unter dem Primat eines weit verstandenen Zwecks, Umgehungsgestaltungen zu erfassen, auslegen und damit auch einen Anspruch auf Einhaltung der Regeln des kaufmännischen Anstands und ein „Gentlemen's Agreement" ohne Rechtsbindungswillen ausreichen zu lassen.[91] Den Anwendungsbereich des § 25 WpHG soweit auszudehnen, war die BaFin aber ebensowenig bereit, wie sie § 22 Abs. 1 Nr. 5 WpHG hierauf erstrecken wollte.[92]

---

88 *Habersack*, AG 2008, 817 (818); *Weber/Meckbach*, BB 2008, 2022 (2023); *Uwe H. Schneider/Brouwer*, AG 2008, 557 (563); *Uwe H. Schneider* (Fn. 58), § 25 WpHG Rz. 42.

89 *Eichner*, ZRP 2010, 5 (6); *Schiessl*, Der Konzern 2009, 291 (293 f.).

90 Richtlinie 2007/14/EG v. 8.3.2007 mit Durchführungsbestimmungen zu bestimmten Vorschriften der Richtlinie 2004/109/EG zur Harmonisierung der Transparenzanforderungen in Bezug auf Informationen über Emittenten, deren Wertpapiere zum Handel an einem geregelten Markt zugelassen sind, ABl. EU Nr. L 69, S. 27.

91 *Uwe H. Schneider* (Fn. 58), § 25 WpHG Rz. 43; *Uwe H. Schneider/Brouwer*, AG 2008, 557 (563).

92 Pressemitteilung der BaFin v. 21.8.2008: „Keine Verletzung von Meldepflichten bei Übernahmeverfahren Continental AG festgestellt". Eingehend zu den Grenzen des Wortsinns unten IV. 2. b).

Mit ähnlichen Überlegungen tatsächlicher und rechtlicher Art, lässt sich die Frage diskutieren, ob mit dem Abschluss von Cash Settled Equity Swaps Aktien im Sinne des § 22 Abs. 1 Nr. 2 WpHG für Rechnung des Investors von der Bank gehalten werden. Dazu muss man, um sich einer Auffassung zu nähern, die dies bejaht,[93] zunächst wiederum die tatsächliche Vermutung gelten lassen, dass die Bank sich bei einem Cash Settled Equity Swap tatsächlich selbst eindeckt und die Aktien hält. Aus dieser Vermutung folgt aber nicht zwingend auch ein Stimmrechtseinfluss des Investors. Es liegt zwar gerade im Wesen von schuldrechtlichen Differenzgeschäften, dass die Chancen und Risiken aus Aktien allein dem Investor zugewiesen sind.[94] Der von § 22 Abs. 1 Nr. 2 WpHG nach allgemeiner Meinung vorausgesetzte Stimmrechtseinfluss[95] wird dadurch aber nicht begründet, sondern muss hinzutreten.[96] Dass die Bank sich mangels eigenem wirtschaftlichen Interesse und mit Blick auf eine gute Kundenbeziehung am wirtschaftlichem Interesse des Investors orientiert, ihr Stimmrecht damit in dessen Sinne wahrnimmt und diesem dadurch Stimmrechtseinfluss vermittelt, ist im Schrifttum ebenso vermutet[97] wie bezweifelt worden.[98] Die BaFin lehnt bei finanziellen Differenzgeschäften, wie sie im Fall Conti/Schaeffler verwendet wurden, im Ergebnis auch eine Zurechnung der Stimmrechte nach § 22 Abs. 1 Nr. 2 WpHG ab.[99]

3. Hidden Ownership, Beneficial Ownership und Empty Voting

Insbesondere schuldrechtliche Differenzgeschäfte bewirken eine Aufspaltung von wirtschaftlichen Interessen und Stimmrechtseinfluss.[100] Stimmrechte müssen also nicht notwendig von der Person gehalten oder beherrscht werden, die die wirtschaftlichen Konsequenzen eines bestimmten Stimmverhaltens zu tragen hat. Soweit die wirtschaftlichen Interessen an einem stimmrechtsvermittelnden Wertpapier einem Investor zuzurechnen sind, ohne dass es nach den bestehenden Regelungen im Wertpapierhandels- und im Übernahmerecht zu einer Stimm-

93 Unten Fn. 172.
94 *Cascante/Topf*, AG 2009, 53 ff.; *Fleischer/Schmolke*, NZG 2009, 401 ff.; *Merkner/Sustmann*, NZG 2010, 681 ff.; *Schiessl*, Der Konzern 2009, 291 ff.
95 Vgl. oben II. 2. b).
96 *Wansleben*, StudZR 2009, 465 (470).
97 Vgl. die Nachweise in Fn. 172.
98 *Schiessl*, Der Konzern 2009, 291 (295 f.).
99 Oben Fn. 92. Eingehend zur rechtlichen Einordnung unten IV. 2. b).
100 *Seibt*, ZGR 2010, 795 (813); *Wansleben*, StudZR 2009, 465 (485).

rechtszurechnung kommt, spricht man in der internationalen Diskussion in einem überaus weit verstandenen Sinn von „Hidden Ownership"[101]. Um die vom Stimmrechtseinfluss abweichende Zuordnung der wirtschaftlichen Interessen an stimmrechtsvermittelnden Anteile auszudrücken, haben sich im gleichen kapitalmarktrechtlichen Zusammenhang die Begriffe Economic Ownership[102] und Beneficial Ownership[103] herausgebildet. Der „Brandbrief"[104] verwendete den Begriff „Wirtschaftliches Eigentum"[105]. Diese Begriffe beschreiben, ohne wirklich trennscharfe Merkmale auszuweisen, das Bedürfnis, die Offenlegungspflichten im Lichte einer wirtschaftlichen Betrachtungsweise zu beurteilen.[106]

Blickt man in den beschriebenen schuldrechtlichen Gestaltungen auf die Komplementärseite, sieht man denjenigen, der die Stimmrechte hält, ohne von den Konsequenzen seiner Stimmrechtsentscheidungen für die Gesellschaft unmittelbar selbst betroffen zu sein, weil er an der Wertentwicklung und den zukünftigen Cash Flows der stimmrechtsvermittelnden Anteile nicht beteiligt ist. Freilich kann er gleichwohl ein wirtschaftliches Interesse an einer bestimmten Stimmrechtsausübung haben, z.B. als Gesellschafter einer anderen Gesellschaft, und als solcher sogar an einer negativen Wertentwicklung der von ihm gehaltenen Anteile interessiert sein.[107] Nimmt er seine Stimmrechte mit diesen Fremdinteressen war, spricht man vom Empty Voting[108]. Hidden Ownership und Empty Voting sind wie durch kommunizierende Röhren miteinander verbunden.[109]

---

101 *Hu/Black*, The Business Lawyer 61 (2006), 1011 (1023); *Schouten*, Stanford Journal of Law, Business & Finance 15 (2010), 127 (159).
102 *Hu/Black*, The Business Lawyer 61 (2006), 1011 (1029).
103 *Demarigny/Clerc* (Fn. 8), S. 202.
104 Oben Fn. 2.
105 Ebenso *Möritz*, ZVglRWiss 109 (2010), 94 (95).
106 Dazu untern V. 3. b).
107 Exemplarisch der vielzitierte US-amerikanische Fall Perry/King/Mylan, wiedergegeben in SEC, Order from July 21, 2009, http://www.sec.gov/litigation/admin/2009/34-60351.pdf (Abruf vom 2.11.2010); mit weiteren veranschaulichenden Beispielen: *Wansleben*, StudZR 2009, 465 (480 ff.).
108 *Hu/Black*, The Business Lawyer 61 (2006), 1011 (1024).
109 *Merkner/Sustmann*, NZG 2010, 1170 (1172); *Seibt*, ZGR 2010, 795 (798 ff.).

III. Anschleichen als Frage „optimaler" Kapitalmarkttransparenz

1. Paradigmenwechsel im Melderegime?

Mit den rechtsmethodischen und rechtspolitischen Überlegungen, wie Umgehungsgestaltungen und dem Anschleichen zu begegnen ist,[110] ist eine Paralleldiskussion darüber verbunden, ob man das Anschleichen durch Ausweitung der Transparenzvorschriften überhaupt erschweren sollte.[111] Diese Diskussion darf man nicht übergehen. Und in der Tat ist jeder Reformvorschlag, der eine Ausweitung der Transparenzpflichten vorsieht, am Maßstab optimaler Kapitalmarkttransparenz zu messen. Dabei ist ganz grundsätzlich die Frage zu klären, wie das Spannungsverhältnis zwischen Geheimhaltungsbedürfnis und Transparenz[112] aufzulösen ist und wie meldewürdige und nicht meldewürdige Ereignisse[113] voneinander zu trennen sind.

Die Transparenzrichtlinie und auch die §§ 21 ff. WpHG geben einer umfassenden Transparenz erkennbar den Vorzug,[114] knüpfen dabei aber die Meldepflichten ausschließlich an die Stimmrechtsverhältnisse an.[115] Die Zurechnungsregeln in § 22 WpHG und die besondere Meldepflicht in § 25 WpHG sind nach bisherigem Verständnis nur Annexvorschriften zu § 21 WpHG, der die Meldepflicht an das Halten von Stimmrechten

110 Exemplarisch *Baums/Sauter*, ZHR 173 (2009), 454 (487); *Cascante/Topf*, AG 2009, 53 (68); *Eichner*, ZRP 2010, 5 (6); *Fleischer/Schmolke*, ZIP 2008, 1501 (1509); *Fleischer/Schmolke*, NZG 2009, 401 (409); *Habersack*, AG 2008, 817 (819); *Möritz*, ZVglRWiss 109 (2010), 94 (120); *Noack/Zetzsche* (Fn. 12), S. 569 (584); *Schiessl*, Der Konzern 2009, 291 (297); *Uwe H. Schneider/Anzinger*, ZIP 2009, 1 (10); *Uwe H. Schneider/Brouwer*, AG 2008, 557 (562); *Schouten*, Stanford Journal of Law, Business & Finance 15 (2010), 127; *Seibt*, ZGR 2010, 795 (822); *Wackerbarth*, ZIP 2010, 1527 (1532); *Wansleben*, StudZR 2009, 465 (480 ff.); *Weber/Meckbach*, BB 2008, 2022 (2027).

111 Deutlich *Eichner*, ZRP 2010, 5 (7); *Zetzsche*, EBOR 11 (2010), 231 (237 ff.).

112 *Teichmann/Epe*, WM 2010, 1477.

113 *Eichner*, ZRP 2010, 5 (6); *Fleischer/Schmolke*, NZG 2009, 401 (409).

114 Vgl. Erwägungsgrund 18 der Transparenzrichtlinie 2004/109/EG v. 15.12. 2004, ABl. EU Nr. L 390/38; *Uwe H. Schneider* (Fn. 58), Vor § 21 WpHG Rz. 36; *Teichmann/Epe*, WM 2010, 1477.

115 Dies betonend CESR (Fn. 10), Rz. 11, 13; *Dehlinger/Zimmermann* (Fn. 59), § 21 WpHG Rz. 17; *Wansleben*, StudZR 2009, 465 (480).

anknüpft.[116] Sie sollen sicherstellen, dass bestehender und potentieller Stimmrechtseinfluss zutreffend wiedergegeben wird. Pointiert könnte man formulieren, die Transparenzrichtlinie und das WpHG fordern vollkommene Transparenz, aber – jedenfalls bisher – nur bezogen auf den Stimmrechtseinfluss.

Die jüngsten Reformvorschläge auf europäischer und nationaler Ebene und auch die erwähnten ausländischen Regelungen scheinen hier einen Paradigmenwechsel einzuleiten, soweit sie nicht mehr den Stimmrechtseinfluss, sondern, unter dem Schlagwort Economic Ownership[117], die wirtschaftliche Berechtigung an einer Beteiligung in den Vordergrund stellen. *Zetzsche* hat diesen möglichen Paradigmenwechsel jüngst hervorgehoben und sich für das Festhalten an stimmrechtsbezogenen Offenlegungspflichten (Voting Rights Disclosure Approach) und gegen eine Erweiterung auf die wirtschaftlichen Beteiligungsinteressen (Economic Only Disclosure) ausgesprochen.[118] Demgegenüber hat *Seibt* anknüpfend an die vielzitierte Studie von *Hu* und *Black*[119] vorgeschlagen, die Meldepflichten bereits dem Grunde nach auf Stimmrechtsbesitz *und* Beteiligung am wirtschaftlichen Substrat zu erstrecken.[120]

2. Rechtfertigung der wertpapierrechtlichen Offenlegungspflichten

Obgleich das Kapitalmarktrecht als junges Rechtsgebiet gilt, scheint auch hier der Grundsatz zu gelten, dass keine Diskussion wirklich neu ist. Bereits in § 20 AktG, der eine Meldepflicht erst ab einer Beteiligung von 25 % und auch nur gegenüber der Gesellschaft vorsieht,[121] wurde

116 *Fleischer/Schmolke*, ZIP 2008, 1501 (1502); *Dehlinger/Zimmermann* (Fn. 59), § 25 WpHG Rz. 2; *Uwe H. Schneider* (Fn. 58), § 21 WpHG Rz. 6, § 22 WpHG Rz. 3, § 25 WpHG Rz. 3; *Wackerbarth*, ZIP 2010, 1527 (1528).

117 *Siems*, ZGR 2003, 218 (231): „Einheit von rechtlichem und wirtschaftlichem Eigentum“; *Kühn*, Börsen-Zeitung v. 24.4.2010, S. 11: „Meldepflichten müssen wirtschaftlichem Anteilsbesitz entsprechen“.

118 *Zetzsche*, EBOR 11 (2010), 231 (237 ff.).

119 *Hu/Black*, The Business Lawyer 61 (2006), 1011 (1052): „Our proposed extension is simple: filers should report both voting and economic ownership ...“.

120 *Seibt*, ZGR 2010, 795 (835); ähnlich zuvor bereits *Wansleben*, StudZR 2009, 465 (480 ff.).

121 Vgl. dazu *Burgard*, Die Offenlegung von Beteiligungen, Abhängigkeits- und Konzernlagen bei der Aktiengesellschaft, 1991, S. 44 ff.

das Ende der freiheitlichen Wirtschaftsordnung gesehen.[122] Die Aussage des Regierungsentwurfs zum AktG 1965, „Der Großaktionär hat keinen Anspruch auf Anonymität."[123], blieb lange heftig umstritten.[124] Sie hat sich durchgesetzt.

Die kapitalmarktrechtlichen Meldepflichten müssen sich dagegen weiterhin in der Diskussion bewähren. Anerkannt erscheint mittlerweile, dass die Meldepflichten zwei Regelungsdimensionen erfassen: zum einen den Kapitalmarkt als solchen, mit der Zielsetzung, seine Funktionsfähigkeit und damit zumindest reflexhaft auch Anlegerschutz zu gewährleisten, und zum anderen eine ordnungspolitische und gesellschaftsrechtliche Dimension, die sich auf die Corporate Governance bezieht.[125]

Die auf die Funktionsfähigkeit des Kapitalmarkts bezogene Ausgangsprämisse, dass Desinformation das Risiko von Marktversagen erhöht und damit Markteffizienz das zentrale Argument für die Offenlegungspflichten ist,[126] wird, soweit man sehen kann, nicht mehr in Frage gestellt. Man darf sich daher auf die Frage konzentrieren, welche Informationen wesentlich sind, um durch ihre Veröffentlichung einen effizienten Markt zu gewährleisten.[127]

Dazu zählen zum einen gewiss Informationen über die Stimmrechtsstruktur als solche, weil es für die Bewertung eines Unternehmens relevant ist, ob und welche Großaktionäre Verantwortung übernehmen, und auch über Veränderungen in der Stimmrechtsstruktur, weil sich ankündigende Beteiligungswechsel wertändernd auswirken.[128] Markt-

---

122 *Schäfer*, BB 1966, 229 (230): „Die Frage, ob es wirtschaftspolitisch zweckmäßig und mit dem Grundgesetz vereinbar ist, eine so weitgehende Offenlegungspflicht gesetzlich zu verankern, kann mit Fug und Recht gestellt werden".

123 BT-Drucks. III/1915, S. 104.

124 Vgl. *Fleischer/Schmolke*, NZG 2009, 401 (402); *Uwe H. Schneider* (Fn. 58), Vor § 21 WpHG Rz. 2 m. w. N.

125 *Bayer* in MünchKomm. AktG, 3. Aufl. 2008, § 22 Anh. § 21 WpHG Rz. 1 f.; *Hirte* (Fn. 64), § 21 WpHG Rz. 3 ff.; *Möritz*, ZVglRWiss 109 (2010), 94 (110); *Schouten*, Stanford Journal of Law, Business & Finance 15 (2010), 127 (131 f.); *Uwe H. Schneider* (Fn. 58), Vor § 21 WpHG Rz. 18 ff. Den Anlegerschutz ausklammernd *Dehlinger/Zimmermann* (Fn. 59), Vor §§ 21 bis 30 WpHG Rz. 20.

126 Vgl. *Fama*, The Journal of Finance 25 (1970), 383; *Fox/Deun/Morck/Durnev*, Michigan Law Review 102 (2003), 331 (342 ff.).

127 *Seibt*, ZGR 2010, 795 (830).

128 Vgl. CESR (Fn. 10), Rz. 10.

relevant ist neben der Stimmrechtsstruktur aber auch die Verteilung der wirtschaftlichen Interessen an stimmrechtvermittelnden Anteilen.[129] Und zwar vor allem dann, wenn die Chancen und Risiken einer Beteiligung anders zugeordnet sind als die Stimmrechte aus dieser Beteiligung.[130] Das Auseinanderfallen von Stimmrechtsmacht und wirtschaftlichen Interessen kann für sich bereits Anreize für die Verwaltung und die anderen Organe einer Gesellschaft setzen, die sich auf zukünftige Cash Flows und damit auf die Wertentwicklung der Gesellschaft auswirken und allein deshalb kursrelevant sein. Die Aufspaltung von Stimmrechten und wirtschaftlichen Interessen an ihrer Ausübung kann aber auch den Stimmrechtseinfluss selbst verändern. Nämlich dann, wenn die Stimmrechte aus einer Beteiligung mangels eigener wirtschaftlicher Interessen nicht ausgeübt werden. Dann erhöht sich der relative Stimmrechtseinfluss der anderen Aktionäre. Marktrelevant ist die wirtschaftliche Kapitalstruktur auch bezogen auf die Handelsinteressen, die von einem Gesellschafter mit der Beteiligung verfolgt werden, weil sich auch dies auf die Wertentwicklung aller Anteile auswirken kann. Schließlich lässt sich nur aus der Kapitalstruktur und nicht bereits aus der Stimmrechtsstruktur der ungebundene Streubesitz (*free float*) ableiten. Welche Relevanz das für einen funktionierenden Kapitalmarkt hat, konnte man im Fall VW/Porsche deutlich sehen.[131]

Anerkannt ist auch die Bedeutung der kapitalmarktrechtlichen Transparenzregeln für die gesellschaftsrechtliche *Corporate Governance*.[132] Die Offenlegung der Beteiligungsstrukturen sensibilisiert für Insiderhandel, für verdeckte Gewinnausschüttungen und für Interessenkonflikte. Die Entscheidung über die Besetzung des Aufsichtsrats mit aktionärsabhängigen Mitgliedern[133] kann von der Hauptversammlung erst bei transparenten Beteiligungsverhältnissen bewusst getroffen wer-

---

129 *Seibt*, ZGR 2010, 795 (830) verwendet den Begriff „wirtschaftliches Substrat", *Wansleben*, StudZR 2009, 465 (480) spricht von „ökonomischen Interessen"; vgl. zu den verwendeten Begriffen auch oben II. 3.

130 *Schouten*, Stanford Journal of Law, Business & Finance 15 (2010), 127 (133).

131 Dazu oben II. 1. a); vgl. *Fleischer/Schmolke*, NZG 2010, 846 (8)52; *Teichmann/Epe*, WM 2010, 1477.

132 Vgl. *Fox*, Challenges to Corporate Governance in Law and Contemporary Problems 62 (1999), 113 (115); *Windbichler* in FS Hopt, 2010, S. 1505 (1506 f.) mit Verweis auf das Zitat von *L. D. Brandeis*, Other People's Money – and How Bankers Use it, 1914, p. 62: „Publicity is justly commended as a remedy for social and industrial diseases. Sunlight is said to be the best of disinfectants; electric light the most efficient policemen".

133 Vgl. Ziff. 5.4.2. Deutscher Corporate Governance Kodex 2010.

den. Schließlich verbessern Informationen über die Beteiligungsstruktur die Kommunikation des Unternehmens mit seinen Anteilseignern.[134] Auch dies trägt zu guter Corporate Governance bei.[135]

Überbetont wird dagegen ein negativer Effekt der Transparenzpflichten: Offenlegung wird oft als Instrument zur Erschwerung von Übernahmen klassifiziert und die Forderungen nach mehr Transparenz mit wenig schutzwürdigen Eigeninteressen der Verwaltung der Zielgesellschaft verbunden.[136] Dass Offenlegungspflichten Übernahmen erschweren, ist zunächst nur zum Teil richtig, und es wird übersehen, dass Transparenz der Beteiligungsstruktur Übernahmen auch erleichtern kann. Das gilt insbesondere für den Zugang zum „Übernahmemarkt", der erleichtert wird, wenn Informationen über die Beteiligungsstrukturen möglicher Zielobjekte verlässlich und allgemein verfügbar sind.[137] Schließlich hat Transparenz im Übernahmemarkt auch positive Effekte auf die Preisbildung, weil Konkurrenten sich überlegen können, einzusteigen und sich erst bei konkurrierenden Angeboten ein echter Marktpreis bilden kann.

Gerade weil durch vielgestaltige Finanzinstrumente Stimmrechtsmacht und wirtschaftliche Interessen immer öfter auseinanderfallen, ohne dass das Abspaltungsverbot verletzt würde, rechtfertigen die Transparenzziele nicht nur eine Offenlegung der Stimmrechtsverhältnisse, sondern auch die Offenlegung der wirtschaftlichen Interessen an stimmrechtsvermittelnden Anteilen.

3. Kapitalmarktrecht und Übernahmerecht

Freilich ist bereits die Vorverlegung der Offenlegungspflichten durch die Meldepflicht für unbedingte Erwerbsrechte in § 25 WpHG als Fremdkörper in den Transparenzvorschriften bezeichnet und dem Übernahmerecht zugeordnet worden. Dementsprechend werden auch die Fälle des „Anschleichens" von manchen nicht als transparenzrechtliches, sondern als übernahmerechtliches Problem gesehen. Ein Bedürfnis für die

134 *Schouten*, Stanford Journal of Law, Business & Finance 15 (2010), 127 (156).

135 Vgl. Ziff. 6 Deutscher Corporate Governance Kodex 2010.

136 *Fleischer/Schmolke*, NZG 2009, 401 (405): „... besteht die Gefahr, dass manche Manager aus eigennützigen Motiven auch werterhöhende Unternehmensübernahmen bekämpfen ...".

137 *Schouten*, Stanford Journal of Law, Business & Finance 15 (2010), 127 (151 f.); *Seibt*, ZGR 2010, 795 (820 f.); abwägend *Fleischer/Schmolke*, ZIP 1501 (1508).

Ausweitung der Offenlegungspflichten wird dementsprechend verneint, weil Transparenz nicht dazu diene, Übernahmen anzukündigen, und dies auch nicht nötig sei[138]. Diese Sichtweise kann auf der Grundlage der herausgearbeiteten Zwecke der Transparenz nicht aufrechterhalten werden. Änderungen der Beteiligungsverhältnisse sind, bereits wenn sie sich durch schuldrechtliche Gestaltungen abzeichnen, marktrelevant und daher nach den Grundgedanken der Transparenzvorschriften offenzulegen.[139] Richtig ist aber, dass sich Überschneidungen zwischen Kapitalmarktrecht und Übernahmerecht ergeben. Wegen der unterschiedlichen Zwecke und Adressatenkreise der Mitteilungspflichten erfordert dies aber nicht zwingend einen einheitlichen Maßstab für die Bemessung der Stimmrechts- und Beteiligungsverhältnisse im Wertpapierhandels- und im Übernahmerecht.[140]

4. Wem gebührt die Übernahmeprämie?

Vorsichtige Mahner, die sich gegen eine Ausweitung der Transparenzvorschriften und eine Einbeziehung aller Gestaltungen des Anschleichens in die Meldetatbestände aussprechen, verweisen, das ist schon angeklungen, auf die dadurch bewirkte Behinderung von Übernahmen.[141] Müssten Übernahmeversuche auf dem Kapitalmarkt vorzeitig offengelegt werden, würde die durch eine Übernahme bewirkte Wertsteigerung vom Markt antizipiert und der Übernehmer, entweder um seine Übernahmeprämie gebracht oder weil Gegenangebote provoziert werden, mit einem erhöhten Risiko des Scheiterns der Übernahme konfrontiert.[142] Wer der Auffassung ist, dass das Wertsteigerungspotential oder die bisher nicht öffentlich bekannten stillen Reserven eines Unternehmens nur demjenigen gehören sollen, der sie entdeckt, der wird die Übernahmeprämie allein dem Übernehmer zuweisen wollen und sich daher gegen eine erweiterte Transparenz aussprechen.[143] Wer dagegen auch die verdeckten stillen Reserven und das Wertsteigerungs-

138 *Zetzsche*, EBOR 11 (2010), 231 (240).

139 Überzeugend *Baums/Sauter*, ZHR 173 (2009), 454 (475 f.); *Noack/Zetzsche* (Fn. 12), S. 569 (580).

140 Vgl. *Uwe H. Schneider* (Fn. 58), Vor § 21 WpHG Rz. 95; ebenso *Wansleben*, StudZR 2009, 465 (487).

141 *Eidenmüller*, DStR 2007, 2116 (2119); *Fischel*, Texas Law Review 57 (1978), 1 (13 f.); *Zetzsche*, EBOR 11 (2010), 231 (240); abwägend *Fleischer*, ZGR 2008, 185 (206).

142 *Cascante/Topf*, AG 2009, 53 f.

143 Abwägend *Noack/Zetzsche* (Fn. 12), S. 569 (585).

potential als Teil des Unternehmenswerts ansieht, der sich auf die Aktionäre verteilt, der wird zutreffend der Ansicht sein, dass es ein schutzwürdiges Recht auf die Übernahmeprämie nur bedingt geben kann.[144] Ein solches Recht könnte aber dann anzuerkennen sein, wenn es sich um einen verdienten Wissensvorsprung und nicht um sozial wertloses Vorauswissen, also solches Wissen handelt, das zu einer verbesserten Ressourcenallokation in einer Marktwirtschaft nichts beiträgt.[145] Damit ist man bei einer Wertungsfrage. Entschärfen lässt sie sich durch gestufte Offenlegungspflichten, wie sie im geltenden Melderegime mit den Meldeschwellen bereits bestehen. Jeder, der ein Paket aufbaut, kann dies bis zum Erreichen der nächsten Meldeschwelle tun, ohne sein Vorwissen und seine Ziele offenzulegen und mit der Wertsteigerung in diesem (Teil-)Paket unabhängig vom sozialen Wert seines Vorauswissens eine Übernahmeprämie verdienen.

5. Zusammenrechnung und Schwellenwerte

Damit nähert man sich der zuweilen hitzig geführten Diskussion über die Meldeschwellen. Das geltende Recht sieht vor, dass nach § 21 WpHG gehaltene und nach § 22 WpHG zuzurechnende Stimmrechtsanteile zusammengerechnet werden und ab einer Eingangsschwelle von 3 % offenzulegen sind. Erwerbsrechte nach § 25 WpHG wurden zunächst, bis zum Inkrafttreten der Änderungen durch das Risikobegrenzungsgesetz[146], nicht den nach §§ 21, 22 WpHG meldepflichtigen Anteilen hinzugerechnet und waren gesondert ab einer Eingangsschwelle von 5 % zu melden.[147] Weil diese Segmentierung in der Praxis genutzt wurde, um die Offenlegung der Beteiligungsverhältnisse hinauszuzögern und vom Gesetzgeber ein rechtspolitisches Bedürfnis für eine frühzeitigere Transparenz gesehen wurde,[148] ist diese Segmentierung durch das Risikobegrenzungsgesetz mit Wirkung zum 1.3.2009 aufgegeben worden. Geblieben ist es bei der gesonderten Meldeschwelle für Finanzinstrumente von 5 %.

Am Referenten- und nunmehr am Regierungsentwurf für das Anlegerschutz- und Funktionsverbesserungsgesetz hat sich erneut die Diskussion entzündet, welche Meldeschwellen eine optimale Kapitalmarkt-

144 So wohl auch *Baums/Sauter*, ZHR 173 (2009), 454 (479).
145 *Fleischer*, Informationsasymmetrie im Vertragsrecht, 2001, S. 573.
146 Oben Fn. 55.
147 Vgl. *Uwe H. Schneider* (Fn. 58), § 25 WpHG Rz. 57.
148 BT-Drucks. 16/7438, S. 8.

transparenz gewährleisten.[149] Der Diskussionsentwurf[150] formulierte mit der besonderen Meldepflicht für bestimmte Finanzinstrumente und sonstige Instrumente noch eine weitere gesonderte Meldeschwelle von 5 % in einem eigenen Meldesegment.[151] Der Regierungsentwurf sieht in § 25a Abs. 1 Satz 7 WpHG-E ein Zusammenrechnen aller Meldetatbestände vor.[152] Das entspricht den Regelungen in Großbritannien, wo alle meldepflichtigen Positionen saldiert werden und ab einer Schwelle von 3 % in 1 %-Schritten zu melden sind.[153] Dagegen könnte man mit Blick auf die Einbeziehung von Differenzgeschäften in die Meldepflichten einwenden, dass die Offenlegung von wirtschaftlichen Interessen an stimmrechtsvermittelnden Anteilen oder Erwerbsmöglichkeiten als Indikator für den Einfluss auf die Gesellschaft eine andere Bedeutung hat als das Halten von Stimmrechten. Auch die britische FSA hatte erwogen, hier zu differenzieren[154], davon aber wieder abgesehen, weil es ihr nicht praktikabel erschien.

Gegen eine Zusammenrechnung aller Meldetatbestände und niedrige Meldeschwellen wird regelmäßig die Gefahr einer Meldeflut überzeichnet.[155] Bevor man diesem Argument zu viel Raum einräumt, muss man sich die Dimensionen vor Augen führen. Bei großen börsennotierten Gesellschaften beziehen sich Geschäfte über 3 % der Anteile in der Regel auf eine Beteiligung mit einem Wert im Milliarden-Euro-Bereich. Meldefluten belangloser Informationen gibt es in diesem Bereich nicht. Demgegenüber sollten kleine börsennotierte Gesellschaften nicht Gegenstand intransparenter Spekulationsgeschäfte werden.

149 Vgl. dazu *Schmolke*, ZGR 2007, 701 (732).

150 Oben Fn. 5.

151 Zustimmend *Wackerbarth*, ZIP 2010, 1527 (1528); *Fleischer/Schmolke*, NZG 2010, 846 (854); *Merkner/Sustmann*, NZG 2010, 681 (686). Ebenso bereits *Möritz*, ZVglRWiss 109 (2010), 94 (125 ff.).

152 Damit folgt der Regierungsentwurf Forderungen des BDI (Stellungnahme zum Diskussionsentwurf des Bundesministeriums der Finanzen für ein Gesetz zur Stärkung des Anlegerschutzes und Verbesserung der Funktionsfähigkeit des Kapitalmarkts v. 27.5.2010, S. 2) und des DAI (NZG 2010, 778). Auch im Bericht zur Umsetzung der Transparenzrichtlinie von *Demarigny/Clerc* (Fn. 8), S. 98, wird eine Zusammenrechnung vorgeschlagen.

153 Financial Services Authority, Disclosure of Contracts for Differences, Feedback on Consultation Paper 08/20 and final rules, March 2009, 3 ff.

154 *Möritz*, ZVglRWiss 109 (2010), 94 (121 ff.).

155 *Brandt*, BKR 2010, 270 (273); *Fleischer/Schmolke*, NZG 2009, 401 (406).

Fraglich ist zudem, ob zuviel Information die Transparenzziele wirklich konterkarieren kann.[156] Zum einen sind private Informationsdienstleister berufen, Informationsstörgeräusche herauszufiltern sowie Fehlinterpretationen zu vermeiden. Diese „Aufbereitungsfunktion" können sie nur erfüllen, soweit die Transparenzpflichten den Zugang zu Informationen über die Beteiligungsverhältnisse ermöglichen. Zum anderen sollte das Thema der Qualität der Informationen nicht bei der Reichweite, also beim „Ob" der Meldepflicht, sondern beim Inhalt, also beim „Wie" der Meldungen diskutiert werden. Hier könnte man darüber nachdenken, zusätzliche Kategorien für die einzelnen Meldetatbestände zu bilden, die inhaltlichen Anforderungen zu erhöhen[157] und in engen Grenzen auch eine Verrechnung von gegenläufigen Positionen zu ermöglichen[158], ohne die Meldeschwellen zu segmentieren und damit die Meldepflichten dem Grunde nach einzuschränken. Die Kosten der Beteiligungstransparenz[159] dürfen dabei freilich nicht ausgeblendet werden. Sie sind aber nicht isoliert, sondern im Verhältnis zur Größenordnung der meldepflichtigen Transaktionen zu bewerten.

6. Optimierungsprozesse

Optimale Kapitalmarkttransparenz lässt sich nicht statisch, sondern nur als Prozess definieren. Deshalb müssen die Transparenzregeln mit der Entwicklung des Kapitalmarkts auf Augenhöhe bleiben. Wenn sich der Stimmrechtseinfluss in der Gestaltungspraxis immer stärker von der wirtschaftlichen Interessenposition löst und die Ziele der Transparenzvorschriften erfordern, dass auch wirtschaftliche Interessenpositionen offengelegt werden, dann müssen die Transparenzvorschriften entsprechend ausgelegt oder angepasst werden. Dass kann geschehen, indem wie bisher auf die Stimmrechtsverhältnisse abgestellt wird, dabei

156 So ESME (Fn. 9), S. 10; *Seibt*, ZGR 2010, 795 (830): „Optimale statt maximale Kapitalmarktinformation ist vonnöten." Ähnlich *Fleischer/Schmolke*, NZG 2010, 846 (853); *Fleischer/Schmolke*, ZIP 2008, 1501 (1511); *Noack/Zetzsche* (Fn. 12), S. 569 (585).

157 *Merkner/Sustmann*, NZG 2010, 681 (685): „... wäre zu überlegen, ob nicht auch die Offenlegung des Inhalts der Bedingungen verlangt werden müsste ...". Dazu bereits *Burgard* (Fn. 121), S. 53 ff.

158 Gegen „netting" aber CESR (Fn. 10), Rz. 42.

159 Vgl. FSA, Disclosure of Contracts for Difference: Feedback and policy statement on CP07/20, and further technical consultation, CP 08/17, October 2008, Annex 1: Cost Benefit Analyses; *Teichmann/Epe*, WM 2010, 1477 (1481 f.).

aber auch zukünftiger, potentieller und wirtschaftlich vermittelter Stimmrechtseinfluss Berücksichtigung findet. Oder man lässt den Stimmrechtsbezug fallen und stellt ganz auf die wirtschaftlichen Beteiligungsinteressen ab. Dazwischen besteht rechtspolitisch nur ein gradueller Unterschied. Für die Auslegung des geltenden Rechts und die Konstruktion zukünftiger Regelungen muss man sich aber für eine Richtung entscheiden. Meldefluten sind schließlich nicht zu fürchten, sondern zu kanalisieren. Das können private Informationsdienstleister am besten besorgen. Für den Rechtswissenschaftler ist dagegen die Gestaltungsdynamik im Kapitalmarkt die größere Herausforderung. Er muss sie entweder bei der Anwendung oder bei der Ausgestaltung des Rechts einfangen.

IV. Anschleichen als rechtsmethodischer Grenzfall des geltenden Rechts

1. Kapitalmarktrechtlicher Regelungsrahmen

Im Zentrum der aktuellen Diskussion stehen die schuldrechtlichen Differenzgeschäfte mit Barausgleichsverpflichtung, die im Sprachgebrauch besser unter ihren englischen Begriffen Contracts for Difference und Cash Settled Equity Swaps bekannt geworden sind.[160] Dass diese bezogen auf die Transparenzvorschriften vielfach als Umgehungsgestaltung angesehen werden,[161] ist oben schon angeklungen.[162] Mit dem diffusen Begriff der Gesetzesumgehung[163] verbinden wir eine Sachverhaltsgestaltung, die zwar vom Zweck der vermeintlich umgangenen Norm erfasst werden soll, von ihrem Wortlaut nach herrschendem Verständnis aber nicht erfasst wird. Die Diagnose der Umgehung setzt also eine klare Vorstellung vom Zweck einer Norm voraus.[164]

---

160 Vgl. oben II. 2. c) ee). Zur allgemeinen praktischen Bedeutung und Funktionsweise von Cash Settled Equity Swaps: *Schiessl*, Der Konzern 2009, 291 ff.

161 Dazu *Baums/Sauter*, ZHR 173 (2009), 454 (470); *Uwe H. Schneider/Anzinger*, ZIP 2009, 1 (7).

162 Oben II. 2.

163 Unten IV. 3.

164 Vgl. *Armbrüster* in MünchKomm. BGB, 5. Aufl. 2007, § 134 BGB Rz. 17.

2. Verhältnis von Zweck und Wortlaut bei fallgruppenorientierten Regelungen

a) Zweck der §§ 21 ff. WpHG

Dem Wertpapierhandelsgesetz fehlt eine ausdrückliche Festlegung auf einen Zweck der Transparenzvorschriften. Das ist bei der Transparenzrichtlinie anders, der mit den Erwägungsgründen ausdrücklich formulierte legislative Zielsetzungen vorangestellt sind.[165] Soweit man sich bei der Auslegung nicht alleine auf diese kodifizierten Ziele der Transparenzrichtlinie berufen möchte, weil einzelne Regelungen des WpHG weiter gehen als die der Richtlinie,[166] muss man den Zweck der nationalen Transparenzvorschriften aus anderen Quellen ermitteln. Je nach Vorverständnis und juristischer Heimat wird man den Zweck der kapitalmarktrechtlichen Offenlegungspflichten dann formalistisch aus der Gesamtschau der Transparenzvorschriften, aus der Gesetzesbegründung, aus der diskursiv-rationalen Überzeugung von der richtigen kapitalmarkt- und gesellschaftsrechtlichen Werteordnung oder mit Hilfe einer ökonomischen Analyse des Rechts ermitteln.

Ist man sich darüber einig, dass wirtschaftliche Beteiligungsinteressen aus schuldrechtlichen Differenzgeschäften dem Zweck der Offenlegungsvorschriften nach offen gelegt werden sollten,[167] kommt es auf den Verlauf der Wortlautgrenzen an.

b) Wortlautgrenzen der §§ 21 ff. WpHG

Die §§ 21 ff. WpHG gewähren nur enge Wertungsspielräume, die eine am Zweck orientierte Normentfaltung ermöglichen. Sie sind streng fallgruppenorientiert, enthalten damit möglicherweise auch bewusste Regelungslücken[168] und bieten wenig Halt für hintergründige Überlegun-

165 Vgl. zur Rechtsnatur der Erwägungsgründe in den europäischen Rechtsakten: *Metzger*, Extra legem, intra ius: Allgemeine Rechtsgrundsätze im Europäischen Privatrecht, 2009, S. 371.

166 *Hirte* (Fn. 64), § 21 WpHG Rz. 24.

167 Vgl. oben III. 2.; *Uwe H. Schneider/Brouwer*, AG 2008, 557 (563); *Weber/Meckbach*, BB 2008, 2022 (2027); wohl auch *Fleischer/Schmolke*, ZIP 2008, 1501 (1505).

168 *Fleischer/Bedkowski*, DStR 2010, 933 (935); *Opitz* in *Schäfer/Hamann*, Kapitalmarktgesetze, 4. Lfg. 2009, § 22 WpHG Rz. 1.

gen.[169] Dem Zweck der Offenlegungspflichten kann aber nur dort zur Geltung verholfen werden, wo die einzelnen Fallgruppen in ihrer Formulierung einen entsprechenden Auslegungsspielraum eröffnen. Bezogen auf die Einbeziehung der schuldrechtlichen Differenzgeschäfte mit Barausgleichsverpflichtung ist der mögliche Wortsinn und die systematische Verflechtung der §§ 22 Abs. 1 Nr. 2, Nr. 5, Abs. 2 und 25 Abs. 1 Satz 1 WpHG auszuloten.[170]

Bei § 22 Abs. 1 Nr. 2 WpHG steht die Frage im Zentrum, ob die Formulierung „für Rechnung" neben der Zuweisung der Chancen und Risiken aus der Beteiligung dem Wortsinn nach auch Weisungsmacht hinsichtlich der Stimmrechtsausübung voraussetzt.[171] Das mag man einerseits bejahen und trotzdem schuldrechtliche Differenzgeschäfte unter diese Regelung fassen, wenn man die tatsächliche Vermutung aufstellt, dass wenn die Chancen und Risiken beim Investor sind, dieser dann auch faktischen Stimmrechtseinfluss haben wird.[172] Man bewegt sich dann im Rahmen der Sachverhaltswürdigung, die in jedem Einzelfall anders ausfallen kann und, solange die höchstrichterliche Rechtsprechung in den Grenzen der Revisibilität keine Beweisregeln formuliert hat, mit erheblicher Rechtsunsicherheit verbunden ist. Lässt man andererseits das Erfordernis des Stimmrechtseinflusses bei § 22 Abs. 1 Nr. 2 WpHG ganz fallen,[173] der reine Wortsinn würde das hergeben und diese Zurechnungsregel ist gerade auf das Auseinanderfallen von rechtlicher und wirtschaftlicher Zuordnung zugeschnitten,[174] dann würden dieser Zurechnungsregel nicht nur die hier diskutierten Differenzgeschäfte, son-

169 Fast meint man, der Gesetzgeber misstraue den Juristen nach wie vor in der Tradition Friedrich II. – oder die Gestaltungspraxis habe ihm die Feder geführt.

170 Nach herrschender Auffassung fallen sie nicht unter die geltenden Meldepflichten: *Baums/Sauter*, ZHR 173 (2009), 454 (470); *Cascante/Topf*, AG 2009, 53 (68); *Eichner*, ZRP 2010, 5 (6); *Fleischer/Schmolke*, ZIP 2008, 1501 (1506); *Merkner/Sustmann*, NZG 2010, 681 (682); *Schiessl*, Der Konzern 2009, 291 (295); *Schwark* (Fn. 59), § 25 WpHG Rz. 4; *Teichmann/Epe*, WM 2010, 1477 (1479); a. A. *Habersack*, AG 2008, 817 (818); *Uwe H. Schneider/Brouwer*, AG 2008, 557 (562); *Weber/Meckbach*, BB 2008, 2022 (2027).

171 Vgl. dazu oben II. 2. b).

172 So *Engert*, ZIP 2006, 2105 (2110); *Habersack*, AG 2008, 817 (818); *Weber/Meckbach*, BB 2008, 2022 (2028 f.); a. A. *Wansleben*, StudZR 2009, 465 (470); vgl. dazu oben II. 2. c) ee).

173 *Schanz*, DB 2008, 1899 (1902).

174 *von Bülow* (Fn. 59), § 22 WpHG Rz. 64; *Uwe H. Schneider* (Fn. 58), § 22 WpHG Rz. 52.

dern sämtliche Gestaltungen unterfallen, in denen die wirtschaftlichen Chancen und Risiken aus einer Beteiligung einem anderen zugewiesen werden als dem Stimmrechtsinhaber. Dadurch würden die Transparenzpflichten insofern stark an Kontur verlieren, als sie bisher nur an den Stimmrechtseinfluss anknüpfen.[175] Lässt man bei der hier allein interessierenden Frage der Wortlautgrenzen diese Überlegungen aber außer Betracht, werden schuldrechtlichen Differenzgeschäfte vom möglichen Wortsinn des § 22 Abs. 1 Nr. 2 WpHG erfasst.

Nimmt man im Weiteren § 22 Abs. 2 WpHG in den Blick, ist zunächst auf tatsächlicher Ebene die Frage zu beantworten, ob bei schuldrechtlichen Differenzgeschäften zwischen der stillhaltenden Bank und dem Investor ein abgestimmtes Verhalten im Sinne des § 22 Abs. 2 WpHG vorliegt. Theoretisch lässt sich auch hier eine tatsächliche Vermutung aufstellen, dass die Bank aus wirtschaftlichen Interessen heraus oder aus Gründen des kaufmännischen Anstands ihre Stimmrechte im Sinne des Investors ausüben wird.[176] Das muss nicht jeden überzeugen, verdeutlicht aber, dass die Auslegung hier nicht durch den Wortsinn begrenzt wird und die schuldrechtlichen Differenzgeschäfte bei entsprechender Sachverhaltswürdigung und isoliert bezogen auf den Wortsinn auch unter § 22 Abs. 2 WpHG gefasst werden könnten.

Schließlich erscheint auch der Wortlaut des § 22 Abs. 1 Nr. 5 WpHG relativ weit gefasst: „Meldepflichtig sind Stimmrechte aus Aktien, die der Meldepflichtige durch eine Willenserklärung erwerben kann". Der reine Wortsinn der Formulierung „erwerben kann" erfasst, lässt man die für die Abgrenzung des Wortsinns unmaßgebliche Gesetzesbegründung zum WpÜG[177] außer Acht und orientiert sich stattdessen allein am allgemeinen Sprachgebrauch, auch rein wirtschaftliche Erwerbsmöglichkeiten und damit auch die Differenzgeschäfte.

Auslegungsgrenzen, die Zweck und Regelungsinhalt der §§ 21 ff. WpHG trennen und dadurch Umgehungsgestaltungen im oben definierten Sinne ermöglichen, sind danach erst mit § 25 WpHG entstanden. Wenn diese Regelung als Ergänzung und besondere Regelung für Finanzinstrumente nur rechtlich unbedingte Ansprüche erfasst, können § 22 Abs. 1 Nr. 2, Nr. 5 und Abs. 2 WpHG nicht darüber hinausgehend Finanzinstrumente

175 Vgl. den berechtigten Einwand von *Wansleben*, StudZR 2009, 465 (470).

176 Vgl. Urteil des Schweizer Bundesverwaltungsgerichts v. 18.12.2008 – B-2775/2008, www.bundesverwaltungsgericht.ch und im EBK-Jahresbericht 2007, S. 66 f., www.finma.ch.

177 BT-Drucks. 14/7034, S. 54; *Schwark* (Fn. 59), § 22 WpHG Rz. 10.

einbeziehen, die nur wirtschaftliche Erwerbsmöglichkeiten vermitteln.[178] Die Regierungsbegründung zum Transparenzrichtlinie-Umsetzungsgesetz hat zwar ein Nebeneinander der Meldetatbestände der §§ 22 Abs. 1 Nr. 5 und 25 WpHG angenommen.[179] In der parlamentarischen Diskussion ist bezogen auf § 25 WpHG aber allein das Ziel einer Eins-zu-eins-Umsetzung der Transparenzrichtlinie betont worden.[180] Art. 11 Abs. 1 Sätze 1 und 3 der Durchführungsrichtlinie[181] zur Transparenzrichtlinie schließen eine Meldepflicht für Finanzinstrumente aus, die dem Emittenten ein Wahlrecht einräumen durch Aktien oder Barmittel zu erfüllen.[182] Das spricht dafür, mit einer richtlinienkonformen Auslegung auch § 22 Abs. 1 Nr. 2, 5 und Abs. 2 WpHG im Verhältnis zu § 25 WpHG eng auszulegen.[183] Der Wortlaut des § 25 WpHG selbst betont die erforderliche bindende Qualität der Ansprüche zweifach und schließt die Erweiterung der Meldepflichten auf wirtschaftliche Erwerbsmöglichkeiten damit aus. Eine „rechtlich bindende Vereinbarung“ deckt in den Grenzen des möglichen Wortsinns, nicht das „Gentlemen's Agreement“ oder eine Verpflichtung aus wirtschaftlichen Interessen oder Gründen des kaufmännischen Anstands ab, denen das Rechtsbindungselement gerade fehlt.[184] § 25 WpHG erfasst Barausgleichsderivate mit der doppelten Betonung des unbedingten Erwerbsrechts (Mitteilungspflichten sollen aus dem Halten von Finanzinstrumenten nur entstehen, wenn diese das Recht verleihen, einseitig im Rahmen einer rechtlich bindenden Vereinbarung Aktien zu erwerben) deshalb gerade nicht.[185] Daran zeigt sich, dass spezielle Umgehungs-

178 A. A. *Weber/Meckbach*, BB 2008, 2022 (2029), die in § 25 WpHG auch keine abschließende Regelung für Finanzinstrumente, sondern eine zusätzliche Meldepflicht sehen.

179 BT-Drucks. 16/2498, S. 37; vgl. dazu auch die kritische Stellungnahme des BVI v. 13.10.2006.

180 Vgl. Protokoll der Öffentlichen Anhörung des Finanzausschusses des deutschen Bundestags v. 18.10.2006.

181 Richtlinie 2007/14/EG v. 8.3.2007 mit Durchführungsbestimmungen zu bestimmten Vorschriften der Richtlinie 2004/109/EG zur Harmonisierung der Transparenzanforderungen in Bezug auf Informationen über Emittenten, deren Wertpapiere zum Handel an einem geregelten Markt zugelassen sind, ABl. EU Nr. L 69, S. 27.

182 Vgl. oben II. 2. c) ee).

183 So für § 22 Abs. 1 Nr. 5 WpHG z. B. *Dehlinger/Zimmermann* (Fn. 59), § 22 WpHG Rz. 64.

184 Zutreffend *Wansleben*, StudZR 2009, 465 (477).

185 BT-Drucks. 16/2498, S. 37; *Noack/Zetzsche* (Fn. 12), S. 569 (580).

normen oft Umgehungsgestaltungen nicht verhindern, sondern vielmehr absichern.[186]

3. Extensive Auslegung und Analogie

Es ist vorgeschlagen worden, der Vermeidung der Meldepflichten durch Barausgleichsinstrumenteim Wege extensiver Auslegung der Transparenzvorschriften zu begegnen.[187] Damit kann nur gemeint sein, dass dem Zweck der Offenlegungspflichten bei der Auslegung, soweit es der Wortsinn ermöglicht, Rechnung getragen wird. Eine Überschreitung der Wortlautgrenze rechtfertigt die extensive Auslegung nicht. Deshalb kann sie auch zu keinen neuen Ergebnissen führen.

Dem Grunde nach ist auch die Analogie kein Instrument, um Gesetze über den Wortsinn hinaus auszulegen. Mit Analogie meinen wir die Übertragung der für bestimmte Tatbestände im Gesetz vorgesehenen Regel auf ähnliche bislang nicht geregelte Tatbestände.[188] Scheitern muss eine analoge Anwendung sämtlicher in § 22 WpHG gelisteter Zurechnungsregeln auf Finanzinstrumente, unabhängig von einem bezogen auf die Bußgeldbewährung möglicherweise bestehenden Analogieverbot, an der fehlenden Regelungslücke. Mit § 25 WpHG hat der Gesetzgeber eine speziellere Regelung für Erwerbsrechte aus Finanzinstrumenten geschaffen, die wirtschaftliche Erwerbsmöglichkeiten aus schuldrechtlichen Differenzgeschäften mit Barausgleichsverpflichtung gerade nicht erfasst.[189]

Aus diesem Grund kann auch die Entscheidung des Schweizer Bundesgerichts v. 11.3.2010[190] zur Offenlegungspflicht von Cash Settled Equity Swaps nicht auf das deutsche Recht übertragen werden. Im Fall Laxey/Implenia hat das Schweizer Bundesgericht eine Meldepflicht für Cash Settled Equity Swaps mit einer Analogie zu den Regelungen im schwei-

186 Vgl. *Weber/Meckbach*, BB 2008, 2022 (2029): „... hätte die Einführung der zusätzlichen Meldepflicht für Finanzinstrumente zugleich eine Entschärfung der bisherigen Meldepflichten bewirkt ...". Insofern ist die Forderung des BDI, Eckpunkte für mehr Transparenz am Kapitalmarkt vom 15.2.2010, S. 4, § 25 WpHG ganz zu streichen, konsequent.

187 *Uwe H. Schneider* (Fn. 58), Vor § 21 WpHG Rz. 48 und § 25 WpHG Rz. 42 („teleologische Extension"); *Uwe H. Schneider/Brouwer*, AG 2008, 557 (563).

188 *Larenz*, Methodenlehre der Rechtswissenschaft, 6. Aufl. 1991, S. 381.

189 Oben II. 1. b).

190 Bundesgericht, Urteil v. 11.3.2010 – 2C_77/2009, 2 C_78/2009, www.bger.ch.

zerischen Börsengesetz zum Acting in Concert begründet.[191] Der Tatbestand des Aktienerwerbs „in gemeinsamer Absprache mit Dritten" erfasse in analoger Anwendung jedes geschäftliche Handeln, „das den Aufbau einer für die Meldepflicht maßgeblichen Beteiligung trotz Auseinanderfallens der wirtschaftlichen und formalen Berechtigung objektiv ermöglicht, (...) wenn aufgrund der Umstände darauf geschlossen werden muss, dass eine solche Beteiligung auch angestrebt wird".[192] Im deutschen Recht ist eine entsprechende Analogie nicht möglich, weil § 25 WpHG als die speziellere Regelung für Finanzinstrumente, die Erwerbsmöglichkeiten gewähren, keine Regelungslücke dafür eröffnet. Auch daran zeigt sich, dass § 25 WpHG in seiner jetzigen Fassung vor allem die Wirkung entfaltet, Gestaltungen zur Vermeidung der Meldepflichten abzusichern.

4. Gesetzesumgehung und institutioneller Rechtsmissbrauch

Mit der Qualifikation einer Gestaltung als Gesetzesumgehung sind keine besonderen Rechtsfolgen verbunden. Gesetzesumgehung ist keine eigenständige Rechtsfigur.[193] Folgerungen für die melderechtliche Behandlung von schuldrechtlichen Differenzgeschäften könnten daher allenfalls aus der Lehre vom institutionellen Rechtsmissbrauch gezogen werden.[194] Ein institutioneller Rechtsmissbrauch liegt vor, wenn von einem Rechtsinstitut Gebrauch gemacht wird, und damit Rechtsfolgen herbeigeführt werden, die mit dem Sinn und Zweck dieses Rechtsinstituts nicht vereinbar sind[195]. Die Lehre vom institutionellen Rechtsmissbrauch ist für das Zivilrecht aus § 242 BGB entwickelt worden. Man kann sie im Gesellschaftsrecht aufgreifen, mit den Treuepflichten verbinden und in den Fällen des Empty Voting möglicherweise ein Stimmrechtsverbot daraus ableiten.[196] Auf die öffentlich-rechtlichen Meldepflichten lässt sich die Lehre vom institutionellen Rechtsmissbrauch jedoch nicht übertragen.

---

191 Bundesgericht (Fn. 190), Abschnitt 7.7 der Urteilsgründe.

192 Ebenda.

193 Vgl. *Armbrüster* in MünchKomm. BGB, 5. Aufl. 2007, § 134 BGB Rz. 12; *Sieker*, Umgehungsgeschäfte, 2002, S. 8; *Teichmann*, JZ 2003, 761 (764), jeweils mit weiteren Nachweisen.

194 Vgl. dazu *Roth* in MünchKomm. BGB, 5. Aufl. 2007, § 242 BGB Rz. 185.

195 *Looschelders/Olzen* in Staudinger, Neubearbeitung 2009, § 242 BGB Rz. 218.

196 Vgl. *Bachmann*, ZHR 173 (2009), 597 (617).

5. Anschleichen als Zuordnungs- und Zurechnungsproblem

Am Ende muss man erkennen, dass es beim Anschleichen allein um die Frage der Zuordnung und Zurechnung von Stimmrechten und Beteiligungen geht. Während im Aktienrecht die Stimmrechtszuordnung ganz klaren formalen Kriterien folgt und das Auseinanderfallen von Stimmrechtsmacht und wirtschaftlicher Berechtigung nur vorsichtig korrigiert wird, wird vom Wertpapierhandelsrecht erwartet, dass es bei der Stimmrechtszurechnung auch die wirtschaftliche Zuordnung der Chancen und Risiken aus einer Beteiligung berücksichtigt. Auch weil damit ein Paradigmenwechsel weg von der stimmrechtsorientierten hin zur beteiligungsorientierten Meldepflicht eingeleitet wird, gelingt diese umfassende Zurechnung dem Gesetz nur lückenhaft. Und man mag daran Zweifeln, ob ein fallgruppenorientierter Ansatz, wie ihn der Gesetzgeber bisher einschlägt, der komplexen Zurechnungsaufgabe überhaupt gerecht werden kann.

V. Anschleichen als legislatorische Herausforderung

1. Fallgruppenorientierter Ansatz des WpHG

Seit dem Risikobegrenzungsgesetz wird von einer Reform der Beteiligungstransparenz in Permanenz[197] gesprochen und das Verhältnis zwischen Gesetzgeber und Gestaltungspraxis mit der Parabel vom Rennen zwischen dem Hasen und dem Igel beschrieben[198]. Der fallgruppenorientierte Ansatz der geltenden §§ 21 ff. WpHG nimmt zwar den Vorzug einfacher Rechtsanwendung und größerer Rechtssicherheit für sich in Anspruch, macht das Recht aber zugleich starr, umgehungsanfällig und für den Gesetzgeber wartungsaufwendig. Dabei muss man mittlerweile sogar die Vorzüge des fallgruppenorientierten Ansatzes relativieren, denn als einfach werden die Transparenzregeln nicht mehr empfunden und den Gewinn an Rechtssicherheit durch Tatbestände, die auf konkrete Fallgruppen zugeschnitten sind, muss man mit Blick auf die fortwährende rechtsdogmatische und rechtspolitische Diskussion in Frage stellen. Deshalb ist zu Recht mit den jüngsten Reformvorschlägen auch viel über Regelungstechnik nachgedacht worden.

197 *Fleischer/Schmolke*, NZG 2009, 401 (403).
198 *Uwe H. Schneider/Anzinger*, ZIP 2009, 1 (2).

2. Besondere Umgehungsnormen

a) Umgehungstatbestand

Eine Möglichkeit, die gefühlte Umgehungsanfälligkeit des geltenden Rechts zu reduzieren, ohne die Konsensfähigkeit der politischen Willensbildungsorgane zu überfordern, sind abstrakte Umgehungstatbestände. Als großes Vorbild im US-amerikanischen Kapitalmarktrecht gilt SEC-Rule 13d par. 3b zum Securities Exchange Act von 1934.[199] Danach werden, verkürzt wiedergegeben, automatisch demjenigen die Finanzinstrumente zugerechnet, der eine Gestaltung beliebiger Art als Teil eines Planes verwendet, um die Meldepflichten zu umgehen. Im Fall CSX/TCI hat das Gericht diese Umgehungsabsicht bejaht.[200]

b) Prinzipiengeleitete Missbrauchsaufsicht

Eine andere Lösung findet sich im australischen und im kanadischen Übernahmerecht. In beiden Ländern wird das Melderegime durch eine prinzipiengeleitete Missbrauchsaufsicht flankiert.[201] So kann etwa das australische Takeover Panel eine Umgehung der Meldepflichten ahnden, wenn es „Unacceptable Circumstances" feststellt.[202] Eine so vage gehaltene Ermächtigungsgrundlage setzt, selbst dann, wenn sie durch Leitlinien konkretisiert wird, ein großes Vertrauen in die Kompetenz und die Autorität der Aufsichtsbehörde voraus.

3. Generalnorm und wirtschaftliche Betrachtungsweise

a) Regelungsvorbilder

Die jüngeren europäischen Regelungsvorbilder Frankreichs, der Schweiz und des Vereinigten Königreichs beziehen die dort vom Gesetzgeber als

---

199 Code of Federal Regulations, Title 17, Chapter II, Part 240: General Rules and Regulations under the Securities Exchange Act of 1934, Rule 13d-3b: „Any person who, directly or indirectly, creates or uses a trust, proxy, power of attorney, pooling arrangement or any other contract, arrangement, or device with the purpose of effect of divesting such person of beneficial ownership of a security or preventing the vesting of such beneficial ownership as part of a plan or scheme to evade the reporting requirements of section 13(d) or (g) of the Act shall be deemed for purposes of such sections to be the beneficial owner of such security."

200 US-District Court SDNY v. 11.6.2008 (Fn. 46), p. 65.

201 Vgl. *Noack/Zetzsche* (Fn. 12), S. 569 (583).

202 Sec. 657A Corporations Act 2001.

meldepflichtig angesehenen schuldrechtlichen Differenzgeschäfte durch eine Orientierung an wirtschaftlichen Erwerbsmöglichkeiten ein. Verpackt wird dies entweder in eine Erwerbsfiktion oder in eine Generalnorm.

Das Beispiel einer Fiktion findet sich in Art. 20 Abs. 2bis des schweizerischen Börsengesetzes[203]. Danach gelten in der Schweiz bereits seit 1.12.2007 Geschäfte, die es wirtschaftlich ermöglichen, Beteiligungspapiere im Hinblick auf ein öffentliches Kaufangebot zu erwerben als indirekter Erwerb. Nach Art. 9 Abs. 1 der Verordnung der Eidgenössischen Finanzmarktaufsicht über die Börsen und den Effektenhandel[204] ist auf den „wirtschaftlich Berechtigten" eines Beteiligungspapiers abzustellen. Art. 15 Abs. 1 lit. c. der Börsenverordnung bezieht Finanzinstrumente, die einen Barausgleich vorsehen, ausdrücklich in die Meldepflichten ein.

Im Vereinigten Königreich formuliert das Gesetz selbst nur die Prinzipien, die den Wertungsrahmen und die Aufgaben der britischen Finanzmarktaufsicht vorgeben, sowie Ermächtigungsgrundlagen für die Aufsichtsbehörde (FSA).[205] Die eigentlichen Meldepflichten finden sich in den Disclosure and Transparency Rules, die von der FSA mit Wirkung vom 1.6.2009 angepasst worden sind.[206] Danach sind bestimmte Finanzinstrumente, die ein Erwerbsrecht begründen, meldepflichtig sowie solche, die diesen im wirtschaftlichen Ergebnis ähnlich sind („which have similar economic effects").[207] Ganz ähnlich besteht auch in Frankreich seit November 2009 eine unselbständige[208] Meldepflicht für den Inhaber von Finanzinstrumenten mit „effet économique similaire".[209]

---

203 Schweizer Bundesgesetz über die Börsen und den Effektenhandel (Börsengesetz, BEHG) v. 24.3.1995 (Stand am 1.1.2009). Dazu *Kunz* in Liber Amicorum Rolf Watter, 2008, S. 229 (236 ff.).

204 Verordnung der Eidgenössischen Finanzmarktaufsicht über die Börsen und den Effektenhandel (Börsenverordnung-FINMA, BEHV-FINMA) v. 25.10. 2008 (Stand am 1.1.2009).

205 Vgl. zur Regelungstechnik *Fleischer*, RIW 2001, 817.

206 Disclosure and Transparency Rules (Disclosure of Contracts for Differences) Instrument 2009.

207 DTR 5.3.1 R.

208 Die Meldepflicht für diese ähnlichen Instrumente setzt eine bestehende Meldepflicht aus gehaltenen Stimmrechten voraus, vgl. *Fleischer/Schmolke*, NZG 2010, 846 (851).

209 Article L233-7 Abs. 1 (3) c) Code du Commerce Modifié par Ordonnance n° 2009-105 du 30 janvier 2009 – art. 2. Darunter fallen nach Art. 223-14 Abs. 3 Nr. 3 Satz 3 Règlement Général de l'Autorité des Marchés Financiers

Im US-amerikanischen Recht knüpft Section 13 D des Securities Exchange Act 1934 für die Meldepflichten an den wirtschaftlich Nutzungsberechtigten („beneficial owner") einer Beteiligung an. Beneficial Owner ist nach SEC-Rule 13d-3a SEA 1934 derjenige, der direkt oder indirekt durch eine beliebige Gestaltung („through any contract, arrangement, understanding, relationship, or otherwise") Stimmrechtsmacht hat oder über die Beteiligung verfügen kann.[210] Diese Anknüpfung wird im US-amerikanischen Recht als Ausdruck des substance over form-Gedankens angesehen[211]. In der Entscheidung TCI/CSX hat das Gericht zwar starke Gründe dafür gefunden, dass TCI mittels Cash Settled Equity Swaps „Beneficial Owner" der Anteile geworden ist, diese Frage aber am Ende offen gelassen und die Zurechnung über die Umgehungsvorschrift in SEC-Rule 13d-3b SEA 1934 vorgenommen.[212]

b) Wirtschaftliche Betrachtungsweise als Regelungsansatz

Mit den ausländischen Regelungsvorbildern rückt die wirtschaftliche Betrachtungsweise als Regelungsansatz in den Blick. Beschreiben lässt sie sich durch das Ziel, Rechtsfolgen nicht mit dem gewählten rechtlichen Institut, sondern mit dem materiellen Gehalt einer Gestaltung zu verbinden.[213] Im Rahmen der Rechtsanwendung fließt sie entweder in die teleologische Auslegung ein. Dann ist sie durch den Wortlaut der Norm begrenzt. Oder sie wird zur Begründung einer Analogie im Rahmen des Ähnlichkeitsvergleichs herangezogen, indem die Ähnlichkeit eines ungeregelten Sachverhalts mit einem geregelten Sachverhalt durch einen Vergleich der wirtschaftlichen Ergebnisse begründet wird.[214] Dann setzt sie eine Regelungslücke voraus. Der Gesetzgeber kann die Einbe-

(AMF) alle „contrats financiers avec paiement d'un différentiel, des contrats d'échange relatifs à des actions ou de tout instrument financier exposé à un panier ou à un indice d'actions de plusieurs émetteurs sauf s'ils sont suffisamment diversifiés", also insbesondere auch schuldrechtliche Differenzgeschäfte mit Barausgleichsverpflichtung.

210 Vgl. *Loss/Seligmann*, Fundamentals of Securities Regulation, 5th ed. 2004, S. 620: „Section 13(d) is designed to disclose ‚creeping tender offers'".

211 US-District Court SDNY (Fn. 46), p. 62, 89.

212 US-District Court SDNY (Fn. 46), p. 64.

213 Vgl. *Cahn* in FS Karsten Schmidt, 2009, S. 157 (158); *Rittner*, Die sogenannte wirtschaftliche Betrachtungsweise in der Rechtsprechung des Bundesgerichtshofs, 1975, S. 13 ff.

214 Vgl. *Möller*, Die wirtschaftliche Betrachtungsweise im Privatrecht, 1997, S. 135, der die Unterscheidung zwischen Analogie und Auslegung freilich aufgeben will.

ziehung der wirtschaftliche Betrachtungsweise in die Normanwendung aber auch selbst ausdrücklich anordnen, indem er eine Rechtsfolge an das wirtschaftliche Ergebnis anknüpft („beneficial owner"/„wirtschaftlich Berechtigter") oder die Erstreckung auf Sachverhalte anordnet, die zu einem wirtschaftlich vergleichbaren Ergebnis führen („effet économique similaire"). In allen Fällen ist mit der wirtschaftlichen Betrachtungsweise ein Wertungsspielraum verbunden, der es erleichtert, dem Zweck des Gesetzes zur Geltung zu verhelfen.

c) § 25a WpHG-E als Generalklausel?

Der Regierungsentwurf für das Anlegerschutz- und Funktionsverbesserungsgesetz[215] greift die ausländischen Regelungsvorbilder nur halbherzig auf. Vorgesehen ist ein neuer § 25a WpHG, der in Abs. 1 Satz 2 eine Meldepflicht für Finanzinstrumente und sonstige Instrumente begründet, die es ermöglichen, mit Stimmrechten verbundene Aktien zu erwerben. Das neue Schlüsselmerkmal des Ermöglichens wird durch zwei Regelbeispiele konkretisiert. Beide Regelbeispiele sind eng auf die derzeit im Zentrum der Diskussion stehenden Gestaltungen zugeschnitten. Ein Ermöglichen wird danach insbesondere angenommen, wenn die „Gegenseite des Inhabers" ihre Risiken durch das Halten von Aktien ausschließen oder vermindern könnte (Nr. 1) oder die Finanzinstrumente oder sonstigen Instrumente eine Erwerbspflicht des Inhabers für stimmberechtigte Aktien begründen (Nr. 2). Eine Generalklausel im Sinne einer Delegation von Wertungsentscheidungen[216] auf die Rechtsanwender durch eine gesetzlich geplante Lücke[217], mit der nach dem Vorbild ausländischer Regelungen der Wertungsspielraum einer wirtschaftlichen Betrachtungsweise allgemein eröffnet würde, enthält § 25a WpHG-E nicht.[218] Methodisch verfehlt ist der Eindruck, dass alle im Diskussionsentwurf als von der Regelung umfasst aufgezählten Finanzinstrumente[219] vom Wortlaut eines späteren § 25a WpHG erfasst werden müssten.[220] Gesetzesbegründungen bieten zwar Anhaltspunkte

215 Oben Fn. 4.

216 *Teubner*, Standards und Direktiven in Generalklauseln, 1971, S. 43; *F. Müller*, Juristische Methodik, 7. Aufl. 1997, Rz. 313 ff.

217 *Rüthers*, Rechtstheorie, 3. Aufl. 2007, Rz. 836.

218 So aber *Fleischer/Schmolke*, NZG 2010, 846 (853); *Teichmann/Epe*, WM 2010, 1477 (1481).

219 Vorgestellt u. a. bei *Fleischer/Schmolke*, NZG 2010, 846 (849).

220 Dies ebenfalls hervorhebend *Merkner/Sustmann*, NZG 2010, 681 (685).

für die Interpretation einer Norm, ermöglichen aber keine Auslegung gegen den Wortlaut und determinieren diese auch nicht.

4. Prinzipiengeleitete Offenlegungstatbestände

Nicht verwirklicht würde mit dem Reformvorschlag der Bundesregierung ein prinzipienorientierter Regelungsansatz. Prinzipien unterscheiden sich von Generalklauseln grundlegend dadurch, dass sie kein Tatbestandsmerkmal formulieren, an das unmittelbar eine Rechtsfolge anknüpft, sondern dass sie ein Regelungsziel definieren.[221] Prinzipien sind durch Leitlinien ausgestaltete Optimierungsgebote.[222] Sie enthalten Wertungsspielräume und ihre Verwirklichung findet ihre Grenzen in der Abwägung mit anderen Prinzipien und in vorrangigen Regeln. Man kann Prinzipien im Wege der systematischen Auslegung als inneres System eines Regelungsbereiches gewinnen[223] und etwa dem fünften Abschnitt des WpHG das Prinzip entnehmen, dass nicht nur gegenwärtiger, sondern auch künftiger Stimmrechtseinfluss offenzulegen ist. Man kann Prinzipien aber auch im Gesetz verankern und damit entweder nur das Regelungsziel vorgeben und im Übrigen auf Selbstregulierung vertrauen oder Prinzipien als gesetzliche Leitlinien für die Auslegung unbestimmter Rechtsbegriffe implementieren.[224]

Normierte Prinzipien inkorporieren den Zweck des Gesetzes. Vorbilder dafür finden sich in den Erwägungsgründen zu den EU-Richtlinien, aber auch im deutschen Recht, zum Beispiel in § 1 UWG. Der große Vorzug solcher inkorporierter Prinzipien ist die dadurch bewirkte Aufwertung der teleologischen Auslegung. Denn durch das Fundament eines gesetzlich definierten Zwecks gewinnt diese an Autorität. Der Gesetzesbegründung, die niemals der Feder des Gesetzgebers, sondern der von Ministerialbeamten oder mitunter auch privaten Auftragnehmern entstammt, kommt diese Autorität nicht zu.

---

221 Vgl. *R. Dworkin*, Taking Rights Seriously, 2. Aufl. 1978, S. 26; *Sieckmann*, Regelmodelle und Prinzipienmodelle des Rechtssystems, 1990, S. 75.

222 *Alexy*, Begriff und Geltung des Rechts, 4. Aufl. 2005, S. 120.

223 *Canaris*, System und Systemdenken in der Jurisprudenz, 2. Aufl. 1983, S. 86 ff.; *Rüthers* (Fn. 217), Rz. 756 ff.

224 Zur principles-based regulation im Kapitalmarktrecht: *Black*, Forms and paradoxes of principles-based regulation, Capital Markets Law Journal, 3 (2008), 425; *Ford*, New Governance, Compliance, and Principles-Based Securities Regulation, American Business Law Journal, 45 (2008), 1; *Uwe H. Schneider* in GS Gruson, 2009, S. 369 (375 ff.).

Am wirkungsvollsten entfaltet eine gesetzliche Zweckdefinition ihr Regelungsziel, wenn sie mit unbestimmten Rechtsbegriffen kombiniert, diese bei der Rechtsanwendung fokussiert. Eine Generalklausel, die nicht durch ein vom Gesetzgeber definiertes Prinzip, hier verstanden als Definition der Regelungsziele, flankiert wird, führt in der Tat zu den, etwa bezogen auf die Transparenzpflichten von *Baums* und *Sauter* aufgezeigten Gefahren eines uferlosen Meldetatbestandes.[225] Umgekehrt erreicht ein prinzipienorientierter Regelungsansatz sein Regelungsziel nicht ohne unbestimmte Rechtsbegriffe.

5. Exemplifikation und Regelbeispiele

Der Regierungsentwurf flankiert die Erweiterung der Meldepflichten durch zwei Regelbeispiele. Ob die Anforderungen des Bestimmtheitsgrundsatzes dies gebieten, mag dahingestellt bleiben. Mit der gewählten Ausgestaltung dürfte allerdings die durch Verwendung eines unbestimmten Rechtsbegriffs gewonnene Dynamik des Gesetzes wieder verloren gehen. Mit einem Katalog von Regelbeispielen beschreibt der Gesetzgeber nicht nur Beispiele des Anwendungsbereichs der Norm. Er steckt ihren Anwendungsbereich ab. Ein unbestimmter Rechtsbegriff, der durch Regelbeispiele konkretisiert wird, ist im Lichte dieser Regelbeispiele auszulegen.[226] Die Formulierung „insbesondere" ist dann nichts anderes als die gesetzliche Erlaubnis, die Rechtsfolgen auf die den Regelbeispielen „ähnlichen" Sachverhalte auszudehnen. Damit wird die in den §§ 22 und 25 WpHG begonnene Aufzählung von Fallgruppen lediglich fortgesetzt[227], wenngleich auch weniger streng als im Schrifttum teilweise vorgeschlagen.[228] Man darf sich daher nicht wundern, dass die ersten auf § 25a WpHG-E angepassten Umgehungsgestaltungen schon vorgestellt worden sind.[229] Für die Reform in Permanenz wäre der vorgeschlagene § 25a WpHG-E deshalb wohl nur eine Zwischensaison.[230]

---

225 *Baums/Sauter*, ZHR 173 (2009), 454 (488).

226 Vgl. *Uwe H. Schneider/Anzinger*, ZIP 2009, 1 (4 f.) m.w.N. Zu den Problemen der Regelbeispielstechnik eingehend *Matthies*, Exemplifikationen und Regelbeispiele, 2009, S. 88 ff.

227 Ähnlich *Merkner/Sustmann*, NZG 2010, 681 (684).

228 Vgl. den streng fallgruppenorientierten Gesetzgebungsvorschlag von *Baums/Sauter*, ZHR 173 (2009), 454 (494 f.).

229 Vgl. die schriftlichen Stellungnahmen zur Öffentlichen Anhörung des Bundestags-Finanzausschusses am 1.12.2010 von *Seibt* (unter Ziff. 2.4, 3.1) und der *Deutschen Bundesbank* (auf S. 3), www.bundestag.de.

230 Ähnlich *Wackerbarth*, ZIP 2010, 1527 (1531).

Mehr Durchschlagskraft könnte man dem Vorschlag verleihen, indem man ein zusätzliches gänzlich offenes Regelbeispiel hinzufügt, das eine zweckorientierte Bestimmung der Reichweite der Meldepflichten eröffnet.

6. Konkretisierung durch Rechtsverordnung und Verwaltungspraxis

Allerdings besteht auch bei prinzipiengeleiteten Generalklauseln die Gefahr, dass diese durch Exemplifikationen in der Verwaltungspraxis wieder zu Fallgruppen zurückgeführt werden, die Umgehungen in intransparenter Weise begünstigen.[231] Bereits im Gesetz angelegt wird dieses Umgehungspotential, wenn wie im Regierungsentwurf vorgeschlagen,[232] die BaFin ermächtigt wird, eine Liste mit Produkten zu erstellen, die der Meldepflicht unterfallen. Eine solche Positivliste begründet Vertrauen in die fehlende Meldepflicht für nicht katalogisierte Finanzinstrumente. Weniger umgehungsanfällig wäre, den Vorschlag von *Baums* und *Sauter*[233] insoweit aufgreifend, im Gesetz einen eng begrenzten Safe Harbour klar und abschließend zu definieren und darüber hinaus die Finanzaufsicht zu ermächtigen, von der Meldepflicht in eng begrenzten Ausnahmefällen zu befreien.

7. Defizite des Entwurfs für ein Anlegerschutz- und Funktionsverbesserungsgesetz

Mit *Wackerbarth* lässt sich danach der Schluss ziehen, dass die Vorschläge des Regierungsentwurfs für ein Anlegerschutz- und Funktionsverbesserungsgesetz das Symptom der Vermeidung von Meldepflichten durch Differenzgeschäfte wohl wirksam lindern, das Gebrechen der Umgehungsanfälligkeit der Meldepflichten im deutschen Recht aber nicht kurieren[234] und schlechter als in konkurrierenden Kapitalmärkten behandeln werden. Konsistent lassen sich die Transparenzpflichten nur durch eine prinzipiengeleitete Generalklausel mit einem Regelbeispiels-

231 Ebenfalls auf diese Gefahr hinweisend *Baums/Sauter*, ZHR 173 (2009), 454 (488).

232 BR-Drucks. 584/10, S. 24; ebenso *Teichmann/Epe*, WM 2010, 1477 (1482): „... würde die Gefahr überflüssiger Meldungen deutlich verringern und aufwendige Abstimmungsprozesse mit der Finanzaufsicht vermeiden ...“

233 *Baums/Sauter*, ZHR 173 (2009), 454 (493).

234 So auch *Wackerbarth*, ZIP 2010, 1527 (1535).

katalog ausgestalten,[235] in dem man ausländische Regelungsvorbilder aufgreifen könnte. Dem Bestimmtheitsgrundsatz ist durch ein trennscharf formuliertes und damit auslegungsleitendes Ziel der Offenlegungspflichten Rechnung zu tragen.

VI. Anschleichen als Prüfstein der Rechtsdurchsetzung

1. Sachverhaltsfeststellung als Kernproblem

Selbst eine prinzipiengeleitete Generalklausel läuft freilich leer, wenn auf dem Weg der Rechtsdurchsetzung die Ermittlung des Sachverhalts scheitert. Vorgeschlagen worden sind in diesem Zusammenhang Bonusregelungen für den sogenannten Whistle Blower.[236] Geht es um das Aufdecken meldepflichtiger Sachverhalte, könnte man auch darüber nachdenken, bei den Banken anzusetzen und die Schweizer Frage aufgreifen, ob Bankmanager, die sich an der gesetzwidrigen Verschleierung meldepflichtiger Sachverhalte beteiligen, noch „fit und proper" sind[237], und bankrechtliche Konsequenzen in Erwägung ziehen.[238]

Oft genug geht es aber nicht um das Aufdecken verheimlichter Sachverhalte, sondern um die Würdigung der festgestellten Tatsachen.[239] Hier könnte ein selbstbewusster Umgang der Finanzaufsicht und der Gerichte mit den Regeln der freien Beweiswürdigung, insbesondere mit der tatsächlichen Vermutung und dem Anscheinsbeweis, helfen, ohne dass der Gesetzgeber eingreifen muss.

2. Durchsetzung von Verhaltenspflichten durch Sanktionsandrohungen

Transparenzregeln begründen Verhaltenspflichten. Deren Einhaltung ist durch Sanktionen abzusichern. Um deren Anreizwirkung realistisch einzuschätzen, muss man ihre wirtschaftliche Spürbarkeit mit dem Risiko der Sachverhaltsaufdeckung und den Unsicherheiten der tatsäch-

---

235 Vgl. *Uwe H. Schneider/Anzinger*, ZIP 2009, 1 (10); *Uwe H. Schneider* (Fn. 58), Vor § 21 WpHG Rz. 49; ähnlich *Brouwer*, AG 2010, 404 (406).

236 *Noack/Zetzsche* (Fn. 12), S. 569 (586).

237 Vgl. *Emmenegger in* FS Hopt, 2010, S. 1763 (1772 f.).

238 F.A.Z. v. 16.8.2008, S. 13: „Schweiz hat Bankern bereits angedroht, ihnen die Lizenz zu entziehen".

239 *Noack/Zetzsche* (Fn. 12), S. 569 (585): „Die Crux der Anteilstransparenz ist deren Nachweis und Durchsetzung".

lichen und rechtlichen Würdigung multiplizieren. Gerade in den Grenzfällen, von denen hier zu handeln ist, mindern Sanktionswahrscheinlichkeiten kleiner als 100 % die Abschreckungswirkung der Sanktion in der Regel merklich. Vor diesem Hintergrund ist zweifelhaft, ob die im Regierungsentwurf allein vorgeschlagene Erweiterung des Bußgeldrahmens auf 500000 Euro die effektive Durchsetzung der Meldepflichten für das Halten von Finanzinstrumenten und sonstigen Instrumenten sicherstellen wird.[240] Zu hinterfragen ist, ob ein Bußgeld überhaupt die passende Sanktion für die schuldhaft rechtswidrige Nichtmeldung darstellt[241].

3. Rechtsverlust als wirksame und verhältnismäßige Drohkulisse

Grundsätzlich verdienen daher diejenigen Vorschläge Beachtung, die auch bei einer Verletzung der Meldepflichten nach den §§ 25 und 25a WpHG-E die passende Sanktion darin sehen, den Rechtsverlust nach § 28 WpHG eintreten zu lassen.[242] Bei einer im Vergleich zum Bußgeld deutlich höheren Spürbarkeit des Verlusts von Gewinnbezugs- und Stimmrecht, würden zugleich andere Anforderungen an die Tatbestandsbestimmtheit als im Ordnungswidrigkeitenrecht gelten. Problematisch an den Vorschlägen, die Verletzung der Meldepflichten mit einem automatischen Stimmrechtsverlust[243] zu sanktionieren, sind freilich neue Anreize für einen anderen Personenkreis und das damit verbundene

240 Zweifelnd auch DAI, NZG 2010, 778 (779). Vorausschauend *Burgard* (Fn. 121), S. 192: „Es muss allerdings bezweifelt werden, ob die Strafandrohung im deutschen Recht drastisch genug ausfallen wird. Daher sollten daneben zivilrechtliche Sanktionen vorgesehen werden."

241 Dies wohl ebenfalls bezweifelnd *Teichmann/Epe*, WM 2010, 1477 (1482). Geeignet scheint ein Bußgeld dagegen zur Sanktionierung von Falschmeldungen, wie im Fall „MAN-Invesco", vgl. dazu *Tautges*, BB 2010, 1291 (1293). Erwägenswert auch der Vorschlag von *Burgard* (Fn. 121), S. 193, der Gesellschaft in der Satzung ein Gestaltungsrecht einzuräumen, dessen Beispiel einer „Vertragsstrafe" freilich neue Fragen aufwirft. Dagegen *Wansleben*, StudZR 2009, 465 (489), der allein im Bußgeld die richtige Sanktion für die unterbliebene Offenlegung von durch Barausgleichsderivate vermittelten wirtschaftlichen Interessen und Erwerbsmöglichkeiten sieht.

242 *Teichmann/Epe*, WM 2010, 1477 (1482). Ähnlich *Möritz*, ZVglRWiss 109 (2010), 94 (130). Weitergehend *Uwe H. Schneider/Anzinger*, ZIP 2010, 1 (9).

243 Zum Stimmrechtsverlust im Schweizer Recht *Kunz* in Liber Amicorum Rolf Watter, 2008, S. 229 (250 ff.).

Risiko einer Fülle von Anfechtungsklagen.[244] Hier müssten ergänzende Regelungen geschaffen werden.[245]

4. Untersagung eines Übernahmeangebots nach § 15 WpÜG

Erweitern könnte man die Sanktionsmöglichkeiten durch die Befugnis der Aufsichtsbehörde, nach § 15 WpÜG ein Übernahmeangebot für einen bestimmten Zeitraum zu untersagen, wenn Meldepflichten verletzt wurden.[246] Allein die Möglichkeit einer solchen Untersagung dürfte die Anreize des Anschleichens mindern.

VII. Thesen

1. Lässt man sich von den Regelungszielen der Kapitalmarkttransparenz leiten, sind sowohl die Stimmrechtsverhältnisse als auch die wirtschaftlichen Interessen an stimmrechtsvermittelnden Anteilen umfassend offenzulegen. Beteiligungsänderungen sind, sobald sie sich durch schuldrechtliche Vereinbarungen abzeichnen, marktrelevant. Beteiligungsbezogene Offenlegungspflichten sind Gegenstand der Kapitalmarktrechts. Sie können daneben Gegenstand des Übernahmerechts sein.
2. Transparenzpflichten können Übernahmen erleichtern und einen effizienten Übernahmemarkt fördern. Es gibt aber, oberhalb der Meldeschwellen, kein schutzwürdiges Recht auf eine Übernahmeprämie.
3. Die geltenden deutschen Transparenzvorschriften gebieten zwar vollständige Transparenz, dies aber beschränkt auf die gegenwärtigen und zukünftigen Stimmrechtsverhältnisse. Demgegenüber zeichnen die jüngeren Regelungsvorbilder im Ausland einen Paradigmenwechsel von rein stimmrechtsbezogenen Offenlegungspflichten hin zu einer Transparenz der wirtschaftlichen Beteiligungsinteressen vor.
4. Im geltenden Transparenzregime entfaltet § 25 WpHG bezogen auf Finanzinstrumente eine Sperrwirkung. Er verhindert die unmittelbare oder analoge Anwendung der Zurechnungsregeln auf schuldrechtliche Differenzgeschäfte mit Barausgleichsverpflichtung und

244 Auf die Nachteile hinweisend *Vocke*, BB 2009, 1600 (1606 f.).
245 Ebenso *Teichmann/Epe*, WM 2010, 1477 (1482).
246 Ebenso *Brandt*, BKR 2010, 270 (275); ähnlich *Cascante/Topf*, AG 2009, 53 (71): „Sperrfrist für eine öffentliche Übernahme und für weitere Aktienerwerbe".

erfasst sie selbst nicht. Insofern fängt § 25 WpHG Umgehungsgestaltungen nicht ein, sondern sichert sie im Gegenteil ab.

5. Umfassende Kapitalmarkttransparenz lässt sich nur mit einer prinzipiengeleiteten Generalnorm absichern. Dem Bestimmtheitsgrundsatz kann Rechnung getragen werden, indem der Zweck der Transparenzpflichten auslegungsleitend im Gesetz verankert wird. Der Rechtsanwendungspraxis kann durch einen offenen Regelbeispielkatalog Hilfestellung geboten werden.
6. Der Regierungsentwurf für ein Anlegerschutz- und Funktionsverbesserungsgesetz enthält in § 25a WpHG-E keinen prinzipienorientierten Ansatz, sondern einen unbestimmten Rechtsbegriff, der durch Regelbeispiele konkretisiert, im Auslegungsergebnis lediglich zwei zusätzliche Fallgruppen abdeckt. Diese können durch neue Gestaltungen umgangen werden.
7. Die Durchsetzung der Transparenzpflichten erfordert keine Änderung der Beweislastverteilung aber wirksame Sanktionsdrohungen. Die im Regierungsentwurf vorgeschlagene Erhöhung des Bußgeldrahmens ist hierzu nur bedingt geeignet. Zu erwägen ist, die Rechte aus nicht offengelegten Beteiligungen zu suspendieren und der Aufsichtsbehörde die Befugnis einzuräumen, Übernahmeangebote nach einer Meldepflichtverletzung zu untersagen.

Bericht über die Diskussion des Referats Anzinger

Johannes Rehahn
Wissenschaftlicher Mitarbeiter, Universität Halle (Saale)

I.

Die Diskussion im Anschluss an das Referat von *Heribert M. Anzinger* wurde von *Uwe H. Schneider* geleitet. Dieser fasste wesentliche Fragenkreise im Zusammenhang mit dem Anschleichen an börsennotierte Unternehmen zusammen (II.). Danach stellten die Teilnehmer das Verhältnis der kapitalmarktrechtlichen Mitteilungspflichten (III.), die Zulässigkeit des vom Referenten befürworteten Regelungsmodells (IV.) sowie die diesbezüglichen Erfahrungen im Ausland (V.) in den Mittelpunkt der Debatte.

II.

Uwe H. Schneider konstatierte, dass die Notwendigkeit der Offenlegung wesentlicher Beteiligungen an börsennotierten Gesellschaften am Kapitalmarkt mittlerweile unbestritten sei. Zu erörtern indes bleibe, wie die Vorschriften für die Zu- und Zusammenrechnung von bestehenden und potentiellen Stimmrechten gemäß §§ 21 ff. WpHG zu fassen seien. Auch habe die Praxis vielfältige Gestaltungen entwickelt, die nach gegenwärtiger Rechtslage die Vermeidung und Umgehung der Mitteilungspflichten ermöglichen würden. Der Versuch einer Bewältigung dieser Umgehung werfe das von *Anzinger* herausgestellte rechtsmethodische Problem, ob aufsichtsrechtliche Normen der analogen Anwendung zugänglich seien, auf. Aus der Verneinung dieser Frage durch die Verwaltung erwachse ein Handlungsauftrag für den Gesetzgeber, dem dieser namentlich mit dem Entwurf eines neuen Meldetatbestandes in § 25a WpHG-E nachgekommen sei. *Uwe H. Schneider* rief den Wortlaut der vorgeschlagenen Vorschrift in Erinnerung und äußerte Zweifel an dessen Verständlichkeit selbst für Spezialisten des Kapitalmarktrechts. Diskussionswürdig erscheine daher insbesondere, ob der Regelungsvorschlag des Gesetzgebers geeignet sei, die ausgemachten Transparenzlücken zuverlässig zu schließen, oder ob vorzugswürdige alternative Modelle zur Verfügung stünden.

III.

Christoph Weber schloss sich dem Befund *Anzingers* an, wonach auch die Mitteilungspflicht des § 25a WpHG-E Gefahr laufe, durch neue Umgehungsgestaltungen ausgehebelt zu werden. Demgegenüber teilte er die vom Referenten formulierte These, § 25 WpHG stehe einer unmittelbaren oder analogen Anwendung von Zurechnungsregeln auf Cash Settled Equity Swaps entgegen, nicht. Hiergegen spreche bereits der Wortlaut, da sich die erstgenannte Norm auf Finanzinstrumente beziehe, während die §§ 21 f. WpHG allein Stimmrechte aus Aktien erfassen würden. Weiterhin führte *Weber* aus, dass eine Sperrwirkung des § 25 WpHG die Entschärfung der Zurechnungsvorschriften und damit einen Abbau der kapitalmarktrechtlichen Beteiligungstransparenz nach sich zöge, obschon der Gesetzgeber mit der Einführung dieser historisch jüngeren Norm gerade die Ausweitung von Mitteilungspflichten bezweckt habe. Zuletzt sei zu ergänzen, dass das WpÜG Zurechnungstatbestände enthalte, die nach dem Willen des Gesetzgebers mit jenen des WpHG identisch seien. Da das WpÜG aber keine mit § 25 WpHG vergleichbare Vorschrift kenne, müsse eine Sperrwirkung dieser Norm ausscheiden, da anderenfalls der beabsichtigte inhaltliche Gleichlauf der §§ 22 WpHG, 30 WpÜG nicht gewährleistet sei.

Anzinger entgegnete, dem Gesetzgeber sei der Themenkreis der Cash Settled Equity Swaps zum Zeitpunkt der Neufassung des § 25 Abs. 1 WpHG im Jahre 2007 bekannt gewesen. Gleichwohl habe er ausweislich des Gesetzeswortlauts Finanzinstrumente, die keinen rechtlich bindenden Anspruch auf die Verschaffung der Referenzaktien, sondern nur eine faktische Erwerbsmöglichkeit begründen würden, nicht in den Anwendungsbereich des § 25 WpHG einbeziehen wollen. Damit seien die entsprechenden Gestaltungen ausdrücklich abgesichert worden. Auch der Vergleich mit den Vorschriften des WpÜG verfange nicht, da die jeweils festgesetzten Publizitätspflichten nicht identischen Zielen zu dienen bestimmt seien.

IV.

Den nächsten Beitrag zur Diskussion leistete *Eberhard Vetter*, der seiner Sympathie für die Erhöhung der Beteiligungstransparenz durch eine am wirtschaftlichen Erfolg orientierte Gesetzgebung Ausdruck verlieh. Gleichzeitig äußerte er Bedenken an der Vereinbarkeit einer sanktionsbewehrten Generalnorm mit dem verfassungsrechtlichen Bestimmtheitsgebot, dessen Konturen vom BVerfG jüngst mit Blick auf den Untreuetatbestand geschärft worden seien.[1] Der Grundsatz „nullum crimen sine lege" lasse sich überdies auch gegen die erörterte Möglichkeit der analogen Anwendung aufsichtsrechtlicher Vorschriften anführen. *Vetter* stellte zur Diskussion, ob dieser Problematik mit einer Ermächtigung der Verwaltung zur Konkretisierung meldepflichtiger Tatbestände begegnet werden könne. *Uwe H. Schneider* bemerkte hierzu, dass der Verstoß gegen Mitteilungspflichten allein privat- und ordnungswidrigkeitenrechtliche Folgen nach sich ziehe, so dass dem Analogieverbot wohl nicht in dem geschilderten Maße Rechnung getragen werden müsse.

Auch *Susanne Sieker* setzte sich mit den von *Vetter* aufgeworfenen Zweifeln an der Bestimmtheit einer der wirtschaftlichen Betrachtung verpflichteten Generalnorm auseinander. Da diese nicht von der Hand zu weisen seien, müsse dem Gesetzgeber zu dem Regelungsmodell geraten werden, auf welches er etwa bereits bei der Normierung der verdeckten Sacheinlage in § 19 Abs. 4 GmbHG zurückgegriffen habe. Folglich habe auch das WpHG jedenfalls einen konkreten meldepflichtigen Sachverhalt zu benennen, bevor es sich im Weiteren auf die Formulierung der wirtschaftlichen Gleichwertigkeit zurückziehen könne. Erst die hierdurch geschaffene Anlehnung an einen bestimmten Vorgang erlaube die Ermittlung des Anwendungsbereichs äquivalenter meldepflichtiger Tatbestände durch Auslegung.

In seiner Antwort vertrat *Anzinger* die Ansicht, dass eine wirtschaftlich geprägte prinzipiengeleitete Generalklausel bei entsprechender Ausgestaltung mit dem Bestimmtheitsgebot des Art. 103 Abs. 2 GG vereinbar sei, auch wenn eine Zuwiderhandlung als Ordnungswidrigkeit verfolgt werden könne. Zur Begründung verwies er auf den bußgeldbewehrten § 3 Abs. 1 StVO, der den Fahrzeugführer zum Fahren mit einer der Situation angepassten Geschwindigkeit verpflichte, ohne dass durchgreifende Bedenken gegen die Verfassungskonformität der Norm erhoben worden seien. Zweifel räumte *Anzinger* mit Blick auf einen kürzlich ergangenen Beschluss des OLG Oldenburg ein. In diesem sei das Gericht zur Verfassungswidrigkeit der §§ 2 Abs. 3a Satz 1 und 2, 49 Abs. 1 Ziff. 2 StVO gelangt, soweit hierdurch ein Verstoß gegen das Gebot der Ausrüstung des Fahrzeugs mit einer „an die Wetterverhältnisse angepass-

1 Vgl. BVerfG, Beschl. v. 23.6.2010 – 2 BvR 2559/08 u. a., NJW 2010, 3209.

ten", „geeigneten" Bereifung geahndet werde. Nach Auffassung des Gerichts genüge dieser Bußgeldtatbestand dem Bestimmtheitsgebot nicht.[2] Diese Entscheidung könne zu Rechtsunsicherheit führen, weshalb zu erwägen sei, die in § 22 WpHG zu implementierende Generalklausel vorbeugend durch Regelbeispiele zu ergänzen. Mit einer geeigneten Gesetzesfassung sei dann aber zu gewährleisten, dass auch zukünftige Gestaltungen eingefangen würden. Denkbar sei etwa, die im Schrifttum bereits vorgeschlagene Formulierung, „ungeachtet des allgemeinen Sprachgebrauchs bedeutet ermöglichen auch" zu verwenden. Damit werde deutlicher als durch das Adverb „insbesondere" klargestellt, dass die Regelbeispiele nicht abschließend seien. *Anzinger* erläuterte, dass es sich bei dem Tatbestandsmerkmal der wirtschaftlichen Gleichwertigkeit letztlich um eine gesetzgeberische Analogieanweisung handele. Deswegen bleibe zu klären, ob das Analogieverbot auch im Ordnungswidrigkeitenrecht und auch dann Beachtung finde, wenn der Gesetzgeber die analoge Anwendung ausdrücklich anordne. Schließlich bestehe die Alternative, die Offenlegungspflichten nicht durch ein Bußgeld, sondern durch einen zeitlich begrenzten Verlust der Stimmrechte und der Dividendenansprüche zu sanktionieren. Damit seien auch geringere Anforderungen an die Tatbestandsbestimmtheit verbunden.

V.

Carsten Hollweg gab *Uwe H. Schneider* in der Kritik an der Verständlichkeit des § 25a WpHG-E Recht und dehnte diese auf den gesamten Abschnitt 5 des WpHG aus. Die von *Anzinger* vorgeschlagene Einführung einer Generalklausel zur Intensivierung der Beteiligungstransparenz sei daher zu begrüßen und müsse mit einer weiter gehenden Vereinfachung des gesamten Regelungskomplexes einhergehen. *Hollweg* wandte sich mit der Frage an den Referenten, wie die von ihm vorgestellten Staaten mit General- oder Umgehungsnormen dem Vorwurf der fehlenden Bestimmtheit entgegengetreten seien. Eine Ermächtigung der Verwaltung zum Erlass näherer Bestimmungen komme als Lösung nicht in Betracht, da sie allein zur Folge habe, dass die schwer zu beherrschende Normfülle des WpHG in eine Rechtsverordnung ausgelagert werde. Vielmehr sei in Übereinstimmung mit *Sieker* zu fordern, dass das Gesetz jedenfalls einen meldepflichtigen Vorgang genau bezeichne

2 Vgl. OLG Oldenburg, Beschl. v. 9.7.2010 – 2 SsRs 220/09, BeckRS 2010, 17000.

und einer Umgehung durch das Tatbestandsmerkmal der wirtschaftlichen Entsprechung entgegenwirke.

Andreas Nelle vermochte eine Überlegenheit der von *Anzinger* präferierten wirtschaftlichen Betrachtungsweise nicht zu erkennen und wies auf die Vorzüge der von Fallgruppen geleiteten Regelungstechnik, die insbesondere im deutschen Kapitalmarktrecht zur Anwendung gekommen sei, hin. Eine solche erhöhe im Vergleich zu den aus dem Ausland bekannten Generalklauseln die Rechtssicherheit für die Regelungsadressaten, die – so zeige das Beispiel der USA – anderenfalls viel Geld aufwenden müssten, um ihren ungleich höheren Beratungsbedarf zu decken. Zwar werde der bisherige Ansatz dadurch herausgefordert, dass der Gesetzgeber die tatsächlichen Entwicklungen auf dem Kapitalmarkt durch stete Reformtätigkeit nachvollziehen müsse, doch würden einer solchen Veränderung in Permanenz auch Möglichkeiten innewohnen, die noch nicht ausgereizt worden seien.

Bezogen auf die ausländischen Regelungsvorbilder bemerkte *Anzinger*, dass etwa der im Fall CSX v. TCI zur Entscheidung berufene US District Court auf die endgültige Feststellung der „beneficial ownership" verzichtet und stattdessen den Umgehungstatbestand in Rule 13d par. 3b SEC zum Securities Exchange Act von 1934 als gegeben angesehen habe.[3] Allgemeiner gesprochen würden die stark mit dem Gesetzeswortlaut verhafteten positivistischen Erwartungen der deutschen Gestaltungspraxis insbesondere im Ausland häufig auf Unverständnis stoßen, weswegen über die Bestimmtheitsanforderungen andernorts selten mit vergleichbarer Intensität nachgedacht und dieser Aspekt allenfalls als rechtspolitische Frage diskutiert werde. Namentlich in den USA habe die wirtschaftliche Betrachtungsweise mit dem Substance Over Form Principle, das unter besonderen Voraussetzungen als General Anti Avoidance Rule wirke, einen breiteren Anwendungsbereich. Und nach der erst kürzlich kodifizierten Economic Substance Doctrine würden steuerrechtliche Gestaltungen, die der Gesetzesumgehung dienten, im US-amerikanischen Steuerrecht nicht nur in den Anwendungsbereich der umgangenen Gesetze einbezogen, sondern es werde darüber hinaus die Umgehungsgestaltung als solche sanktioniert. *Anzinger* äußerte Zustimmung zur These *Hollwegs*, wonach von einer Ermächtigung der Verwaltung zum Erlass ergänzender Verordnungen abzuraten sei. Eine Konkretisierung der Tatbestände auf diesem Wege erfolge

3 Vgl. CSX Corporation v. The Children's Investment Fund Management (UK) LLP, et al., 562 F. Supp. 2d 511 (S.D.N.Y. 2008).

wenig transparent und im ungünstigsten Falle in Rücksprache mit den interessierten Kreisen aus der Anwaltschaft. Demgegenüber vertrat *Anzinger* anders als *Nelle* die Auffassung, dass Transparenzlücken nicht in Kauf genommen werden und allein der steten Weiterentwicklung des Kapitalmarktrechts überlassen bleiben dürften. Die Mitteilungspflichten könnten ihren Zweck nur erfüllen, wenn der Markt von einer umfassenden Transparenz ausgehen dürfe. Werde dieses Ziel nicht erreicht, so würden die Offenlegungspflichten insgesamt in Frage gestellt und der Gesetzgeber verlöre an Glaubwürdigkeit.

Stichwortverzeichnis

Bd. 1
Gesellschaftsrecht in der Diskussion 1998
Jahrestagung der Gesellschaftsrechtlichen Vereinigung. Herausgegeben von der Vereinigung. 1999, 146 S., brosch. 29,80 €. ISBN 978-3-504-62701-0

Bd. 2
Gesellschaftsrecht in der Diskussion 1999
Jahrestagung der Gesellschaftsrechtlichen Vereinigung. Herausgegeben von der Vereinigung. 2000, 281 S., brosch. 49,80 €. ISBN 978-3-504-62702-7

Bd. 3
Gesellschaftsrecht in der Diskussion 2000
Jahrestagung der Gesellschaftsrechtlichen Vereinigung. Herausgegeben von der Vereinigung. 2001, 200 S., brosch. 38,– €. ISBN 978-3-504-62703-4

Bd. 4
Umwandlungen in den neuen Bundesländern nach der Rechtsprechung des BGH
Von RiLG Dr. Guido Wißmann, RiLG Dr. Markus Märtens und VorsRiLG Dr. Enno Bommel. Herausgegeben von der Vereinigung. 2001, 171 S., brosch. 34,80 €. ISBN 978-3-504-62704-1

Bd. 5
Gesellschaftsrecht in der Diskussion 2001
Jahrestagung der Gesellschaftsrechtlichen Vereinigung. Herausgegeben von der Vereinigung. 2002, 205 S., brosch. 42,80 €. ISBN 978-3-504-62705-8

Bd. 6
Gesellschaftsrecht in der Diskussion 2002
Jahrestagung der Gesellschaftsrechtlichen Vereinigung. Herausgegeben von der Vereinigung. 2003, 204 S., brosch. 49,80 €. ISBN 978-3-504-62706-5

Bd. 7
Haftungsrisiken beim konzernweiten Cash Pooling
Von RA Dr. Jochen Vetter und RA Dr. Christoph Stadler. Herausgegeben von der Vereinigung. 2003, 168 S., brosch. 34,80 €. ISBN 978-3-504-62707-2

Bd. 8
Gesellschaftsrecht in der Diskussion 2003
Jahrestagung der Gesellschaftsrechtlichen Vereinigung. Herausgegeben von der Vereinigung. 2004, 195 S., brosch. 49,80 €. ISBN 978-3-504-62708-9

Bd. 9
Gesellschaftsrecht in der Diskussion 2004
Jahrestagung der Gesellschaftsrechtlichen Vereinigung. Herausgegeben von der Vereinigung. 2005, 187 S., brosch. 47,80 €. ISBN 978-3-504-62709-6

Bd. 10
Gesellschaftsrecht in der Diskussion 2005
Jahrestagung der Gesellschaftsrechtlichen Vereinigung. Herausgegeben von der Vereinigung. 2006, 179 S., brosch. 47,80 €. ISBN 978-3-504-62710-2

Bd. 11
Die GmbH-Reform in der Diskussion
Sondertagung der Gesellschaftsrechtlichen Vereinigung. Herausgegeben von der Vereinigung. 2006, 244 S., brosch. 59,80 €. ISBN 978-3-504-62711-9

Bd. 12
Gesellschaftsrecht in der Diskussion 2006
Jahrestagung der Gesellschaftsrechtlichen Vereinigung. Herausgegeben von der Vereinigung. 2007, 226 S., brosch. 54,80 €. ISBN 978-3-504-62712-6

Bd. 13
Gesellschaftsrecht in der Diskussion 2007
Jahrestagung der Gesellschaftsrechtlichen Vereinigung. Herausgegeben von der Vereinigung. 2008, 196 S., brosch. 54,80 €. ISBN 978-3-504-62713-3

Bd. 14
Gesellschaftsrecht in der Diskussion 2008
Jahrestagung der Gesellschaftsrechtlichen Vereinigung. Herausgegeben von der Vereinigung. 2009, 206 S., brosch. 54,80 €. ISBN 978-3-504-62714-0

Bd. 15
Gesellschaftsrecht in der Diskussion 2009
Jahrestagung der Gesellschaftsrechtlichen Vereinigung. Herausgegeben von der Vereinigung. 2010, 182 S., brosch. 49,80 €. ISBN 978-3-504-62715-7